国家社科基金项目"基于文化共识的中国版权输出供需错位矫正与绩效评价"研究阶段性成果（编号 18BXW038）

浙江省普通高校"十三五"新形态教材

版权贸易实战教程

崔 波 ◎编著

COPYRIGHT

TRADE PRACTICAL COURSE

ZHEJIANG UNIVERSITY PRESS

浙江大学出版社

目　录

理　论　篇

实践篇

附　录

理论篇

第一章 版权及相关概念

在版权贸易中,版权是一个重要的概念,要弄清楚版权,必须先了解它的上层概念——知识产权。

第一节 知识产权

版权及相关概念

版权的上层概念是知识产权,而与版权相关的几个概念包括商标权、专利权、外观设计专利权、植物品种权、商业秘密权、集成电路布图设计专有权。

一、知识产权的内涵与外延

知识产权的英文为"intellectual property",德文为"Gestiges Eigentum"。有学者考证,该词最早于17世纪中叶由法国学者卡普佐夫提出,后为比利时著名法学家皮卡第发展,皮卡第将之定义为"一切来自知识活动的权利"。

知识产权的客体不是有形的物质,而是智力成果或商誉等非物质性的客体。根据我国《民法通则》的规定,知识产权属于民事权利,是基于创造性智力成果和工商业标记依法产生的权利的统称。各种智力创造,比如发明、文学和艺术作品,以及在商业中使用的标志、名称、图像以及外观设计,都可被认为是某一个人或组织所拥有的知识产权。据斯坦福大学法学院的马克·莱姆利教授的研究,广泛使用"知识产权"这一概念是在1967年世界知识产权组织成立后。

不同的国际组织,对于知识产权所包括的内容提出不同的意见。1967年7月14日在斯德哥尔摩签订的《建立世界知识产权组织公约》中,"知识产权"包括有关下列项目的权利:

(1)文学、艺术和科学作品;(2)表演艺术家的表演以及唱片和广播节目;(3)人类一切活动领域内的发明;(4)科学发现;(5)工业品外观设计;(6)商标、服务标记以及商业名称和标志;(7)制止不正当竞争;(8)以及在工业、科学、文学或艺术领域内由于智力活动而产生的一切其他权利。

世界贸易组织《与贸易有关的知识产权协定》(TRIPS)中所涉及的知识产权的范围是:

(1)版权和相关权利;(2)商标;(3)地理标识;(4)工业设计;(5)专利;(6)集成电路布图设计(拓扑图);(7)对未披露信息的保护;(8)对协议许可中限制竞争行为的控制。

传统知识产权可分为版权、专利权、商标权。版权自成一体,专利权和商标权合为工业产权。随着科学技术的发展,知识产权大家庭中又增加了新的成员,如集成电路布图设计权、植物新品种权、地理标志权和商业秘密权等。随着复制技术和传播技术的飞速发展,著作权人也被赋予更多的专有权利,比如信息网络传播权等。

二、知识产权的特性

知识产权的基本特征有 3 个,即专有性、地域性、时间性。

(一)专有性

知识产权是知识产权人对知识产品特别是智力成果享有的专有权利。知识产权是社会发展到一定的阶段后,在法律上作为一种财产权出现的,它是人类文明和社会生产力发展的结果。知识产权作为一种私权,具有专有性的特征。知识产权的专有性是由知识产权的私权性质决定的。它有时也被称为知识产权的独占性、排他性或垄断性,是指知识产权专为权利人所享有,非经法律特别规定或者权利人同意,任何人不得占有、使用和处分。知识产品的商品属性和社会属性决定了它要进入市场流通,而知识产品本身没有形体,占有它不是具体的控制,而是认识和利用,故而容易脱离所有人的占有而被不同的主体同时占有和利用;加之知识产品的传播又十分容易,知识产品所有人很难进行直接控制,因而不能用传统有形财产保护制度对其进行保护,而必须采取特殊的法律制度。

这种特殊的法律制度表现为知识产权保护制度。知识产权的专有性具体表现为:第一,权利人依法可以独占其知识产权。这体现了知识产权分享的专有性,即知识产权人对其知识产权享有独占权利。第二,知识产权的使用必须置于知识产权人的控制之下,任何人未经其许可或者法律特别规定不得行使其知识产权,否则将构成侵犯知识产权的行为。第三,每一项知识产品只能授予一项所有权,对同一项知识产品不能允许同时存在两项以上的不相容的权利,以确保知识产权的权利主体具有唯一性。这体现了知识产权授予的专有性。不过,知识产权的专有性并不排除知识产权共有的存在。

知识产权的专有性直接来自法律的规定或国家的授予,这是知识产权人利用知识产品的法律前提。专有的重心来自对知识产品利用的控制。这种对知识产权的控制与有形财产完全不同。在有形财产制度中,财产所有人遵循的原则是"得物获权,物去权失",财产所有人可以凭借对有形财产的占有而实际控制和利用,法律没有必要专门授予。对有形财产的利用在很大程度上也遵循了意思自治原则。知识产权则不同,由于知识产权的无形性,对知识产权的客体——知识产品的利用需要借助知识产权法律明确界定知识产权人行使权利的特定范围。这种行使权利的特定范围就是知识产权的"专有领域"。通过界定和确保知识产权人的"势力范围",知识产权法律制度激励了知识产权人从事知识创造的积极性,丰富了人类的知识宝库,促进了社会进步。

(二)地域性

知识产权制度起源于封建社会。这种特定的社会背景似乎注定了知识产权必然有着与"地域性"不可分割的历史命运,因为封建社会正是建立在地主或领主占有土地而农民或农奴依附于土地的基础上的。可以说，"地域性"或"属地性"是封建社会的本质特征之一。在这样的社会形态中产生的法律制度具有"地域性"应当不是偶然的。知识产权保护制度的雏形，是封建社会的地方官、封建君主、封建国家通过特别榜文、敕令的形式授予的一种特权。一定的敕令，当时只可能在发出敕令的官员、君主或国家权力所及的地域内有效，超出这个地域就无效了，所以，由此而产生的特权也只能在相应的地域内有效，超出这个地域也就无效了。在整个封建时代，知识产权的这种地域性都存在着，而且越是经官方授予的"特权"越是具有这种地域性。"特权"的产生和享有同"地域性"相关联，因为封建主只能在一定的地域内行使权力和维护特权。因此，"地域性"在这里有着双重意义：一方面它在形式上似乎限制了创造者享有权益的空间范围，另一方面它在实质上又是创造者享有权益的切实保障。后者显然更具有实际价值，因为正是在这个特定的地域内，某项智力成果才为其创造者（权利人）所专有，由该项智力成果所产生的利益才为其创造者（权利人）所独享。所以，在这种状况下，作为知识产权另一个重要特征的"专有性"只有在"地域性"的基础上才有实际意义。

到了资本主义社会，知识产权的性质发生了变化，它不再是君主赐予的"特权"，而成为依法产生的"法权"，但其"地域性"的特点却被沿袭下来。这不仅是由于"地域性"与知识产权确实有着根深蒂固的联系，而且是由资本主义自由竞争的需要所决定的。在自由资本主义时期，竞争和生产的无政府状态是经济的主要特征。在价值规律的作用下，资本家不择手段地谋求利润，尽可能多地攫得剩余价值，利益的有无和大小是决定他们对待各种事物态度的基本因素。对智力成果来说，情形也是如此。在一国境内出现的发明创造，只要它能够带来利润并增强同对手进行竞争的能力，其他国家的资本家就要千方百计地去获取并加以利用。在一国出版的著作，如果它具有商业价值，其他国家的出版商就会想方设法地加以复制销售，以便从中获利。为了尽可能多地牟取暴利，资本家当然最愿意"无偿"利用外国的智力成果，因此，他们也就不愿意承认其他国家的创造者依其本国法而取得的对其智力成果的专有权。从国家的角度来说，在资本主义自由竞争的条件下，承认依照外国法产生的知识产权在本国的效力，不仅不利于吸取外国文化科技的新成果，不利于本国工商业的繁荣，而且也不利于本国的社会经济进步和文化发展。所以，自由竞争时期的资本主义各国都不承认根据外国法律而产生的知识产权，当然也不会要求外国承认根据本国法而产生的知识产权。这样，知识产权的地域性便在资本主义自由竞争的条件下得以强化，并成为统治阶级的国家意志而具有法律的意义。

在封建社会末期及资本主义早期（自由竞争时期），对知识产权的保护具有严格的地域性：一方面是因为当时社会的商品经济仍不发达，商品贸易以国内交易为主，国际的经济交流相对较少，各国法律在调整社会经济关系时以调整国内关系为重点。在这种背景下，对知识产权的保护具有严格的地域性也就在情理之中了。另一方面，因为当时科学技术发展相对较为缓慢，各国（尤其是较发达国家）为了更好地利用国外的先进技术为本国的社会经济服务，也不愿意在立法上设立保护国外知识产权的条款。正是在这种背景之下，19 世纪以前，即垄断资本主义形成之前，各国在知识产权的保护方面均遵守严格的地域性保护。

在那个特殊的历史时期，严格的地域性保护正好适应了当时知识产权保护的要求：一

方面,知识产权所有人的利益在一个适当的范围内得到了有效保护,使科技发明因奖励而迅速发展。因为各国都在奉行严格地域性的价值取向,加之国内立法的相对完善,知识产权权益人的合法权益得到相对公平的保护。另一方面,由于受地域性的限制,知识产权在域外的权益无法得到保护。这虽然有损于权益人的合法利益,但由于一国在利用另一国的先进科技成果时付出的成本颇低,这就在一定程度上促进了科技发明向社会生产的转化速度,有利于世界经济的全面、快速发展。

(三)时间性

知识产权有法定的保护期限,在法定的保护期限内权利有效,超过了保护期限权利终止。这也是知识产权有别于有形财产权的主要标志。有形财产权的有效期限以其标的物的存在为前提,法律一般不能规定其有效期限,而知识产权的有效期限则是法定的。

当今中国IP八问

知识产权的终止、失效,只是其标的(权利)的丧失,作为其客体的智力成果依然存在,只是由"专有领域"进入"公有领域"。之所以对知识产权规定法定保护期限,是为了更有效地推动科学技术、文化艺术的发展,同时考虑知识产权权利所有人利益与社会公众利益的兼顾和平衡。知识产权的失效并不意味着其原来保护的客体失去了使用价值。

第二节　与版权相关的几个概念

知识产权法还保护其他客体,诸如商标、专利、外观设计、植物新品种、商业秘密、集成电路布图设计和拓扑图。所有这些被知识产权保护的项目都有一个共同的事实,即被保护者为获得他所受保护的成果而投入大量的智力劳动。

一、商标权

商标的起源可追溯到古代,当时工匠们将其签字或标记印制在其艺术品或实用产品上。随着岁月流逝,这些标记演变为今天的商标注册和保护制度。这一制度帮助消费者识别和购买某产品或服务,因为产品或服务上特有的商标标示其性质和质量符合消费者的需求。

商标是商品的生产者、经营者在其生产、制造、加工、拣选、经销的商品上或者服务的提供者在其提供的服务上采用的,用于区别商品或服务来源的,由文字、图形、字母、数字、三维标志、声音、颜色组合的,或上述要素的组合形成的,具有显著特征的标志,是现代经济的产物。在商业领域,商标包括文字、图形、字母、数字、三维标志和颜色组合,以及上述要素的组合,均可作为商标申请注册。经国家核准注册的商标为"注册商标",受法律保护。商标通过确保商标注册人享有用以标明商品或服务,或者许可他人使用以获取报酬的专用权,而使商标注册人受到保护。

我国《商标法》规定,经商标局核准注册的商标,包括商品商标、服务商标和集体商标、证明商标,商标注册人享有商标专用权,受法律保护,如果是驰名商标,将会获得跨类别的商标专用权法律保护。

世界知识产权组织(World Intellectual Property Organization,WIPO)将商标定义为"将某商品或服务标明是某具体个人或企业所生产或提供的商品或服务的显著标志"。根据我国《商标法》,商标是指能将自己的商品或服务与他人的商品和服务区分开的标志(包括文字、图形、字母、数字、声音、三维标志和颜色组合,以及上述要素的组合)。

拓展资源 1-1

二、专利权

专利(patent),从字面上讲是指专有的权利和利益。"专利"一词来源于拉丁语 litterae patents,意为公开的信件或公共文献,是中世纪的君主用来颁布某种特权的证明,后来指英国国王亲自签署的独占权利证书。

在现代,专利一般是由政府机关或者代表若干国家的区域性组织根据申请而颁发的一种文件,这种文件记载了发明创造的内容,并且在一定时期内产生这样一种法律状态,即获得专利的发明创造在一般情况下他人只有经专利权人许可才能实施。在我国,专利分为发明、实用新型和外观设计 3 种类型。

专利是受法律规范保护的发明创造,它是指一项发明创造向国家审批机关提出专利申请,经依法审查合格后向专利申请人授予的在规定的时间内对该项发明创造享有的专有权。

专利权是一种专有权,这种权利具有独占的排他性。非专利权人要想使用他人的专利技术,必须依法征得专利权人的同意或许可。

一个国家依照其专利法授予的专利权,仅在该国法律的管辖范围内有效,对其他国家没有任何约束力,外国对其专利权不承担保护的义务,如果一项发明创造只在我国取得专利权,那么专利权人只在我国享有独占权或专有权。

专利权的法律保护具有时间性,中国的发明专利权期限为 20 年,实用新型专利权和外观设计专利权期限为 10 年,均自申请日起计算。

三、外观设计专利权

外观设计是指工业品的外观设计,也就是工业品的式样。具体而言,我国《专利法》第二条中规定:"外观设计,是指对产品的形状、图案或者其结合以及色彩与形状、图案的结合所作出的富有美感并适于工业应用的新设计。"外观设计与发明或实用新型完全不同,它不是技术方案。

外观设计专利应当符合以下要求:一是必须是对产品的外表所做的设计;二是指形状、图案、色彩或者其结合的设计;三是必须适于工业上的应用;四是必须富有美感。

拓展资源 1-2

四、商业秘密权

📄 拓展资源 1-3

商业秘密(business secret),按照我国《反不正当竞争法》的规定,是指不为公众所知悉的,能为权利人带来经济利益,具有实用性并经权利人采取保密措施的技术信息和经营信息。因此商业秘密包括两部分:技术信息和经营信息(如管理方法、产销策略、客户名单、货源情报等经营信息)。

第三节 版权的概念及观念

一、版权的概念

版权,又称著作权,是对文字作品、音乐作品、摄影作品、电影、计算机软件等的复制权利的合法所有权。除非转让给另一方,版权通常被认为是属于作者的。大多数计算机软件不仅受到版权的保护,还受软件许可证的保护。版权只保护思想的表达形式,而不保护思想本身。算法、数学方法、技术或机器的设计均不在版权的保护之列。

从语源学上讲,版权不仅表示复制权,而且表示对作品本身及其载体的所有权和控制权,有时也与文学艺术产权交替使用。与版权一词相对应的法语是 droit d'auteur,德语是 Urheberrecht,西班牙语是 derecho de autor。这些名词直接指明了权利的受益人,按字面译成汉语为"作者的权利"。为了保障作者因创作作品获得正当权益,协调作品的创作者、传播者和广大公众因作品的传播和使用而产生的法律关系,鼓励作者创作,促进作品传播,发展科学文化事业,世界上已有150多个国家和地区建立了版权/著作权制度。

版权的取得有两种方式:自动取得和登记取得。在我国,按照《著作权法》规定,作品完成就自动取得著作权。所谓完成,是相对而言的,只要创作的对象已经满足法定的作品构成条件,即可作为作品受到著作权法的保护。在学理上,根据性质不同,版权可以分为作者所拥有的权利(狭义的著作权)和传播者所拥有的权利(邻接权)。简单来说,前者是针对原创相关精神产品的人而言的,而后者是针对表演或者协助传播作品载体的有关产业的参加者而言的,比如表演者、录音录像制品制作者、广播电视台、出版社等等。

二、各国的版权观念

(一)西方国家的版权观念

两种基本的版权理念构成了西方普遍的国内立法的基础。第一种观点,盎格鲁-撒克逊法系或普通法系认为版权是一种财产权,允许版权的主要所有者(通常为作者)自由地与其选择的未来的作品使用者谈判,包括将版权所有权全部转让给使用者,如出版社。这种全部转让版权的方式在教育与学术领域尤其普遍。这种版权理念承认使用者有独立的权利,比如允许其对任何侵犯自己被授予的权利的行为提起诉讼。这种版权法律体系是英美两国的立法基础。在一些国家,作品的版式设计也是一种非常独立的权利,即出版者的权利,如果此权利受到侵犯,可单独就此提起法律诉讼。

西方另一种版权观点是作者权,主要适用于欧洲大陆国家的立法,这种观点非常注重作者作为创造者的权利,关键是作者的精神权利(有时被称为作者的人身权)。它们包括表明作者身份的权利(被承认是作品的作者),保护作品完整权(确保自己作品不受损毁与篡改)。1988年英国著作权的立法引进了"精神权利",从而与欧洲大陆立法更加和谐、一致。关于这些权利的具体规定因国家而异。比如,在有的国家版权是永久的和不可转让的,而依据英国立法它们可以转让、放弃;英国法律也规定作品的版权随版权保护期满而终止。在美国版权法中尚没有精神权利。

(二)中国、中东欧、俄罗斯的版权观念

中国、中东欧、俄罗斯的版权立法往往将作者视为版权所有者。在大多数情形下,限制其将权利转让给出版社,并经常规定作者可以在一个非常有限的期限内,或以非常有限的数量出版自己的作品。诸如许可国外使用翻译权等附加权利,作者一般都不授予出版社,在中东欧国家和俄罗斯,每个国家都有一个国家中央作品代理机构负责与国外进行著作权交易。

这些国家的立法经常规定,在很多情况下,作者的作品可以不经许可和付款,或不经许可而仅支付一定数额的费用即可使用。对当地作者支付报酬通常按照其作品的种类与字数,按指定印数而非实际销售数额,在作者与出版社签订的合同中会包括一些特别的指示、说明。这些国家的法律规定了精神权利,但通常是不可转让和永久的,这主要是基于以下考虑:如果作者的继承人最终无法行使这些权利,国家(以中央作品代理机构的形式)会管理这些权利。在许多国家,报酬的支付标准通常按作品种类与作品长度——在中东欧国家,计算单位为4万字符,而在中国则以千字计算,对"与众不同"的作品每千字的付费标准会比较高。

超级链接:正版《百年孤独》推出　作者曾誓死不给中国授权[①]

"1984年我第一次读《百年孤独》的感觉是震撼,紧接着就是遗憾,原来小说也可以这样写。"在哥伦比亚著名作家加夫列尔·加西亚·马尔克斯的长篇小说《百年孤独》中文版新闻发布会上,作家莫言这样说。他和许多国内作家一样,此前都不知道滋养他们走上文学道路的各种《百年孤独》版本原来都是盗版。

马尔克斯当初曾发下狠话,发誓死后150年都不授权中国出版他的作品,尤其是《百年孤独》。在将近30年的时间里,中国出版界一直为取得马尔克斯的正式授权而努力,因此有专家称,《百年孤独》在中国的正式出版不亚于当年震惊世界文坛的拉丁美洲"文学爆炸"。

20世纪80年代,尤其是马尔克斯于1982年摘得诺贝尔文学奖桂冠之后,他的一系

---

① 桂杰.正版《百年孤独》推出　作者曾誓死不给中国授权[EB/OL].(2011-06-07)[2019-11-10]. http://culture.people.com.cn/GB/22219/14833395.html.

列作品在未得到其授权的情况下便被我国多家出版社擅自出版,其中蜚声世界文坛的长篇小说《百年孤独》《霍乱时期的爱情》《没有人给他写信的上校》等经典更是有多个版本盛行于市。当年的中国作家,甚至各大学中文系学生都言必称《百年孤独》"魔幻现实主义""文学爆炸"……其影响之巨可见一斑。

1990年,马尔克斯曾到北京和上海访问。那次中国之行给他留下颇为糟糕印象的是,书店随处可见各出版社擅自出版的《百年孤独》《霍乱时期的爱情》等书。《哥伦比亚人报》的相关报道中曾写道,马尔克斯访问北京时对前来看他的文化界人士说:"各位都是盗版贩子啊!"这让当时在场的中国文坛泰斗钱锺书先生颇为难堪。该报写道,钱锺书先生听了马尔克斯半怒半笑之言,顿时沉默不语,哥伦比亚驻华大使试图缓和一下局面,但是白费力气。"死后150年都不授权中国出版我的作品,尤其是《百年孤独》",就是马尔克斯在结束那次中国之行后放下的狠话。

1992年,中国正式加入《世界版权公约》,中国出版界的版权意识逐渐增强。据不完全统计,20多年间曾有100多家中国出版机构向马尔克斯本人、哥伦比亚驻华使馆,甚至墨西哥驻华使馆(因马尔克斯旅居墨西哥多年)提出版权申请,但都未得到任何回复。取得这位世界顶级文学大师的正式授权,成了国内各大出版机构和出版人的梦想。

著名主持人梁文道曝料说,新经典文化有限公司(以下简称"新经典")总编辑陈明俊就是因为想要出版这本书才进入出版界。早在2002年新经典刚刚成立之时,他们就开始向马尔克斯的代理人、被誉为"拉美文学走向世界的幕后推手"的卡门·巴尔塞伊丝女士发出邮件,诚挚地表达了引进马尔克斯作品中文版权的意愿,但石沉大海,杳无回音。新经典没有放弃出版马尔克斯作品的努力,一直与卡门保持着联系。2008年,陈明俊在给马尔克斯的一封信中写道:正如当年您在巴黎隔街深情喊着"大师"向您的偶像海明威致敬一样,我们正隔着太平洋竭尽全力高喊着"大师"向您致敬。我们相信,如果您听到了,您一定会像海明威一样挥一挥手,大声喊道"你好,朋友!"也许是巧合,也许是这些话让马尔克斯想起了当年的自己,陈明俊终于得到了卡门的正式回应。《百年孤独》中文版的出版,终于出现转机。

向中国的出版社正式授权,对马尔克斯和卡门来说,是非常慎重的。新经典后来才得知,2008年,经验丰富、处事谨慎的卡门专门委派工作人员到北京、上海、南京等地明察暗访,长达两个月之久,对中国图书市场、出版机构,尤其是涉足外国文学的出版机构,进行了细致调查和严格评估。对于《百年孤独》这个重大项目,她必须审慎地为年过八旬的马尔克斯选择一个好"婆家"。2009年9月,卡门再次委派工作人员来京,与中方的版权团队、负责马尔克斯项目的编辑团队、行销团队进行了深入交流。

2010年中国农历春节前的最后一个工作日,新经典版权部惊喜地收到了卡门女士的新春大礼:正式授权新经典出版《百年孤独》中文版的通知。陈明俊欣喜地在微博中写道:"这是一个在中国出版史上可以载入史册的日子。"

把书正式授权给中国的出版社,80多岁的大师食言了。《百年孤独》收获的不是一本书,而是中国出版环境的规范化和与世界文化界对接的软实力,这种实力靠的不仅仅是金钱,还有信用、真诚和对法律的尊重。

课后习题

    1.版权与著作权有差异吗？如果有，表现在哪些方面？

    2.你如何看待当下中国的 IP 热？

第二章　作者的权利

第一节　版权所有权

版权所有权

版权的所有者似乎是一个无须证明的范畴,因为一部作品的版权毫无疑问属于创作它的作者。然而,除了这一规则外,还有很多例外。

一、作者的确定

在最简单和最常见的情形下,作者就是作品创作的自然人,但是当第三方介入时,对作者身份的定义在各国版权法中的规定不尽相同。

在以英国和美国为代表的普通法系国家,版权法对作者的认定比较宽泛,允许把最初的版权所有权授权给不是实际创作人的其他人或团体。例如,作品首创之后,版权可以属于法人团体或者法律实体,它们因法律规定而成为作者,这一点在受雇用创作作品的情况下尤为重要。

在以法国、德国等为代表的大陆法系国家,版权法认定作者的身份为作品的创作者,即作者身份与创作作品的人不可分离。这就等于说只有自然人才能成为作品最初的版权所有者,法律实体和法人团体均不具有创作作品的能力,它们只能在以后通过契约获得作者的权利。

超级链接:机器人可以成为新闻作品的作者吗①

随着人工智能的发展,我们经常可以看到机器人写的新闻稿件。例如,2016 年,在腾讯体育的《奥运会跳水第 1 金　吴敏霞/施廷懋不负众望夺冠》一文的最后,出现了这样一句话:"本文由腾讯机器人 Dreamwriter 撰写。"

"机器人撰写新闻",在我国并不常见,但在美国则早已开始实践。早在 2014 年 7 月,美联社即已宣布,从当月起开始利用美国自动化洞察力公司的写稿软件,自动撰写长度介于 150 字和 300 字之间的美国公司业绩稿件。那么,这种纯粹由自动编程的机器人写作的新闻稿件,可以构成《著作权法》意义上的作品吗?

---

①　袁博.机器人可以成为新闻作品的作者吗[N].中国新闻出版广电报,2018-07-05(10).

单纯的时事新闻"叙述"不受保护

笔者选取了《奥运会跳水第 1 金　吴敏霞/施廷懋不负众望夺冠》一文较为代表性的一段如下：

精彩回放：前两跳是规定动作，施廷懋/吴敏霞选择了 101B（向前半周屈体）和 5331D（反身翻腾一周半转体半周转体）这两个动作。她们分别获得 55.80 分和 52.20 分，总成绩暂时排名第一。

经过激烈的一轮较量，施廷懋/吴敏霞以总成绩 184.50 分，排在第一位。她们领先意大利组合卡尼奥托/达拉佩 11.40 分。

第四轮施廷懋/吴敏霞以 305B（反身翻腾两周半屈体）拿到 80.10 分暂排榜首，提前锁定奖牌榜。

最后一轮，现场的气氛也变得紧张起来，冠军究竟花落谁家全在此关键一跳……

这一片段被冠以"精彩回放"，通常是体育类新闻记者浓墨重彩、细节勾勒和倾注主观情怀的重点段落，但是从上述段落，我们看到的基本上是大量的体育术语、专业数据和基本的新闻事实，并没有发现明显的个性化的描述或评论。该新闻片段唯一可以被称为个性化的语句是"最后一轮，现场的气氛也变得紧张起来，冠军究竟花落谁家全在此关键一跳"。但是，第一，这一句仍然是体育报道中使用频率较高的常用句；第二，相对于整体的篇幅，单独的这一句实在改变不了整篇报道只能构成时事新闻而难以构成时事新闻作品这一结论。

众所周知，单纯的只有时间、地点、人物、事件的简单时事新闻是不受我国《著作权法》保护的，我国《著作权法》保护的是加入了独创性表达内容的时事新闻作品。那么，二者如何区分呢？

典型的时事新闻一般表达较为精练，与之相对，时事新闻作品在内容表达上则要丰富得多。在现实生活中，人们从各种媒体接触到的时事新闻大多不是单纯的时事新闻而是时事新闻作品。对于这种并非单纯事实消息的新闻报道，完全可以构成受《著作权法》保护的作品。与表达丰富的时事新闻作品相对，根据现行《著作权法》第五条的规定，单纯的时事新闻，并不受著作权保护。因此，笔者认为，前述的机器人稿件只能构成单纯的时事新闻，并不能成为受《著作权法》保护的作品，而撰写该文的作者机器人 Dreamwriter 自然也无望成为法律上的"作者"。

机器人成为作者现实受阻

与写体育新闻的机器人不同，现实中还有另一种更厉害的、会写诗作赋的机器人。据报道，2014 年微软研发团队开始探讨"情感计算框架"的可实现性，于是创立了"微软小冰"，试图搭建一种以 EQ（情商）为基础的、全新的人工智能体系。目前的机器人小冰拥有唱歌、财经评论与写诗三种创造力，并且还出版了一本诗集，让我们来看看小冰的作诗能力如何，以下是其中的一首：

家是一条变化的河流

但是我的生命之周边横溢着无端的幻梦

金子在太阳的灵魂里

浮在水面上

在天空里发呆

就是拒绝岸上的蚂蚁上树

......

笔者第一次看到时,曾经感到匪夷所思,因为就诗歌本身来看,已经无法从字面上看出人工智能和人类在文字创作上的差别。换言之,如果没有专业的分析,仅从字面上看,很难找出诗歌本身不构成作品的理由。尽管如此,经过一番思考之后,笔者仍然认为,根据现行的法律体系,机器人小冰要成为我国《著作权法》上的"作者",仍然困难重重。

例如,小冰如何才能获得自己的作品报酬呢? 据报道,前述机器人小冰的诗歌在网上发布后,获得很多网友的"打赏",但是却产生了新的问题,相关人士表示,在网上,已经有很多人为小冰"打赏",在各个社交平台上的"打赏"已经有 7 万多元了。但因为小冰没有身份证,也没有个人信息,所以一直取不出来。这个问题其实正道出了机器人成为"作者"的现实障碍——机器人没有人格和人格权,而这是著作权保护作者的首要前提。不难想到,正因为不是人类,离开了程序员和控制者,小冰无法进行作品的著作权登记,无法进行著作权维权,无法因为他人的抄袭侵权去法院登记立案,无法直接获得作品创作的市场回报。

由此可见,尽管目前的机器人已经可以写诗作赋,但要真正从法律上获得作者身份,仍然前路漫漫。

二、职务作品版权

按照普通法法律传统,当一位受雇用者在其正常被雇用的过程中创作作品时,其雇主被认定为作品最初版权的拥有者,也就是被认为是作者,除非有相反的特别协议。其背后的理由在于雇主是做出决定和提出倡议的人,它为作品及其创作支付了报酬,因此有权利获得所有的源于作品的经济利益。

在大陆法系国家,则有不同的规定,权利最初被授予受雇用者,雇主(无论是自然人还是法律实体)可以在以后通过契约获得作品的权利。

超级链接:央视"台标"著作权纠纷

由两个椭圆组成的中央电视台台标,多年来一直伴随着央视节目的播出展现在电视荧屏上。然而,正是这个著名的标志引发了一场纠纷。1998 年该台标图案的设计人张德生以著作权人的身份将央视告上了法庭,要求中央电视台承担侵权责任。原告张德生诉称:1978 年 5 月,原北京电视台更名为中央电视台时,曾在社会上广泛征集标志设计方案。原告作为征稿的参与者,其设计的"CCTV"台标经局、台党组审批而被选中,并于1979 年元旦正式播出使用,原告对该作品享有无可争议的著作权。但被告未经原告同意对作品进行修改,并为了商业目的大量使用该台标图案,侵犯了原告的著作权。原告要求被告一次性支付至今使用台标的有偿使用费人民币 20 万元;支付自 1979 年至今将台标用于赢利目的的使用费人民币 10 万元;要求被告恢复台标作品的原貌,尊重原告台标作品的完整性,停止侵害活动,在《电视研究》上发表声明向原告赔礼道歉。

被告中央电视台辩称：张德生创作中央台的台标时，是作为中央台的专职美术设计人员，为完成中央台下达的工作任务，利用中央台的物质、技术条件履行了本职工作，其完成的台标属于职务作品。中央电视台是该台标的著作权人，其使用该台标的行为不侵犯任何人的合法权益。

一审法院经审理后认定：台标图案必须要有CCTV英文字母，这一特点决定台标只能由中央电视台使用或用于与中央电视台有关的范围，不能用于其他用途。这种应征专门为某种用途设计的特殊美术作品，设计人不享有控制作品的使用或许可他人使用的权利，作品整体著作权可以由征集者享有。在当时的历史环境下，张德生还是央视的工作人员，双方的意思表示不存在台标权归张所有，央视须经其许可才能使用的情形。张德生在以后近20年时间中，从未主张过台标著作权，而是任央视使用。参照合同法有关原则规定，张德生在事实上承认了台标权归属中央电视台这一客观现状。因此，北京市海淀区人民法院认定，央视对该台标享有著作权，可以自主使用，驳回原告的诉讼请求。

三、数人创作的作品的版权归属

两人及两人以上合作的作品版权的所有权要根据作者在作品中的贡献程度来确定。当作品出于合成一个不可分割或相互依存的单位的意图时，这一作品成为合著，例如，两位作者共同完成一部书的创作。但是，如果书由一位作者所写，另一位作者对特定的章节做出贡献并因此章节受到社会的赞许时，就不是合著作品了，因为各自的贡献不再是密不可分或相互依存的。

在合著作品中做出贡献的人被认为是共同作者，对他们的创作共同享有权利。作为共同的所有者，他们必须同时行使权利。一般而言，除非另有规定，共同作者都不会不合理地拒绝同意对其作品进行使用，他们应当等额分配收益。

合成作品和合著作品似乎相似，但事实上它们是两个不同的概念。所谓合成作品是事先存在的两部或者多部作品，在不丧失其个性的前提下连接成为一个新作品。例如，为已存在的歌词谱上乐曲而创作出一首歌曲，乐曲和歌词都可以从歌曲中分离出来使用，而对新的"合成作品"的权利不产生任何影响。在此种情况下，新作品（歌曲）的权利是共同享有的，而单独的组成部分（乐曲和歌词）的版权依照规定仍然属于其分别的创作者，除非合同中另有规定。

集合作品仅仅是集合了几个单独部分，并不构成共同作品。集合作品的例子很多，比如期刊、选集、百科全书，还有数据库，它们是由计划、安排、协调、准备和出版集合人所倡导的，我们通常称这些集合人为主编。由几个单独部分构成的集合作品的版权属于主编个人或法律实体，单独作品的版权不会受到损害。

四、电影作品版权的归属

电影作品的诞生凝结着众多人的心血，这给版权法认定作者带来了挑战。目前，世界上对电影作品的版权归属问题提出了大致两种基本解决方案。

在大陆法系国家，电影版权通常归属于对创作电影做出贡献的那些自然人，但是即便是大陆法系的国家中,各国对版权人的认定也不尽相同。有些情况下,电影被认为是诸如导演、编剧、摄影师和作曲者等许多共同作者的合作作品,每个人就整体作品拥有版权,即版权共同拥有。另外一些国家则只承认导演是电影的作者,然后按照合成作品的规定授予其他创作部分以单独的版权。无论哪种情况,在对电影进行商业利用之前,制片人必须和每位版权所有人达成协议安排。然而,在普通法系传统国家,其版权法通常将电影的制片人作为唯一的版权所有者,正如职务作品一样,每个对电影做出贡献的人基本不享有任何权利。即使某些权利被授予主要的合作者,他们通常在范围上要受到相当大的限制并且行使时要满足一系列条件。这种方式背后的理由是为了避免与众多权利所有者进行繁重的谈判从而便于电影进入市场。

第二节　作者的精神权利

作者的
精神权利

作品是作者思维的产物,反映着作者的人格,早在 19 世纪上半叶,法国就出现了"精神权利"的表述。著作者的精神权利、人身权或人格权(moral rights)是在大陆法系及部分普通法系国家中赋予创作者对自己原创作品享有独立于著作权的另一系列权利,换言之,这个权利不会因为原作者已经放弃其作品的复制或持有权(无法从其获得经济上的直接利益如版税)而丧失。

精神权利的保护期在不同法系的国家不尽相同。普通法系国家通常倾向于作者死亡后就不保护其精神权利;大陆法系国家通常认为精神权利是永恒的,作者死后由其继承人行使精神权利,或者如某些国家立法所规定,由某些公众团体或私人团体为了国家文化遗产的利益而行使作者的精神权利。《保护文学和艺术作品伯尔尼公约》(简称《伯尔尼公约》)第六条之二中对精神权利做了折中的规定,其期限至少要和作者的经济权利保护期相同。当今,许多《伯尔尼公约》的成员已经决定接受这一规定,并对经济权利和精神权利给予同样的保护期限。按照国际标准,对经济权利的保护为作者终生及其死后 50 年,但是少数国家将保护期延长到作者去世后 70 年。

依据我国《著作权法》规定,著作权人享有的人身权有作品的发表权、署名权、修改权和保护作品完整权。

超级链接:《伯尔尼公约》对精神权利的表述

不受作者经济权利的影响,甚至在上述经济权利转让之后,作者仍保有声明其为作品作者身份的权利,并有权反对对其作品的任何有损其声誉的歪曲、割裂或其他更改,或其他损害行为。

按不同地区的立法定义,精神权利的有效时间可以是永久或等同作品的著作权有效期限,而它保护的创作类型又会因地区而异。《伯尔尼公约》要求精神权利包含以下两类权利:署名权或识别权,除了实名外,亦允许以假名对作品署名或拒绝署名;保持原作品的完整,禁止作品在未得到原作者同意下被他人修改或歪曲原意。在《伯尔尼公约》于1928年将精神权利纳入条约前,精神权利首先在法国、德国获得承认。美国于1989年签署《伯尔尼公约》,但当时未彻底地承认精神权利为美国著作权法的一部分,而是归于其他条文之下,如毁谤及不公平竞争法。美国1990年制定的《视觉艺术家权利法案》承认精神权利,但仅适用于一小部分的艺术类型。一些地方的司法允许作者协议全部或局部放弃其精神权利。

一、发表权

作者创作了作品,该作品是否发表,公之于世,其决定权由作者——著作权人决定。发表权是著作权人的一项重要权利,是著作权人实现著作权的财产权的基础。作品的发表,往往是出版、复制、摄制等著作权人行使发表权的结果。

发表权具有一次穷竭原则,具有无法转移和不可继承性。如因作品而产生的权利涉及第三人的,发表权还受到第三权利人的制约。

需要注意的是,使得作品引起他人注意,其本身并不构成发表。发表需要在作者个人家庭和朋友圈之外公布。例如,在私人家庭集会中的舞台剧不构成发表,这与在当地剧院里公演同样的舞台剧是不一样的,并且与观众的数量多少无关。

在大陆法系国家,大多数承认发表权,尽管发表权在《伯尔尼公约》中没有规定。

二、署名权

署名权是著作权人在发表自己创作或参与创作的作品时表明自己身份的权利。在作品上署名除表明是该作品的创作人外,还表明署名人因此而承担相关的权利与义务。

署名权是《伯尔尼公约》第六条之二赋予的一项精神权利。署名权经常被视为"家父"权,暗指作者与作品之间的精神血缘关系,然而这一术语在今天似乎已经过时了。

署名权为作者保留了是否在其作品上署名,以及何时出版或以其他方式向公众提供其作品的权利。它还包括明确作者的身份和权利。当然作者也可以匿名。除匿名外,使用者在引用或参考作品时必须要表明作品的来源和作者的姓名。

超级链接:高丽娅与重庆市南岸区四公里小学著作权纠纷案

高丽娅是重庆市南岸区四公里小学的一名语文教师,她诉四公里小学返还教案并赔偿损失案,应算是我国首例有关教案权属的案例了。

高丽娅于1990年1月调入重庆市南岸区四公里小学,按照学校的规定,高丽娅每学期期末都将载有自己所写教案内容的教案本上交给学校供学校检查,10年间共计上交了48本。2002年4月,高丽娅因写论文需要参考自己历年所写教案,遂向学校要求返还自己上交的教案,但学校最终只返还了4本,其余的被卖给废品回收站或遗失了。高丽娅认为学校不尊重教师劳动成果,侵犯了她对自己所写的教案本的所有权,于2002年5月向南岸区人民法院起诉:要求学校返还44本教案并赔偿由此给自己造成的损失8800元。南岸区人民法院一审判决驳回高丽娅的诉讼请求,高丽娅不服向重庆市第一中级人民法院提起上诉,重庆市第一中级人民法院二审维持原判。高丽娅继续向重庆市人民检察院提出申诉,重庆市人民检察院于2004年11月向重庆市高级人民法院提出抗诉。重庆市高级人民法院指令重庆市第一中级人民法院再审此案,重庆市第一中级人民法院依照审判监督程序于2005年3月30日对此案进行了开庭审理。

2005年6月6日,高丽娅老师收到了再审判决书,再审法院仍然维持了原判。小学老师高丽娅成为教案维权第一人!

对于这个震动全国的首例教案纠纷案,先后有近百家媒体对其进行过报道。对于本案当中大众和媒体十分关注的著作权问题,再审判决以"高丽娅在向原审法院起诉时的诉讼请求为返还教案本或赔偿损失,并未涉及著作权的问题。原审判决亦没有对教案本是否具有著作权问题做出判决"为由,认定"如高丽娅认为其对教案本享有著作权,可另案解决"。

不久,高丽娅以重庆市南岸区四公里小学私自处分自己的教案原稿的行为侵犯了自己的著作权为由,再次提起诉讼。2005年12月14日,重庆市第一中级人民法院宣布判决结果:被告重庆市南岸区四公里小学私自处分原告高丽娅教案原稿的行为侵犯了高丽娅的著作权;被告赔偿原告经济损失5000元。

作品是人类智力劳动的成果,只能通过人类的创作活动产生。所以,判断作品是否产生,以及作品的归属,必须首先判断是否存在创作行为。

《中华人民共和国著作权法》(2010年修正)第三条规定:本法所称的作品,包括以下列形式创作的文学、艺术和自然科学、社会科学、工程技术等作品:

(一)文字作品;

(二)口述作品;

(三)音乐、戏剧、曲艺、舞蹈、杂技艺术作品;

(四)美术、建筑作品;

(五)摄影作品;

(六)电影作品和以类似摄制电影的方法创作的作品;

(七)工程设计图、产品设计图、地图、示意图等图形作品和模型作品;

(八)计算机软件;

(九)法律、行政法规规定的其他作品。

《著作权法实施条例》第三条规定:著作权法所称创作,是指直接产生文学、艺术和科学作品的智力活动。为他人创作进行组织工作,提供咨询意见、物质条件,或者进行其他辅助工作,均不视为创作。

上述规定表明,要构成创作,必须有两个要件:一是智力活动,二是直接产生作品。与智力活动相对应的概念是体力活动。从理论上讲,智力活动与体力活动是有区别的,但是在实践中,人类活动几乎没有不涉及智力的体力活动。因此,判断是否构成创作,最重要的要件是是否直接产生作品。如果没有产生作品,而是产生技术方案,则不属于创作。同样,智力活动如果没有直接产生作品,则也不属于创作。例如,研究生导师对其学生撰写的毕业论文提出修改意见,尽管这对该论文的产生具有重要意义,但由于没有直接产生该论文,导师的修改就不构成创作。

那么，教案究竟是不是作品呢？本案中的教案属于作品。根据《著作权法实施条例》第二条，著作权法所称作品，是指文学、艺术和科学领域内具有独创性并能以某种有形式复制的智力成果。作品的"独创性"不同于一般意义上的"创造性"，仅是指作品系作者独立创作，而非剽窃。涉案教案作品属于职务作品。根据《中华人民共和国著作权法》，公民为完成法人或者其他组织工作任务所创作的作品是职务作品。涉案的教案作品是高丽娅为完成教学工作任务而编写的，应当属于职务作品。

涉案教案职务作品著作权应当由作者享有，但其所在的学校有权在其业务范围内优先使用。首先，涉案的教案不属于法律、行政法规规定或者合同约定著作权由单位享有的职务作品；其次，虽然高丽娅创作涉案的教案职务作品利用了学校一定的物质技术条件（如空白教案本等），但并不是主要地利用了学校的物质技术条件，而且涉案的教案职务作品也不是由学校来承担著作权法律责任。因此，涉案的教案应当属于《中华人民共和国著作权法》规定的一般职务作品，著作权由作者高丽娅享有，但重庆市南岸区四公里小学有权在其业务范围内优先使用。

三、修改权

对作品的修改权，是指著作权人自己或者授权他人对自己创作的作品进行修改、增删的权利，对作者创作作品的修改权在保护期内归作者专有。

四、保护作品完整权

保护作品完整权，即保护作品不受歪曲、篡改的权利。歪曲是指故意改变事物的真相或内容；篡改则是用作伪的手段对作品进行改动或曲解。这种权利反映出一个事实，即作者的人格深刻地反映在其作品中，制止未经授权的修改以及制止在贬低的意义上使用作品，所以保护作品完整权也被称为"受尊重权"。

需要注意的是：多数国家还将可能对作者的声誉造成损害作为侵犯保护作品完整权的要件。例如，加拿大版权法规定：对作品的歪曲、割裂或其他改动，以及将作品与某种产品、服务结合使用或者为某种事由或机制对作品的使用，只有使作者的名誉和声望受损时，作者的保护作品完整权才受到了侵犯。这是为了防止作者在其作品仅被轻微改动、尚不足以影响其声誉时过多地提起诉讼。我国虽然没有规定这一要件，但完全可以用此来解释"歪曲"和"篡改"，即如果对作品的修改实质性地改变了作者在作品中原本要表达的思想、感情，导致作者声誉受到损害，那就是对保护作品完整权的侵犯。

然而，数字化时代的到来，作品的完整权越来越容易随意地分解为几个部分。《伯尔尼公约》第六条之二很有弹性，它允许对作品做一些改动或修改，但以不损害作者荣誉或名誉的程度为限。

第三节 作者的经济权利

作者的经济
权利（上）

经济权利是使作者通过创作的作品获得经济收益的权利。经济权利通常是专有权，它包含两层意思：首先应由权利所有人在其权利范围内授权他人从事这些活动，所以，任何人如果想在作者的经济权利范围内使用被保护的作品，都必须获得权利所有人对此事的授权。权利所有人可决定使用的条件，包括报酬。其次，作者也有权利不授权给可能的使用者，即作者具有拒绝权。在这种情况下，如果使用者继续使用作品，作者可以提起版权侵权上诉。经济权利中重要的权利有：复制权、发行权、出租权、公开传播权、信息网络传播权、追续权、演绎权。

一、复制权

作者准许或者禁止对其作品进行复制的权利，是一项最基本的权利，因为对复制的控制是随后广泛的商业利用的法律基础。我国《著作权法》对复制权的定义是：以印刷、复印、拓印、录音、录像、翻录、翻拍等方式将作品制作一份或者多份的权利。

需要注意的是，在媒介技术迅猛发展的今天，复制应该从广义上理解，即涵盖所有的复制方法，包括已知的和迄今未知的方法。

拓展资源 2-1

数字技术的发展引发复制概念外延的扩张，在国际协议中已经形成一定共识，即以数字形式将作品存储于电子媒体中也构成版权意义上的复制，即使其结果是看不见的。一些暂时或临时的复制行为因其唯一目的是在网络上传播并且无独立的经济意义，因而也被认为是复制，但享有避风港原则。

二、发行权

发行权分为广义和狭义两种概念。狭义上的发行权是指作者所享有的许可或者禁止他人以出售、赠予和散发等方式发行自己作品的原件或复制件的权利。我国《著作权法》便是采纳了发行权的狭义概念。我国《著作权法》第十条第（六）项规定：发行权，即以出售或者赠予方式向公众提供作品的原件或者复制件的权利。广义上的发行权概念在狭义发行权概念的基础上还包括了出租、出借等权利，是指权利人通过销售或其他转移所有权的方式或者通过出租、租借、借阅等方式，将作品的复制件或原件提供给公众的权利。世界上亦有许多国家在立法上采纳了发行权的广义概念，例如美国 1976 年版权法第一百零六条，韩国 1987 年著作权法第二十条，德国 1965 年著作权法第十七条。

发行权要从属于商品自由流通的这项重要限制，即通常被称为"用尽"原则，即著作权人行使一次即告用尽了发行权，不能再次行使。这一规则意味着作品的原件或复制件一且经著作权人同意而进入市场后，该作品作为商品的进一步发行，著作权人再无权控制。

发行权一次用尽原则的适用有两个条件：首先，作品复制件必须经著作权人授权或根据法律规定合法制作。对于非法制作的作品复制件，如盗版电影光盘等，由于其在市场上的销售不可能经过著作权人许可，所以没有"发行权一次用尽"的适用余地。盗版电影光盘无论是如何辗转落入他人之手，也无论买受人在购买时是否知道该电影光盘是非法复制件，持有人公开销售盗版电影光盘的行为都是侵犯电影著作权人的发行权的。其次，作品原件或复制件的所有权没有以出售或赠予等方式发生转移，则他人擅自向公众出售或赠予，以及购买者或受赠者再次向公众出售或赠予，均构成对发行权的侵犯。

📄 拓展资源 2-2

三、出租权

出租权是指有偿许可他人临时使用电影作品和以类似摄制电影的方法创作的作品、计算机软件的权利，计算机软件不是出租的主要标的的除外。对出租权可以做如下理解：第一，出租权是一项与发行权并列的专有权。《世界知识产权组织表演和录音制品条约》（WPPT）第九条和第十三条明确规定，即使该软件或复制品已发行或授权发行，版权人仍享有商业性出租的专有权。第二，出租权只适用于计算机程序、电影作品和录音制品。第三，与发行权一样，出租权的客体是作品、以录音制品录制的表演和录音、录像制品的原件或复制品，而且专指可作为有形物品投放流通的固定的复制品。第四，录音制品的出租权可以转化为非自愿许可制度，这主要指欧盟某些国家实行的对出租收取版税的制度。比如德国法律规定如果以营利为目的出租制作复制品，出租者应向版权人支付报酬。

超级链接：国内、国际对出租权规定的法条

我国《著作权法》第十条将出租权明确规定为电影作品和以类似摄制电影的方法创作的作品、计算机软件的作者的权利，并在第四十条将出租权授予录音录像制作者。

法国《知识产权法典》在L122-6条将出租权授予软件作者，L213-1条、L215-1条、L216-1条分别赋予录音录像制品制作者和视听传播企业以出租权。

1996年《世界知识产权组织版权条约》第七条第（1）款规定："计算机程序、电影作品和按缔约各方国内法的规定，以录音制品体现的作品的作者，应享有授权将其作品的原件或复制品向公众进行商业性出租的专有权。但该条第（2）款规定：本条第（1）款不得适用于：（ⅰ）程序本身并非出租主要对象的计算机程序；（ⅱ）电影作品，除非此种商业性出租已导致对此种作品的广泛复制，从而严重地损害了复制专有权。该条第（3）款规定：尽管有本条第（1）款的规定，任何缔约方如在1994年4月15日已有且现仍实行作者出租其以录音制品体现的作品的复制品获得公平报酬的制度，只要以录音制品体现的作品的商业性出租没有引起对作者复制专有权的严重损害，即可保留这一制度。"可见，该条约只是有限制地授予计算机软件、电影作品以及录音制品的版权人以出租权。《与贸易有关的知识产权协定》中的第十一条做出了类似的规定："至少就计算机程序和电影作品而言，一成员应给予作者及其合法继承人准许或禁止向公众商业性出租其有版权作品的原件或复制品

的权利。"该协议是第一个将作品的出租权纳入世界贸易范围中的,它对于作品出租权的发展可谓作用重大。

虽然法律规定谁享有出租权是一个立法技术和立法政策的问题,但要想说明其合理性,还必须借助法条背后的法理做支撑。在民法领域尤其是知识产权法领域,权利人的利益和公众利益始终是一对永恒的矛盾。就版权法而言,一方面要求保护作者权益,保证从事科学、文学、艺术作品创作的作者创作作品的投资及辛勤劳动得到公平合理的报酬,以鼓励其创作的激情。另一方面又要抑制作者等著作权人垄断作品的专有权,保证作品传播、流传,以使整个社会受益。正所谓"平衡是现代版权法的基本精神"。其实质上追求的是各种权利冲突因素处于相互协调之中的和谐状态,包括著作权人权利义务的平衡,创作者、传播者、使用者之间关系的平衡,公共利益与个人利益的平衡。版权法对出租权的规制同样体现了平衡精神。图书很早就产生了出租的传播方式,但为什么从版权法诞生之日直到20世纪初,始终没有赋予著作权人以出租权呢?为什么当人类社会进入以通信技术、微电子技术和计算机技术为标志的数字技术时代以后,相关国家法律和国际条约才正式确定了出租权呢?

超级链接:为何在数字技术时代才确立了出租权?

出租权是伴随着信息社会利益平衡的需要而产生的,所以其客体也必将只局限于与之相适应的信息产品上,即视听作品和计算机软件。理由有三:其一,从产生成本看,视听作品或软件的产生成本动辄成百上千万,远甚于图书等文学作品的创作,所以前者的权利人理应受到比后者权利人更周到的关怀,而且其更新速度较快,如果不赋予权利人更多的财产权利,使其尽快收回投资并得到回报,必将会影响权利人的创作热情。其二,现代科学技术的发展,使复制视听作品、软件成本低廉,技术简单。因为一个承租人承租一个视听作品或软件后,很容易造成作品的非法复制和传播,所以版权法赋予视听作品和软件的版权人以版权,以期能更好地平衡创作者、传播者、使用者之间的利益关系。其三,如果赋予一般图书等作品的作者以出租权,将会阻碍人类优秀文化成果的传播,而视听作品或软件由于其数字化的特征,极易复制传播,特别是互联网的发展,更是令其如虎添翼。所以,赋予其权利人以出租权,对作品的传播速度影响不大。为了更好地平衡作者利益和社会利益,出租权的客体应限于视听作品和软件。版权法上讲的出租权的客体与传统民法所言之出租权不同。前者是无形之作品,而后者是作品有形之载体。除视听作品和软件的版权人外,其他作品复制件所有人虽然可以自由出租该标的物,但这是其基于所有权而产生的出租权。

四、公开传播权

公开传播权指的是以不转移作品有形载体所有权或占有的方式向公众传播作品,使公众得以欣赏或使用作品内容的权利,如对作品公开进行的表演、播放、广播和展览等。

公开传播权作为一大类权利,又可被拆分为数项权利。各国著作权法中的拆分方法并不同。如美国版权法将公开传播权拆分为表演权和展示权两项权利,表演权不仅用于控制舞台表演和机械表演,还用于控制广播、放映和网络实时传播等行为。德国著作权法规定了表演权、朗诵权、放映权、广播权、网络传播权、对广播与网络传播的再现权,以及展览权。我国《著作权法》中属于公开传播权的专有权利包括展览权、表演权、放映权、广播权和信息网络传播权 5 项。

"公开传播权"控制的当然是"公开"传播作品的行为,也就是向公众传播作品的行为。判定公开传播行为有两条主要的依据:第一,受众在欣赏作品的时间上是分散的,但日积月累的效果是使不特定多数人能够欣赏作品;第二,受众在地理上是分散的,但同一时刻不特定的多数人能够欣赏作品。

美国版权法定义的"公开表演"(范围上相当于我国《著作权法》规定的公开表演、放映和广播)就包括"通过任何设备或手段向公众进行的传播,无论公众中的成员是在同一地点,还是在分散的地点,也无论是在同一时间,还是在不同的时间接收该传播……"也印证了上述两条依据。

作者的经济
权利(下)

五、信息网络传播权

信息网络传播权是指以有线或者无线方式向公众提供作品,使公众可以在其个人选定的时间和地点获得作品的权利。

为了应对互联网给著作权保护带来的挑战,我国在 2001 年修正的《著作权法》中增加了信息网络传播权。

理解交互式传播行为是认识信息网络传播权必经之路。在法律上判定是否为交互式传播,首先要看该行为是否通过网络向公众提供作品。所谓"提供作品",仅仅是指使公众获得作品的可能性,而不要求实际将作品发送至公众手中。我国《著作权法》信息网络传播权的定义中"提供"一词译自《世界知识产权组织版权条约》第八条中的"making available",意思是"使……可获得",即一种使他人获得作品的"可能性",而并非他人已经获得作品的状态。只要将作品"上传"至或放置在网络服务器中供网络用户下载或浏览就构成对作品的"提供",而无论是否有人实际下载或浏览。其次要看该行为是否是"交互式传播"行为。"交互式传播"是使公众能够以"点对点"的方式"按需""点播"作品,这是"网络传播行为"区别于传统传播行为的本质特征。尽管一些互联网站提供"网络广播"服务,但用户在登录后只能在线收听或收看到网络广播电台按照预定节目表在这一时刻正在播出的节目,而无法自行选择节目,这种"网络广播"并不是交互式网络传播,因为它仍然只能使公众在传播者"指定的时间"获得作品,而无法使公众在"其个人选定的时间获得作品"。但如果该网站将以往的节目录制下来,置于网站中供用户"点播",则构成典型的交互式传播。

超级链接:网络环境下典型的交互式传播行为有哪些?

网络环境中最为典型的交互式传播行为有 3 种:第一种是网站经营者直接将数字化作品置于开放的网络服务器上供用户在线欣赏或下载。第二种是用户将数字化作品上传到开放的网络服务器上供用户在线欣赏或下载,如用户将 MP3 音乐上传到服务器,将文字作品传到 BBS 或"个人空间""博客空间"等。第三种是用户将数字化作品置于 P2P 软件划定的"共享区",供同类 P2P 软件的用户搜索和下载。

需要注意的是,随着技术的发展,除了互联网之外,传播者也可以通过其他有线或无线网络进行"交互式传播"。例如,我国有些地区已经开通了数字电视服务。观众在家中通过遥控器就可以自行"点播"电影等节目,并根据点播的节目单独付费。同样实现了使公众在个人"选定的时间和地点获得作品"。因此,数字电视经营商提供的这种服务也是受信息网络传播权控制的"网络传播行为"。

六、追续权

追续权是指美术作品的作者及其继承人从其作品的公开拍卖或经由一个商人出卖其作品的价金中,提取一定比例的金额的权利。确认和保护追续权旨在救济和补偿作者在上述情况中承受的不公正待遇。

追续权产生的社会原因在于美术作品的作者在其尚未出名时所作画作往往以低价卖给艺术品商人,然而当作者作品的艺术价值被发现时,拍卖商和艺术品商人转手价格远远高于其收购价格。法律为了保护作者及其继承人的利益,故依据民法的公平原则规定了追续权制度。该制度最早由 1920 年法国著作权法确认和保护,并受到《伯尔尼公约》的认可。

七、演绎权

演绎权是指在保留原作品基本表达的情况下,通过发展这种表达在作品基础之上创作新作品并加以后续利用的权利。演绎权是一类权利的总称,在我国包括摄制权、改编权、翻译权和汇编权。演绎者必须在原作品的基础上进行独立的创作,而且创作结果应当符合最低限度的创造性要求。

(一)摄制权

我国《著作权法》规定:摄制权,即以摄制电影或者以类似摄制电影的方法将作品固定在载体上的权利。该权利的获取应当获得原作者的许可,否则构成侵权行为。《伯尔尼公约》第十四条规定:文学或艺术作品的作者有权许可他人以摄制电影的方式对作品进行改编和复制,以及发行由改编和复制而形成的新作品。这意味着如果没有得到文艺作品著作权人的许可,为了摄制影视作品而对其作品进行复制、改编并拍摄完成影视作品,以及发行该影视作品都是侵权行为。《伯尔尼公约》中所说的"以摄制电影的方式对作品进行改编和复制"包含了拍摄电影所涉及的系列利用作品的行为,如将小说改编为电影剧本,根据该电影剧本进行拍摄,以及将美术作品或摄影作品拍摄进电影等。我国《著作权法》对"摄制权"的定义并没有像《伯尔尼公约》那样提及为拍摄电影而专门进行的改编和复制,这可能是因为《著作权法》中已经有单独的改编权和复制权去控制这两种行为。

(二)改编权

改编权,是指改编作品的权利,即改变原作品,创作出具有独创性的新作品的权利。改编是指以不同的表现形式再现作品的创作活动,它应该是改编者的创造性劳动,不是简单的重复原作品的内容,而是在表现形式上有所创新,达到新的效果或新的创作目的。改编权可以由作者行使,也可以由作者授权他人行使。改编主要有两种情形:一是不改变作品原来类型而改编作品,如将长篇著作缩写为简本;二是在不改变作品基本内容的情况下将作品由一种类型改编成另一种类型,如将小说改编成剧本。改编者对改编作品享有著作权,但是其行使著作权时不得损害原作品作者的著作权。

著作权人许可他人改编其作品,是著作权人行使改编权的重要形式,各国著作权法及《伯尔尼公约》均有规定。改编权许可使用,是指著作权人许可要求改编其作品的人以一定的形式在一定的时间内改编其作品的行为。

我国《著作权法》规定,改编权是"改变作品,创作出具有独创性的新作品的权利"。该定义并未涉及原作品与新作品之间的关系。仅仅根据原作品的思想创作出新作品并非受改编权控制的行为,只有在保留原作品基本表达的情况下通过改变原作品创作出新作品,才是著作权法意义上的改编行为。例如,将长篇小说改编成一套漫画,将抒情歌曲改编为摇滚乐,将戏剧改编成电影剧本等,都是改编。根据"专有权利控制行为"的基本原理,我国《著作权法》对改编权的规定实际上是赋予了作者控制改编行为的权利。但是,在发表改编作品或对改编作品以其他方式加以利用之前,著作权人是无法阻止他人出于个人兴趣对作品加以改编的,如画家在自己家中将小说绘制成连环画。因此,德国著作权法第23条对改编权采用了一种较为务实的规定:只有在经过被改编作者同意的情况下,才能对改编作品加以发表或利用。这意味着受改编权控制的并非单纯的改编行为,而是对改编作品加以后续利用的行为,如发表、发行和公开表演等。而根据我国《著作权法》,虽然改编行为本身就是受改编权控制的行为,但只要未发表改编作品或未进行后续利用,该行为完全可以构成为个人学习、研究的合理使用。

超级链接:《受戒》改编权侵权案

1992 年 5 月,作家汪曾祺与北影录音录像公司(简称北影公司)订立了"电影、电视剧改编权、拍摄权转让合同"。合同约定汪曾祺将其小说《受戒》的电影、电视改编权和拍摄权转让给北影公司,合同期限自 1992 年 3 月至 1998 年 3 月,北影公司保证在合同约定期限内不将小说《受戒》的改编权、拍摄权转让他人。1992 年 10 月,北京电影学院(简称电影学院)学生吴琼为完成改编作业将汪曾祺的小说《受戒》改编为电影剧本。电影学院在校学生上交的作业进行审核后,选定将吴琼改编的剧本《受戒》用于学生毕业作品的拍摄。吴琼遂与汪曾祺联系,汪曾祺告诉吴琼其小说《受戒》的改编权、拍摄权已转让给北影公司。后电影学院又与北影公司协商,北影公司未明确表示同意电影学院拍摄《受戒》一片。1993 年 4 月,电影学院投入资金并组织该院学生摄制电影《受戒》。1993 年 5 月拍摄完成。影片片头注明为"根据汪曾祺同名小说改编",片尾为"电影学院出品"。后该片在电影学院小剧场放映一次用于教学观摩,观看者为该院教师和学生。1994 年 11 月,电影学院经广电部批准,携《受戒》等片参加法国朗格鲁瓦国际学生电影节。在该电影节上放映了《受戒》,观众系参加电影节的各国学生及教师,也有当地公民。电影节组委会对外公开出售少量门票。1995年1月,北影公司得知《受戒》入围法国短片电影节的消息,遂向法院提起诉讼。

本案经法院审理后认为,北影公司通过合同依法取得改编小说《受戒》的专有使用权受法律保护。未经该专有使用权人的许可,其他人不得以同样方式改编、使用该作品。否则即构成侵权。电影学院为教学需要组织学生将由汪曾祺的小说《受戒》改编的电影剧本摄制电影,虽然电影剧本的改编及拍摄未经北影公司许可但该作品摄制完成后在国内仅限于电影学院进行教学观摩和评定,作品未进入社会公众领域发行放映。因此,电影学院改编、拍摄电影的行为属合理使用他人作品,不构成侵犯小说《受戒》的专有改编、摄制权。但电影学院将电影《受戒》送往法国参加电影节,在电影节放映时出售了少量门票,其行为的性质已超出课堂教学使用的范畴,构成侵权。

(三)翻译权

我国《著作权法》规定:翻译权,即将作品从一种语言文字转换成另一种语言文字的权利。在世界经济一体化进程加速的今天,翻译权是国际著作权保护中最重要的权利之一,它往往能够使作品的著作权人在他国因对其作品的翻译和后续利用而获得新的经济利益。例如,将汉语写成的小说译成英语等其他语言都是受翻译权控制的行为,未经许可进行翻译构成侵权。

需要注意的是,并非所有的转换作品表达方式的行为都是著作权法意义上的翻译行为。例如,将汉语写成的小说改成盲文供盲人阅读并非翻译行为,这是因为汉语文字与盲文符号之间存在着严格的一一对应关系,任何懂汉语和盲文的人只要按照规则正确地进行转换,都会得到相同的结果。在这种情况下,个人的智力创造没有发挥的余地,转换行为缺乏起码的智力创造性,不符合独创性的要求。因此,这种转换只是复制行为,而非翻译行为。

(四)汇编权

我国《著作权法》规定:汇编权,即将作品或者作品的片段通过选择或者编排,汇集成新作品的权利。我国《著作权法》规定的汇编权仅限于将作品或其片段汇集成汇编作品的行为。这意味着如果汇编的结果并非符合独创性要求的作品,则该作品汇集成册的行为并非受汇编权控制。要构成汇编作品,必须在选择或者编排作品方面体现出独创性。例如,某出版社精选鲁迅先生的50篇杂文,编成《鲁迅杂文精选》,该书即为汇编作品,因为出版社至少在选择被汇编的杂文方面体现出了智力创造性,即涉及编辑们与众不同的对杂文的理解和判断。但是,如果该出版社将鲁迅先生的全部杂文按发表时间顺序编成《鲁迅杂文全集》,则无论在选择还是编排方面都没有独创性。因为既然鲁迅先生的全部杂文都被收录,就不涉及智力创造性的选择过程;同时,按照发表时间排序又是一种最为常规和传统的方法,也没有体现出智力创造性。故该《鲁迅杂文全集》就不是汇编作品。

超级链接：六位作家状告江苏凤凰教育出版社侵权

著名作家凸凹(本名史长义)、裘山山、李迪、李培禹、梁鸿鹰、许可,发现江苏凤凰教育出版社有限公司在其营利性以书代刊公开出版物《全国优秀作文选·美文精粹》(2015年1月号至2017年7月号),擅自使用了他们享有著作权的作品,计有:《人生之痛》、《凡俗与高雅》、《多年以后》、《客居在故乡》、《花自飘零》(节选)、《找到井,有水喝》、《信的随想》、《赛里木湖的波光》、《被岁月和父亲所塑造》、《告别》、《留恋的张望》等10余篇。江苏凤凰教育出版社有限公司使用以上作品,未经6位著作权人同意,也未向6位著作权人支付稿酬,属侵权行为。不但如此,其还在出版物中,将作家凸凹的署名,篡改为凹凸,严重侵犯了著作权人的署名权。

为此,凸凹、裘山山等6位作家,将江苏凤凰教育出版社有限公司告上被告地区所属江苏省南京市鼓楼人民法院,请求法院支持原告的诉讼请求,判令被告停止以侵权方式使用原告享有著作权的作品;判令被告向原告公开赔礼道歉;判令被告赔偿因侵权行为给原告造成的经济损失;判令被告承担原告因维权支出的相关费用。江苏省南京市鼓楼人民法院2018年7月3日发布文告受理此案,2018年8月16日,在南京市鼓楼人民法院新大楼第14法庭进行了第一次公开审理。

课后习题

1.什么是发行权用尽原则?

2.临时复制是否属于传统著作权法中复制权的调整范围?

3.快播的技术平台部总监张克东说,快播是一个开放平台,谁都可以用。我们对热门内容进行缓存,不识别内容是不是非法。你认为他的理解对吗?

4.材料分析。

1998年,迪比特公司开始以定牌加工的方式为摩托罗拉公司生产、加工"MOTOROLA"手机。2000年1月5日,摩托罗拉公司建议迪比特公司对"Shark"型号手机进行硬件上的改进。摩托罗拉公司为此专门成立了"手机芯片集与软件解决方案业务组",负责手机的研究和开发。同年5月30日,摩托罗拉公司提出终止上述设计方案,要求迪比特公司重新对"Shark"型号手机进行设计,以使该机型变薄变小,双方将该项目命名为"泰山项目"。同年7月,摩托罗拉公司将"泰山项目"合同及其附件发给迪比特公司,该合同约定迪比特公司主要负责手机机壳、印刷线路板布局以及机械设计等工作,摩托罗拉公司主要负责软件开发、资格测试和最终产品的检查和验收等工作。最终,双方未签署该合同。

2001年4月,迪比特公司加工生产的"MOTOROLA"T189手机由摩托罗拉公司投放市场后十分畅销,效益显著。

2002年4月,迪比特公司在市场上发现由摩托罗拉公司生产、销售的另一款"MOTOROLA"C289手机,并认为该手机是未经迪比特公司同意而擅自复制了其T189手机印刷线路板的布图设计。2002年6月6日,上海迪比特实业有限公司以侵犯外观设计专利和侵犯著作权为由,将摩托罗拉(中国)电子有限公司及销售该款手机的上海市第一百货公司告上法庭,请求法院判令:被告上海市第一百货公司(后改制为百联公司)立即

停止销售 C289 手机;被告摩托罗拉公司立即停止生产、销售 C289 手机,销毁或相应处理所有库存或仍在市场销售环节中的 C289 手机,并在国内几家主流媒体上向原告赔礼道歉,赔偿原告经济损失及本案的调查费和律师费总计人民币 9,930 万元等。

就本材料回答以下几个关键问题:

问题一:印刷线路板设计图是否属于我国《著作权法》保护的客体?

问题二:印刷线路板是否属于我国《著作权法》保护的客体?

问题三:摩托罗拉公司按照印刷线路板设计图生产印刷线路板的行为是否属于我国《著作权法》意义上的复制行为?

第三章　版权保护范围与保护期

第一节　版权保护范围

国际公约以及大多数国家的法律都规定版权法的范围是"文学、科学和艺术作品",但是构成一部作品的要素是什么?简言之,一是思想,二是原创性的表达。

版权保护范围

一、思想表达二分法

一部作品的保护适用于思想的表达。对思想的表现形式进行复制就构成侵权和破坏版权。作品中单纯的思想不受版权的保护,可以自由使用。即仅仅对一部作品的思想加以利用不认为是侵犯版权。思想表达二分法是版权保护的一项法律原则,它能够界定版权法保护范围、平衡版权法的激励创造与保留接触的利益关系。

不同的国家对版权保护这一原则做出几乎相同的解释,如:1976 年《美国版权法》第一百零二条(b)规定:版权法不保护思想(idea)、程序(procedure)、工序(process)、系统(system)、操作方法(method of operation)、概念(concept)、原则(principle)或发现(discovery),而不管它们在作品中被描述(described)、解释(explained)、演示(illustrated)或者体现(embodied)的形式如何。我国《计算机软件保护条例》第六条规定:对软件著作权的保护不延及开发软件所用的思想、处理过程、操作方法或数学概念等。

二、思想表达二分法的现实基础

(一)创作实践的要求

版权法制定的目的是促进社会文化艺术创作的繁荣,这一目的的实现是通过赋予作者以作品专有权的形式进行的。然而,对作者授予专有权的同时也形成对他人创作的障碍。也就是说,版权保护的范围越广、越严格,他人的创作就越受限制。因此,为了保证文化创作的顺利进行,应当将版权保护限制在一定范围内。

首先,人类的创作呈现累计式的增长,后人的创作是建立在前人已有材料的基础上,而非凭空产生。也就是,作者在进行创作的过程中,不可避免地受到他人作品中思想的启

发,他人的思想是其创作灵感的源泉。

其次,思想的数量是有限的,应当成为人们的公共素材。事实上,同一种思想、主题经常会反复出现。有人统计,人类只存在 36 种悲剧情境及相应的 36 种情感。如果承认思想本身的专有权利,则会束缚这些思想的传播并因此阻碍创作力的自由发挥,妨碍作品的创作。

(二)经济基础的反映

思想表达两分法的存在不仅与创作实践吻合,而且具有深刻的现实基础。首先,思想的垄断会增加作品的创作成本,导致作品创作数量的减少,任何创作都建立在前人作品的基础之上,不可避免地要用到前人作品中某些要素。如果某种思想第一个表达出来的作者享有该思想垄断权的话,那么任何后来的创作者要利用该思想都应该获得第一个作者的授权。其次,一部作品中不可能只包含一个版权法意义上的思想,这样后来的作者在创作作品的过程中如果不想招致诉讼,势必要一一搜寻其作品中将要使用的思想的出处,作品的创作将受到极大阻碍,难以达到版权法促使文学、科学和实用艺术进步之目的。再次,对思想给予版权保护还会鼓励寻租行为,导致社会和经济资源被吸收到开发最低表达的思想上,所开发的思想将被储存起来,以期将来的作者使用它们而支付费用。最后,对思想进行保护不具有可行性,因为思想权利的管理成本很高。

(三)言论自由的保障

言论自由是宪法保障的一项重要人权,其基本含义是每个人都有表达个人思想和观点的自由。各国宪法一般都规定了言论自由权。版权的实质在于版权人通过控制版权作品的复制与传播达到获取经济利益的目的;言论自由则是通过法律保障鼓励言论的交流与传播。从表面上看,版权法规则同言论自由权的精神相左,但两者有以下共通之处。

首先,版权法的激励机制丰富了表达,促进了言论自由。其次,正如美国大法官布兰代斯所言:"最高贵的人类创造——知识、真理、概念和思想——在自愿传达给别人后,就变得像空气一样供公众自由使用。"思想表达两分法将思想排除在版权保护的范围之外,丰富了思想市场。再次,思想市场并没有被版权限制,版权被限制在对表达的保护。在思想表达两分法的限定之下,版权限制的只是那些仅重复他人已经表达的言论,妨碍的只是在思想市场中未添加任何新东西的表达。

三、思想与表达区分的方法与原则

(一)区分思想与表达的常用方法

1. 内容形式区分法

思想与表达区分的方法与原则(上)

内容形式区分法在版权制度发展的早期使用,这种方法规定除字面复制之外的所有借鉴和利用作品的行为都在版权法的禁止范围之外,都是合法行为。我们知道,作品的内容与形式是密不可分的,作品的创新因素也不限于形式,在内容中也可以存在作者独创性的因子。

现代版权法的保护范围已经不限于一般意义上的形式。因此,思想与表达的界限不能通过作品的形式和内容来划分。

2.减除测试法

减除测试法是区分思想表达的传统方法,依照该测试法,法官必须先解构受版权保护的作品,滤除不受版权保护的成文,然后将剩余受版权保护的部分与被告的作品进行比较。

操作程序是这样的,首先对作品进行解构,分解出作品构成的 4 项因子:语言、表达、主题、布局。在分析和解构的基础上,法院剔除了主题和布局这两项不具有版权性的要素,为比较涉案作品是否具有实质性相似奠定了基础。

华东政法大学王迁教授曾画过一个金字塔图,这个图方便我们了解减除测试法[①](见图 3-1)。

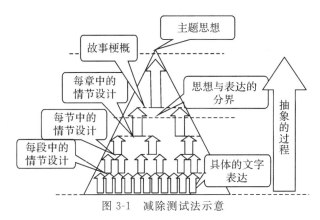

图 3-1　减除测试法示意

从金字塔底端的每一句话的文字表达,至金字塔顶端的主题思想之间,可以有一个不断地抽象和概括的过程。我们可以首先对处于"金字塔"底层的每一个段落进行抽象和概括,提炼出每一段的主要意思;然后对每一段落的主要意思进行再抽象和概括,提炼出每一小节的主要意思;接着再对每一小节的主要意思进行抽象和概括,这样又可以提炼出每一章的主要意思,由此最终提炼出整部作品的中心思想,也即到达了金字塔的顶端——故事的主题思想。在这一从"金字塔"底层到顶端的渐进过程中,随着抽象和概括程度的不断提高,越来越多具体的因素被排除出去。而在由下至上的递进关系中,被抽象和概括出的内容相对于下一层次的是"思想",相对于上一层次却可能是"表达"了。在"金字塔"的底层和顶端之间,总会存在一个分界线,在这条分界线之上就是不受保护的"思想",而在这条分界线之下就是受保护的"表达"。

3.抽象测试法

以汉德法官在尼克尔斯案中所提出的抽象测试法为标志,区别思想和表达的方法进入相对成熟的阶段。这种寻找"思想与表达"之间界限的"抽象概括法"是由美国著名的汉德法官在 1930 年判决的"Nichols 诉环球电影公司案"中最先提出的,在该案中,原告创作

① 王迁.知识产权法教程[M].4 版.北京:中国人民大学出版社,2014:28,33.

了一部剧《阿比的爱尔兰玫瑰》(*Abie's Irish Rose*),被告拍摄了一部与之内容相似的电影。这两部作品叙述的内容均涉及爱尔兰人的女儿与仇人的儿子相好,由于宗教的冲突,双方家长起初均不同意,为此闹出很多戏剧性冲突,最后经过双方子女一番努力,两家终于和好。汉德法官指出:就任何(有情节的)作品来说,随着越来越多的情节被剥离出去,就会有一系列越来越具抽象性的模式与之相应,最后一个模式可能是该戏剧是什么的最一般的表述,有时可能只包括它的名称。但是,在这一系列的抽象概括中,有一个不再受到保护的临界点,超过了这一临界点作品的内容就不受保护了,否则,剧作家就可能阻止他人使用其"思想",而剧作家的财产权永远不能延及与表达相对应的思想本身。虽然汉德法官认为两部戏剧在情节方面过于相似,后者可以构成对前者的侵权,但在应用"抽象概括法"对涉案的两部作品进行分析之后,汉德法官认为它们在具体的情节设计方面相差很远,相似之处仅为早已处于公有领域的戏剧模式,换言之,相似之处属于"思想"的范畴,因此判定被告不构成侵权。

4. 模式测试法

该方法由哈佛大学泽卡赖亚·查菲教授首先提出,他认为,尽管作品的一般主题不受版权保护,然而版权保护作品的模式:事件的次序与角色互动的发展。

在《尼默论版权》一书中,曾举例说明模式测试法的使用。他们比较了《阿比的爱尔兰玫瑰》《西域故事》《罗密欧和朱丽叶》这3部作品。《阿比的爱尔兰的玫瑰》同《罗密欧和朱丽叶》只有"两个敌视家庭成员之间的浪漫故事"这一"基本思想"相同,因此,两者不存在实质性相似。但是《西域故事》和《罗密欧和朱丽叶》相比,前者同后者不仅"基本思想相同",而且前者事件的次序与角色互动都直接来自于后者。下面13个要素在两部作品中都存在:

(1)男孩和女孩是仇视群体的成员;

(2)他们在舞会上相遇;

(3)他们夜里在阳台(防火梯)坠入情网;

(4)女孩已与他人订婚;

(5)男孩和女孩定下婚约;

(6)当两个仇视群体相遇时,女孩的堂兄(兄弟)杀死了男孩最好的朋友;

(7)该事件的发生是因为男孩为了阻止暴力的发生企图让其最好的朋友住手;

(8)为了报复,男孩杀死了女孩的堂兄(兄弟);

(9)结果男孩逃亡(隐藏);

(10)在男孩逃亡途中,女孩捎信安排男孩同女孩见面的计划;

(11)男孩一直没有收到信息;

(12)男孩收到错误信息:女孩死了;

(13)在伤痛之中男孩自杀(或让自己被杀)。

结论:两个故事一致或基本一致的故事细节处于一定的抽象层次之上,这级抽象层次并未达到版权法不予版权保护的临界点,两部作品的模式相同,因而存在实质性相似。

5.功能目的测试法

功能目的测试法认为,作品的功能和目的是作品的思想,其他的都属于表达。实用性或功能性作品最常见的是计算机程序。最先使用该方法的是贝克法官。

思想与表达区分的方法与原则(下)

威兰(Whelan)合伙企业诉杰斯罗牙科诊疗室公司案中,被上诉人(一审原告)威兰合伙企业(以下简称威兰)从事的是开发和销售客户定做的计算机软件,威兰受让了一件用于管理牙科诊疗室的称为 Dentalab 的计算机程序的著作权。该程序用编程语言 EDL(Event Driven Language)编写,运行于 IBM 计算机之上。上诉人(一审被告)杰斯罗牙科诊疗室公司(以下称杰斯罗)经营牙医器材设备,它与威兰签订了一份协议,根据这份协议,杰斯罗作为威兰的销售代理向其他牙科诊疗室销售 Dentalab 程序。后来,杰斯罗自己设计了一种具有 Dentalab 程序的功能,但可广泛使用于采用较为简单的计算机系统的牙科诊疗室的程序,该程序使用 BASIC 语言,被称为 Centcom。威兰向宾夕法尼亚州联邦地区法院起诉,声称杰斯罗的 Centcom 侵犯了 Dentalab。地区法院认为,著作权法保护计算机程序的结构,被告杰斯罗的 Centcom 程序的结构与原告威兰的 Dentalab 程序的实质相似,判定被告侵犯了原告的著作权。被告杰斯罗不服,遂向第三巡回上诉法院上诉。第三巡回上诉法院的判决是:(1)对计算机程序的著作权保护可以从程序的字面上的代码延伸至程序的结构、顺序和组织;(2)地区法院对 Dentalab 程序与 Centcom 程序之间的实质相似的判定并无明显的错误,维持地区法院的判决。

在威兰案中,贝克法官运用了区分思想和表达的功能目的测试法,即作品的目的和功能是作品的思想。当存在不同方式来达到所企图的目的时,该特定方式对达到此目的来说就是不必要的,从而是表达而不是思想。在本案中,实用性的 Dentalab 程序的目的就是协助牙医实验室的商业运作,这就是该程序的思想,除此之外的都是作品的表达。因此,该程序的结构、顺序和组织都是程序的表达而不是思想,应当受版权法保护。

功能目的测试法有其适用范围的限制,其运用在实用性(utilitarian)或功能性(functional)作品上是强有力的,因为这类作品的目的容易识别。相反,在文学、视觉艺术作品及其他非功能性作品的场合,界定作品的功能是困难的。该测试法较少适用于或不适用于小说、诗歌、雕刻绘画等作品。

功能目的测试法自产生以来便遭到很多批评与质疑。该测试法最大的缺陷在于将程序的思想限制在它的目的或功能上,将思想简化到作品中最为一般和最为抽象的层面,从而扩大了版权保护的范围。

6.整体概念和感觉测试法

整体概念和感觉分析法首次在"Roth Greeting Cards vs. United Card"(罗斯贺卡诉联合卡片公司)一案中,该方法被美国第九巡回法院采用。在该案中原告 Roth 生产了拥有版权的贺卡,被告 United Card 公司出售相似的卡片。法院认为,可以明确的是,被告作品跟原告作品的每个卡片都存在不同,然而,侵权标准是就一个普通观察者(ordinary observer)的视觉来看涉案作品是否来源于已有作品,而被控侵权作品与版权作品在整体

概念和感觉上是一致的。

之后,第二巡回法院在"Reyher vs. Children's Television Workshop"(赖雅诉儿童电视节目制作中心)一案中进一步运用了该分析法。原告是涉案作品儿童图书的作者和插画家,被告未经原告同意出版了与之相似的插画故事作品。审理该案的法官认为,两部作品存在相似之处,都是非版权性材料,更重要的是,两部作品在"整体概念"(total feel)上是不同的。其他作品需要类型分析,儿童故事作品相对而言是不复杂的,因此采用"整体概念和感觉分析法"是更加正确的方法。

(二)区分思想与表达的原则

1.合并原则

合并原则的理论基础依然是版权法不保护思想。当一个思想只有一种或有限几种表达时,就不能保护这些表达,因为此时的表达是和思想不可分的,如果保护这几种表达,那么就是间接地保护了思想。合并原则在不同类型的作品中使用的概率也是不同的。在文学作品和戏剧作品中,虚构的成分比较大,作者有广阔的发挥空间,因此即使是同一个思想也有许多表达方式,合并原则适用性就不强。实用性和功能性作品,由于他们目的的唯一性,导致了实现该功能只有唯一或有限的几种最佳方式,比较适合采用合并原则。在视觉艺术作品中合并原则同样有使用的机会,但是要根据具体情况具体分析。

2.情景原则

情景原则主要是对文学作品和戏剧作品的限制。当一个文学或戏剧主题,只能用某个故事情节或场景突出和恰当表达时,这个故事情节或场景就属于公共领域,作者不能就此主张版权保护,否则将会限制他人对这一主题的再创作。

情景原则最典型案例是亚历山大案。原告亚历山大享有小说 *Jubilee* 的版权。被告哈利出版了小说 *Roots*。两部小说都描述了美国黑暗的奴隶历史,作者根据历史加入了自己的虚构创造。法院最后判定 *Roots* 不侵权。两部作品存在相似之处,但是相似的地方是历史事实和那一时期的风俗习惯。尽管 *Roots* 中出现了和 *Jubilee* 一样的情节,但是这些情节是为了突出那一特定的历史风俗习惯所必需的。

关于思想与表达二分法的界限很难界定,思想与表达的区分本来就是很主观的东西。如同汉德法官谈到抽象测试法中的临界点时指出,没人能够准确地找到这个点。

那么怎样才能克服这种抽象的弊端?这就需要建立判例法。判例法不是万能的,也不是最好的,但是它却能在一定程度上解决思想与表达二分法的实际使用问题。通过在先的判例,对某些作品的区分形成直观可参考的标准,这样就不会陷入主观衡量的弊端。因此,判例法是思想与表达二分法保持活力的基础,否则思想与表达二分法只是书本上的谈资。

🎥 作品原创性的条件

第二节　作品类型

一、文字作品

作品的分类

文字作品指小说、诗词、散文、论文等以文字形式表现的作品,即以书面语言作为表达工具的作品。文字作品不同于文学作品,文字作品的范围要比文学作品广。文字作品不仅包括以文字包括汉字、英文等写成的作品,还包括以数字、符号表示的作品。

文字是人类用以交流的最主要方式,是承载人类思想感情的符号系统。从古人结绳记事,经绘画记事阶段的发展,到仓颉造字,再到各大文明发源地纷纷形成成熟的语言文字符号,文字是人类传承文化艺术成果的重要手段,各国著作权法都把文字作品列为首要的和基本的作品形式予以保护。对文字应当进行广义理解,它不但包含各国各民族的文字,也包括数字、符号、记号。如计算机程序,其本质是数学符号,也属于文字作品一类。

传统的文字作品载体是纸张,现代科学技术的发展为文字作品提供了光盘、胶片、磁带、磁盘等载体。

二、口述作品

口述作品指的是即兴的演说、授课、法庭辩论等以口头语言形式表现的作品。

口述作品有 3 个特点:其一,口头语言是其表现形式;其二,即兴创作形成,如事先拟好稿件,再演讲、朗诵或诵读,不属于口述作品,而是表演,表演属于传播活动,是对已有作品的再次演绎;其三,未经物质载体固定,如果即兴演说被录制下来则属录音录像制品,被记录下来则属文字作品。

由于我国著作权法对作品只提出了可复制性要求,因此口述作品能够得到版权保护。而在英美法系,即兴的演说、布道、辩论由于没有进行"固定",不是版权客体。①

三、音乐、戏剧、曲艺、舞蹈、杂技艺术作品

音乐作品:歌曲、交响乐等能够演唱或者演奏的带词或不带词的作品。可以说旋律是音乐作品的表现形式,通过听觉器官而引起人的各种情绪反应和情感体验。音乐作品可以演唱或演奏,这是其独有的特征,有的音乐作品有配词,此时音乐作品和文字作品有一定的交叉,而区分的关键就是,音乐作品的唱词是能够演唱的。音乐作品还可以和其他艺术门类相结合产生新的艺术形式:音乐和语言结合产生歌曲;和戏剧表演相结合可以产生歌剧、戏曲;和舞蹈相结合可以产生舞剧;和电影艺术相结合可以形成电影音乐;等等。

戏剧作品:话剧、歌剧、地方戏等供舞台演出的作品。戏剧起源于古希腊的悲剧,后在

---

① 刘平.论作品——关于作品的几个共性问题[J].西南政法大学学报,2002(04):52-57

世界各国发展形成,是一种综合的艺术形式。它将人的连续动作同人的说唱表演和表白有机地编排在一起,并通过表演来反映某一事物变化过程。这一过程融合了文学、音乐、绘画、雕塑、建筑以及舞蹈灯光等多种艺术表现手段,如欧洲的歌剧、芭蕾舞剧,我国的传统戏曲,日本的歌舞伎,朝鲜的唱剧等。

从艺术理论角度而言,戏剧作品是舞台演出形式,是一门综合的艺术,也是一门独立的艺术。但从著作权法的角度而言,多数学者认为戏剧作品指的是戏剧剧本。《伯尔尼公约》第十一条第 2 款规定:"戏剧作品或音乐戏剧作品的作者,在享有对其原作的权利的整个期间应享有对其作品的译作的同等权利。"这一规定可以说是暗示了剧本即戏剧作品。如老舍的《茶馆》属于戏剧作品,而北京人民艺术剧院的艺术家将其搬上舞台,则属于对戏剧作品的表演。著作权法之所以选择剧本作为戏剧作品,原因如下:其一,戏剧作为综合艺术包含了剧本的创作、导演的指导、演员的表演,以及音乐、背景的配合,统观著作权法,音乐有音乐作品对其进行保护,演员有表演者权对其进行保护,导演的权利被纳入电影作品著作权中进行保护,如果再对整个的舞台演出以戏剧作品的形式加以保护,实属重复,浪费了制度设计的成本;其二,剧本并非单纯的文字作品,当然,确有国家明确规定剧本属于文字作品,如日本的著作权法,但普通文字作品和剧本的本质区别就在于,普通文字作品是不能进行表演的,而剧本虽然由文字组成,其特征就在于可表演性。我国《著作权法实施条例》第四条第(四)项中"供舞台演出"也就是这个意思。

舞蹈作品:通过连续的动作、姿势、表情等表现思想情感的作品。舞蹈作为一门空间性、时间性的综合艺术,往往综合了音乐、诗歌、戏剧、绘画、杂技等手段而成为独立的艺术门类。舞蹈有自己独特的表现形式和特点。舞蹈含有舞蹈表情、舞蹈节奏和舞蹈构图 3 个基本要素。这 3 个基本要素统一于舞蹈这一独特的艺术形态之中。广义上讲,舞蹈作品是一种凭借人体有组织有规律的运动来表达感情的艺术形式。从著作权法意义上讲,舞蹈作品不是指舞蹈演员在舞台上的表演,而是指创作者对舞蹈动作的设计,这点和戏剧作品类似。这种设计可以是文字、草图、画面或者口头指导。当然舞蹈作品的创作者和表演者也可能是同一人,但即便如此,其表演和创作仍是有区别的。

曲艺作品:相声、快书、大鼓、评书等以说唱为主要形式表演的作品。口语说唱是曲艺作品的主要特征。曲艺是我国独有的艺术形式,目前曲艺种类约有四百种,其中主要有相声、数来宝、快板、快书、评书、谈调、大鼓坠子、琴书等。

杂技艺术作品:指杂技、魔术、马戏等通过形体动作和技巧表现的作品。杂技艺术作品是 2001 年我国《著作权法》修改时增加的作品形式。我国《著作权法》对杂技艺术作品的保护强调其艺术性,强调动作技巧和艺术审美的结合,因此单纯的杂技动作不是作品,如走钢丝、各种跳跃等。而当走钢丝、各种跳跃等动作技巧通过一定的艺术编排展现出来时,它们才是所谓的杂技艺术作品。

四、美术、建筑作品

美术作品:绘画、书法、雕塑等以线条、色彩或者其他方式构成的有审美意义的平面或立体的造型艺术作品。美术作品可以是平面的,也可以是立体的。绘画是美术作品最普遍的形式。书法与篆刻是我国传统的造型艺术。书法虽然是文字,但是以文字的造型进行表达的,因此不是文字作品而是美术作品。雕塑,是雕刻和塑造的总称,是以可塑或者可雕刻的材料,制作出各种具有实在体积的形象的空间艺术,通常分为圆雕和浮雕,或分为室内雕和室外雕。

美术作品必须是由人创造出来的,天然形成的具有审美情趣的物体不是美术作品,如奇石、树根等。

建筑作品:以建筑物或者构筑物形式表现的有审美意义的作品。建筑作品是艺术和工程技术的结合。著作权法保护建筑作品,保护的是其外观、布局等在艺术上的独创性,因此,建筑工程、建筑材料、建筑技术均不是建筑作品的保护对象;而外观和布局上没有艺术独创性的,如普通的民宅,也不是建筑作品。而建筑作品的具体范围我国著作权法并未明确规定,从国际上看,《伯尔尼公约》在20世纪开始对建筑艺术作品进行著作权保护。根据《伯尔尼公约》现行文本规定,建筑以及与建筑有关的设计图、草图和立体作品,是著作权的保护对象。另外按照世界知识产权组织和联合国教科文组织1986年公布的文件,建筑作品应当包括两项内容:建筑物本身(仅指外观、装饰或设计上含有独创性成分的建筑物);建筑设计图与模型。而由于我国著作权法将工程设计图、产品设计图、地图、示意图等图形作品和模型作品独立列为一类作品,因此可以说我国的建筑作品指的就是建筑物或构筑物本身,而不包括建筑设计图、建筑模型。

五、摄影作品

摄影作品指的是借助器械在感光材料或者其他介质上记录客观物体形象的艺术作品。摄影作品既包括传统意义上以胶片、底片为介质的照片,也包括利用数码技术、全息技术和激光技术进行的成像。根据《伯尔尼公约》的规定,以类似摄影的方法表现的作品也受著作权法的保护,只要该作品在构图、选择或摄取所选对象上表现出作者的个性,因此科技发展带来的数码照片等自然也属于摄影作品。此外,受著作权法保护的摄影作品强调其一定的艺术性,即必须是在创意、取景、造型、构图、暗房技术和图像中的任何部分富有独创性的作品。而借助摄影器材单纯地客观反映事物面貌的照片不是摄影作品,如证件照。

第三节　版权保护期

一、版权的发生及保护期限

著作权的限制(上)

版权发生的两种做法一是自动保护,即作品创作出来后就自动受到保护,不需要注册登记、缴纳样书或做任何正式的标记。另一种是在法律上规定版权发生必须履行一定手续。

版权的保护期指的是经济权利的保护期。我国著作权是从创作完成之日起产生的,人身权利中除了发表权外没有期限限制,发表权一经行使即穷竭,如果在作者死后 50 年内不发表,就不再保护。财产权利的保护期限是作者有生之年加死后 50 年,如果作品创作完成后 50 年未发表的,不再保护;法人和其他组织视为作者的作品,电影、电视、录像作品,摄影作品,以及作者身份不明的作品,其保护期都是作品首次发表之日起 50 年,创作完成 50 年内不发表就不再保护。我国《计算机软件保护条例》第十四条规定:软件著作权自软件开发完成之日起产生。自然人的软件著作权,保护期为自然人终生及其死亡后 50 年,截止于自然人死亡后第 50 年的 12 月 31 日;软件是合作开发的,截止于最后死亡的自然人死亡后第 50 年的 12 月 31 日。法人或者其他组织的软件著作权,保护期为 50 年,截止于软件首次发表后第 50 年的 12 月 31 日,但软件自开发完成之日起 50 年内未发表的,本条例不再保护。

随着生命预期的延长,版权保护期也常常被延长。近年来国际公约规定保护期是作者终生及其死后至少 50 年。许多国家,特别是美国和欧盟成员国,已经规定保护期是作者终生及其死后 70 年。

二、版权保护期的例外

所有的版权法为了公共利益也规定了版权保护期的例外。国际上存在着四类例外,分别是促进表达自由、促进获取知识、为正义及公众的目的、为私人或个人使用。

促进表达自由主要指涉及搜索、聚集和传播信息的可能性。这些行为是形成民主社会人民的观点和价值观的一个重要的先决条件,其目的是允许那些希望使用受版权保护作品的社会成员来传播他们自有信息或那些仅仅希望使用作品中信息和思想的社会成员不必获得权利所有人的同意而使用作品。

促进获取知识是指有利于学校、公共图书馆和类似机构,在其广大社会成员之间传播知识和信息。

为正义及公众的目的是指法院判决和行政机构决议之类的官方文件在保护范围之外,某些法律对在法律诉讼程序中、议会会议中或其他公开场合中所做的演讲也不给予保护。在大部分国家中,被保护的作品可以不经权利所有人授权而呈送法庭或其他法律程序作为证据。

私人或个人使用是指为了范围有限的家庭成员和朋友而复制作品,原则上作品必须是已经公开出版并且私人或个人使用是非营利目的的。随着数字技术的出现,对受保护的作品内容进行复制越发容易,这引发了近年来对私人复制问题的激烈讨论。

但是要注意,在一国被承认的例外,不一定在另一个国家也被承认。针对这种情况,国际上通行的法则是利用三步测试法来衡量哪些可以归在版权保护期例外之列,即合理使用的范畴内。

三步测定法是:第一,合理使用只能是在某些特殊情况下使用,这里的"某些特殊情况"应当是非营利性的、为社会发展需要而不得不使用的,例如个人使用、适当引用、新闻报道等。第二,合理使用不得与作品的正常利用相冲突。这一条的规定主要是保护著作权人的权利优先权,在社会发展和著作权人权利保护的过程中,应倾向于保护著作权人的权利。只有著作权人正常的权利不受影响的前提下,才能对著作权人权利进行限制,并且这种限制是以上一条为前提的。第三,不得损害著作权人的合法权益,这一条侧重于对著作权人精神权利的保护,例如,在合理使用过程中应当保护著作权人的署名权等。

第四节　版权侵权行为及其构成要件

一、版权侵权行为

📹 著作权的限制(下)

对于侵权行为的概念,国外学者主要存在 3 种典型学说,即过错说、违反法定义务说和责任说。目前,比较占主流的观点是不法侵害权益说。侵权行为的民事责任以填补损害为主要目的,原则上不分故意或过失,有时甚至不以故意或过失为要件。

对于何为著作权侵权行为,各国版权法几乎无一例外地规定了侵犯版权(注:根据我国著作权法规定,著作权即版权)的类型,但对于侵权行为的含义却不作诠释,学理上也存在不同的观点。日本学者认为侵犯版权即"无权而使用别人权利的客体,使别人的权利受到损害";国内有的学者认为"凡未经作者或其他版权人许可,又不符合法律规定的条件,擅自利用受版权保护的作品的行为,即为侵犯版权的行为",还有学者认为,侵犯版权的行为是指,"未经版权人许可而从事了版权法授权版权人所控制、限制或禁止的那些活动"。另有学者认为侵犯版权行为是指"未经版权人的许可,违反法律规定而擅自行使版权人权利或妨碍版权人权利实现的行为"。另有学者认为侵犯版权的行为是指,"未经版权人许可,不法侵害版权权利人的合法权益,依法律规定,应对所生损害负赔偿责任的行为。"还有学者认为侵害著作权是指,"加害人针对著作权人就依法受到保护的作品在保护期限内所享有的人身权或财产权实施的不法侵害行为"。

二、版权侵权行为的构成要件

版权侵权行为的构成要件存在着两种看法,第一种认为版权侵权行为的构成要件有两点:(1)他人擅自使用的必须是受版权保护的作品;(2)使用者使用受版权保护的作品,必须是既未经作者或其他著作权人同意,又没有法律上的依据。这种观点还将侵害著作权的行为狭义地理解为不法使用受著作权法保护的作品之行为。

另有人认为,一般著作权侵权的构成要件有 3 个:(1)著作权的有效性;(2)行为的违法性;(3)这种行为的结果导致著作权人的某一项或者几项著作权权能被实际利用或者失去应有的控制。

还有人认为,侵权著作权行为的构成要件包括:(1)法律规定或不经著作权人的许可行使他人著作权权能;(2)以取得经济利益或声誉为目的;(3)接触并使用了他人的作品;(4)侵害了作者或其继承人的人身或财产权;(5)在主观上应具有直接故意。该观点同时认为,上列五方面的内容,只要行为人违反了其中一个方面,即应视为构成侵犯他人著作权的行为,就应依法追究行为人的侵权责任。

目前,主张"四要件说"占主流。其观点认为,侵害著作权作为一种一般侵权行为,其构成要件理应包括4个方面:(1)行为的违法性(侵害行为);(2)损害;(3)因果关系;(4)加害人的主观过错(在实践中通常推定加害人主观上存在过错)。

三、版权侵权的种类

版权侵权是一种具体的著作权民事法律案件,正确处理版权侵权损害赔偿案件,最为关键的问题之一就是要掌握版权侵权的种类。侵权的种类包括直接侵权、间接侵权、违约侵权、部分侵权。

直接侵权:未经作者或其他著作权人的许可而以任何方式复制、出版、发行、改编、翻译、广播、表演、展出、摄制电影等行为,均构成对著作权的直接侵权。这种侵权行为是主要打击的对象。

间接侵权:是指侵权人的侵权行为是他人侵权行为的继续,从而构成间接侵权;或某人须对他人的行为负一定责任,而他自己并没有直接从事任何侵权的行为。

违约侵权:这种侵权行为主要发生在著作权转让及著作权许可活动中,如著作权受让人或被许可人违反合同约定,擅自超出转让协议或许可协议的约定使用著作权。这种行为既构成违约又构成侵权。这种情况在计算机软件转让与许可使用中发生比较多。

部分侵权:侵权行为人不是全部复制、改编、翻译或以其他方式不经著作权人的许可而使用他人的作品,而是部分侵权使用他人的作品。

在以上所有侵权行为中部分侵权行为发生最为广泛,现实生活中书商编辑大型工具书基本上用的就是这种方法,从各种书籍上大幅摘抄,编辑成工具书。由于部分侵权行为处于侵权与合理使用边际,很容易被人恶意利用,在诉讼实务中给认定是否是侵权行为造成一定的难度。

课后习题

1.什么是思想表达二分法?

2.作品的类型有哪些?

3.什么是版权的保护期?

4.材料分析。

(1)拥有梅西百货公司的被告为了酬宾,未经许可将附有原告出版商"任何低于1美元的零售将侵犯版权"声明的、定价1美元的当时著名小说家海莉·厄米尼的小说 *The Castaway*: *Three Great Men Ruined in One Year—a King, a Cad, and a Castaway*,以89美分价格打折销售。请分析梅西百货公司是否构成侵犯发行权。

(2)ReDigi公司于2011年10月成立,其实质是个二手数字音乐网上交易平台,经营内容是为用户提供免费的云端存储服务,使其可以转售在iTunes上合法购买的MP3音乐文件。用户注册后安装能识别MP3是否为合法文件的ReDigi软件,系统会先判断用户上传的MP3文件是否为合法购买,同时系统在用户上传音乐后也会自动将其电脑或设备的音乐文件永久删除,禁止用户再将该文件转卖他人。用户可选择通过网络在任何地方收听,也可以选择出售其音乐文件。比如用户 A 愿意出售某歌曲 MP3 文件,可将这首歌列在出售清单上,而用户 B 正好想听这首歌,二人便可经由 ReDigi 软件交易;ReDigi 软件会到用户 A 的存储库中将该 MP3 文件转移到用户 B 的存储库中,并将其从用户 A 的存储库中删除。与 iTunes 的每首歌 99 美分相比,通过 ReDigi 交易的二手数字音乐价格在 59 美分到 79 美分不等,价款的 20% 归卖方,20% 作为艺术基金储存,60% 归 ReDigi 公司。

2012 年 1 月,Capitol 唱片公司起诉 ReDigi 侵犯版权,认为数字音乐与一般实体唱片、光盘或书籍不同,使用者在兜售 MP3 文件后并不见得真的会将源文件删除。ReDigi 引用美国版权法的首次销售原则来辩护,宣称用户 A 合法买到这首歌之后,用户 A 有权出售或处理这首数字音乐,就如同处置合法买到的书籍一般;而且,ReDigi 后来提出反诉,表示法院的审理内容是当初开站时所出的 1.0 版本的服务使用规范,目前将采用 ReDigi2.0 版本,适时针对服务条款技术应用做内容调整,以符合版权法规范。

请分析二手数字音乐转售是否适用首次销售原则。

第四章　邻接权

第一节　邻接权的内涵

一、邻接权的定义

邻接权

"邻接权"一词译自英文 neighboring right,又称作品传播者权,是指与著作权相邻近的权利,是指作品传播者对其传播作品过程中所作出的创造性劳动成果所享有的权利。邻接权是在传播作品中产生的权利。作品创作出来后,需在公众中传播,传播者在传播作品中有创造性劳动,这种劳动亦应受到法律保护。传播者传播作品而产生的权利被称为著作权的邻接权。邻接权与著作权密切相关,又是独立于著作权之外的一种权利。

在我国,邻接权主要是指出版者的权利、表演者的权利、录像制品制作者的权利、录音制作者的权利、电视台对其制作的非作品的电视节目的权利、广播电台的权利。

📖拓展资源4-1

英美法系国家,著作权法很少引入邻接权的概念。例如英国著作权法,将录音制作者和广播电视组织的权利都视为著作权。在美国著作权法中,作者的权利、录音制作者的权利都属于著作权范畴。只有在欧洲大陆法系国家,才严格区分著作权与邻接权的概念。

二、邻接权的演化

版权保护是先有国内立法而后发展形成国际法,邻接权的保护标准则是先在国际层面上讨论和接受,才逐渐引入到国内法中。国际上第一个关于邻接权的多边公约是1961年的《保护表演者、录音制品制作者和广播组织罗马公约》(简称《罗马公约》),之后有1994年纳入WTO组成框架的《与贸易有关的知识产权协定》和1996年为了调整应对数字时代对表演者权利和录音制作者权利的挑战而制订的《世界知识产权组织表演和录音制品公约》(WPPT)。

三、邻接权与著作权的关系

邻接权与著作权的区别在于：著作权保护的主体是智力作品的创作者，而邻接权保护的主体是以表演、录音、广播方式帮助作者传播作品的辅助人员。后者在向公众传播创作者的作品时，加上了自己的创造性劳动或是为此付出了大量投资，从而使原作品以一种新的方式表现出来，具有新的创造性，因此有理由得到法律保护。19世纪末20世纪初，录音录像和无线电传播技术的发展导致了邻接权的产生。由于录音制品、影片大量复制和广泛发行，在很大程度上取代了演员的实况表演，这就严重损害了艺术表演者的利益，从而产生了权利保护的法律要求。

与此同时，录音制品制作者和广播组织因其录音制品和广播节目被他人擅自复制而蒙受损害，也要求法律予以特别保护。1911年，英国率先在其版权法中列入了保护音乐唱片的条款，1925年又颁布了保护戏剧音乐表演者的条例。同一时期，奥地利、意大利、波兰、罗马尼亚、西班牙、墨西哥、阿根廷、哥伦比亚、多米尼加、印度、土耳其等国相继在自己的著作权立法中增加了保护艺术表演者、唱片制作者的条款。自20世纪60年代起，邻接权保护逐渐成为世界各国立法的共同趋势。对于邻接权的保护，各个国家采取的方法不一，有的国家采用劳动法、禁止不公平竞争法或合同法解决，有的国家则运用刑事赔偿的方法解决，但大多数国家是通过知识产权法来加以保护。采取知识产权保护制度的国家又分为两种，一种是通过专门法规来保护邻接权，如巴西、卢森堡等少数国家；另一种是把邻接权作为著作权法的一部分，如日本、德国等多数国家。我国《著作权法》第四章关于出版权、表演者权、音像制作者权、播放者权的规定，即含有各种邻接权的内容。目前，国际上有3个保护邻接权的公约，即《保护表演者、录音制品制作者和广播组织罗马公约》《保护录音制品制作者防止未经许可复制其录音制品公约》《关于播送由人造卫星传播载有节目的信号的公约》。

第二节　邻接权的种类

一、出版者的权利

出版者是指图书出版社、报社、杂志社、音像出版社等制作并向公众提供作品复制件的单位。出版者权即是出版者对其出版作品依法所享有的专有权利。根据法律规定，出版者享有以下权利：(1)对其出版的图书、报刊享有注明出版单位名称的权利。该项权利的保护期不受限制。(2)在合同约定期间内享有专有出版权。未经许可，他人不得出版该作品。(3)有权许可或禁止他人使用其出版的图书、期刊的版式设计。此权利的保护期为10年，截止于使用该版式设计的图书、期刊首次出版后第10年的12月31日。

二、表演者的权利

表演者是指演员、歌唱家、舞蹈家、演奏家、音乐家和以表演、歌唱、朗诵、演说、演奏或别的方式再现文学艺术作品的其他人员或演出单位。表演者权即是表演者对其表演依法所享有的专有权利。根据法律规定,表演者享有以下权利:(1)表明表演者身份;(2)保护表演形象不受歪曲;(3)许可他人从现场直播和公开传送其现场表演;(4)许可他人录音录像;(5)许可他人复制、发行录有其表演的录音录像制品;(6)许可他人通过信息网络向公众传播其表演。

三、录音录像制作者权利

录音录像制作者对其制作的录音录像制品,享有许可他人复制、发行、出租、通过信息网络向公众传播并获得报酬的权利;权利的保护期为 50 年,截止于该制品首次制作完成后第 50 年的 12 月 31 日。被许可人复制、发行、通过信息网络向公众传播录音录像制品,还应当取得著作权人、表演者许可,并支付报酬。

(一)录音录像制作者的专有权

录音录像制作,指用机械、光学、电磁、激光等科学技术手段,将作品音响或者图像记录在唱片、磁带、磁盘、激光盘或其他载体上的行为。录音录像者的权利是随着录音录像技术的发展而产生的。现代技术的发展,使复制录音录像制品极为容易,一些企业和个人常常擅自复制他人的录音录像制品非法牟利。为保护自己的利益,录音录像制作者要求法律规定其应有的权利。为履行加入世界贸易组织的承诺,我国修改后的《著作权法》不仅保留规定了录音录像制作者享有复制发行的权利,而且按照《与贸易有关的知识产权协定》的要求,增加规定了录音录像制作者享有出租权。同时针对目前计算机网络发展对著作权及相关权的影响,借鉴《世界知识产权组织表演和录音制品条约》,规定了录音录像制作者享有信息网络传播权。

(二)录音录像制作者的复制发行权

录音录像制作者对其制作的录音录像,享有许可他人复制发行并获得报酬的权利。复制是指制作一件或多件某种录音录像的复版。发行是指将录音录像制品的复制品直接或间接提供给公众或者任何一部分公众的行为。录音录像制作者使原作品或表演转换为录音录像制品,通常是先制作母带,然后用母带成批复制。通过复制和发行录音录像制品的复制品,从中获得收益。由于录音录像制品的复制发行量直接关系制作者的经济利益,为保护其合法权益,录音录像的制作者应当享有对其制品复制发行的控制权,录音录像制品公之于众后,他人未经许可不能复制发行。未经录音录像制作者许可,复制发行其录音录像制品的,应当承担相应的法律责任。

（三）录音录像制作者的出租权

著作权法对集体管理组织的性质、权利义务、其与著作权和相关权人的关系作了原则规定。目前,国内唯一的一家著作权集体管理组织"音乐著作权管理协会"已开始代理著作权和相关权人从事关于颁发使用许可证和收取、分配使用许可费的活动。随着我国著作权集体管理组织的完善,取得出租录音录像制品的使用许可和支付费用将会变得简单和方便。

（四）录音录像制作者的网络传播权

录音录像制作者对其制作的录音录像制品,享有许可他人通过信息网络向公众传播,并获得报酬的权利。根据这一规定,任何网络经营者下载录音录像制品,都应当取得录音录像制作者许可并向其支付报酬。

（五）录像制作者的广播权

录像制作者对其制作的录像制品享有广播权。

现代唱片业是音乐产业发展的最主要动力。唱片公司往往会投入巨资,根据演唱者风格量身定做唱片,而在唱片制作过程中,要经过录音师等多人的创造性劳动才能录制成录音制品,使音乐作品得以通过唱片、广播、背景音乐、网络等方式广泛传播。国外往往将唱片工业视为音乐产业代名词。录音制品不仅在复制发行中创造社会财富,还在广播领域和向公众传播的各种其他方式中起着非常重要的作用。因而,世界上具有著作权保护制度的大多数国家和地区均通过立法赋予了录音制作者对其录音制品享有广播权和表演权,其中包括了几乎所有的欧洲和有版权制度的亚太国家和地区。相关的国际公约也确认了上述权利,例如,1961 年通过的《保护表演者、录音制品制作者和广播组织罗马公约》,1996 年通过的《世界知识产权组织表演和录音制品条约》。然而,我国现行的《著作权法》规定,录音录像制作者对其制作的录音录像制品只享有复制权、发行权、出租权和信息网络传播权等四种权利(而一般的作品被赋予了多达 17 项的著作权)。音像制品的权利人认为,此种规定相对弱化了对音像著作权的保护,也和国际上多数国家和地区(美国除外)的著作权保护立法和实践相悖。自 2007 年起,中国音像协会与国际唱片业协会代表其会员发出了"尽快修改《著作权法》,赋予录音录像制作者广播权和表演权"的呼声。

四、广播组织权

广播组织权是指广电组织对其制作的广电节目享有的权利,该权利的主体是制作并播放广电节目的组织,权利的客体是广电组织编制的广电节目。广电组织对其制作的节目拥有播放、授权他人播放或复制以获取经济利益的权利。

具体包括:(1)转播权,即禁止他人未经其许可将其播放的广播电视进行转播的权利;(2)录制权和复制权,即将其播放的广播电视节目使用自己的设备并为播放的目的而临时录制在音像载体上以及复制该音像载体的权利。

第三节 邻接权的保护

版权保护是先有国内立法而后发展形成国际法,相关权利的保护标准则是先在国际层面上讨论和接受,再渐渐纳入国内法。第一个关于相关权利的国际多边公约是1961年的《罗马公约》。其后的重要步骤是新建立的世界贸易组织(WTO)的组成框架之一的《与贸易有关的知识产权协定》(TRIPS)(1994)。最后,是旨在调整应对数字时代对表演者权利和录音制作者权利的挑战而制订的1996年《世界知识产权组织表演和录音制品公约》(WPPT)。

超级链接:《两只蝴蝶》邻接权侵权案

海淀法院受理了原告北京鸟人艺术推广有限责任公司诉被告茂名市佳和科技发展有限公司、安徽文化音像出版社、北京华联商厦股份有限公司邻接权纠纷一案。

原告诉称,原告通过作者牛朝阳授权获得了歌曲《两只蝴蝶》的专有使用权,并将该歌曲定为原告签约歌手庞龙新专辑的主打歌,并授权他人出版发行了名称为《两只蝴蝶》的庞龙音乐专辑的录音带及CD光盘,同时在出版物上载有著作权保护声明,为了宣传该歌曲,原告又投入巨额宣传费,其中包括但是并不限于拍摄音乐电视片并在全国电视台推广,在中央人民广播电台做宣传该歌曲的广告,并为该歌曲复制宣传光盘在全国的电台打榜推广,等等,在原告的强大宣传攻势下,歌曲《两只蝴蝶》在市场上迅速蹿红,成为2005年底音像市场上最火爆的歌曲,毫无疑问,原告拥有独占使用权的该歌曲具有极大的市场潜力及商业价值。

其后,原告发现收录有原告旗下艺人庞龙演唱歌曲《两只蝴蝶》的本案涉案的侵权光盘以"新国语老歌1""新国语老歌2"的名称在市场上销售,抢占了属于原告独占的市场,使原告授权他人出版的《两只蝴蝶》专辑市场受到了严重的冲击,给原告造成了重大经济损失。

经查,被告北京华联商厦股份有限公司在市场上销售的外部包装标有"新国语老歌1""新国语老歌2"字迹,内部盘标有"网络最强原创周笔畅笔记FL-JH-383c-02"字迹和"网络最强原创(3)JH-383c-0v"字迹,其SID码为ifpiv118、ifpiv112的涉案盗版光盘,经过对照全国光盘复制生产单位SID码一览表,确定该涉案盗版光盘为被告茂名市佳和科技发展有限公司非法复制、发行,并由被告安徽文化音像出版社非法出版。该涉案侵权光盘中完整使用了原告享有专有使用权的歌曲作品《两只蝴蝶》。

原告认为,3个被告在明知涉案作品是受保护的作品的前提下,受利益驱动,借原告对《两只蝴蝶》的强大的宣传攻势下搭顺风车,未经权利人的许可,违反《著作权法》的有关规定,非法复制、出版、发行原告享有专有使用权的歌曲作品。3个被告具有明显主观故意的侵权行为,侵犯了原告对涉案歌曲作品的专有使用权,其出版发行的侵权录音制品也非法抢占了属于原告独占的录音制品的市场份额,同样侵害了原告的录音制作权,给原告造成的经济损失严重,给原告的宣传工作造成了极大的混乱,给原告带来了极为恶劣的损害后果。故诉至法院,请求依法判令3个被告立即停止侵权、销毁库存侵权产品,在《新闻出版报》《中国青年报》上公开赔礼道歉,3个被告共同赔偿经济损失10万元。

课后习题

1.查阅文献,简述 WPPT 中录音制品制作者的权利内容。

2.查阅录音制品相关公约,并简述其保护范围。

第五章 版权贸易及相关概念

第一节 版权贸易的相关概念

一、版权贸易

版权贸易是通过对已有版权作品的使用而产生贸易的行为。它是由著作权人将其对作品拥有的部分或全部经济权利（客体）通过许可、转让等方式授权给使用者而产生的，属于一种基于版权的经济权利的许可或转让过程中发生的贸易行为。之所以单列于其他贸易行为，是因为其贸易的标的对象与其他实物贸易不同。实物贸易是通过货物买卖行为获利的交易，而版权贸易则是通过无形财产获利的交易。版权是属于知识产权这种无形财产权概念范畴内的，与物权相比有许多独特之处，从事版权贸易工作，就必须了解版权贸易过程中有关版权法律知识。

一般说来，版权贸易过程中许可或转让的主要是著作权人的经济权利。从广义上讲，版权许可或转让行为过程中的当事人无论是否在同一地域，或为同一国籍，都可以称作版权贸易。但在实践中，我国业界所称的版权贸易习惯上是狭义的概念，主要指国际或不同地区间的涉外版权贸易行为，通常指著作权人与使用者不在同一国家或地区的情况，国内的作者与国内的出版社间的版权交易行为不在此之列。

二、版权贸易的特征

版权贸易指不同国家的企业、经济组织或个人之间，按照一般商业条件，向对方出售或从对方购买版权使用权的一种国际贸易行为。它由版权引进和版权输出两方面组成。简言之，版权贸易是一种国际的以版权使用权为主要交易标的的商业行为。

版权贸易与实务贸易相比，具有以下明显的特征：第一，交易标的是无形资产。物质贸易标的是有形的物质商品，易计量、论质和定价；而版权贸易标的是无形的知识，其计量、论质和定价的标准都是很复杂的。第二，交易双方当事人是同行。物质贸易双方当事人一般不是同行，而版权贸易双方当事人则一般都是同行。因为只有双方是同行，引进方才会对转让方提供的内容感兴趣，引进方才有能力使用这种内容。另一方面，物质贸易中的卖方始终是以销售为目的，而版权贸易中的卖方（转让方），一般既要考虑经济利益还要考虑社会影响。第三,交货程序复杂。物质贸易的交货是实物移交,其过程较简单;版权贸易的"交货"则是内容传达、谈判、议价等复杂而漫长的过程。第四,所涉及的问题和法律不同,版权贸易涉及的问题多、复杂、特殊。如版权贸易涉及版权保护、作品定价、市场风险等问题。版权贸易中涉及的国内法律和国际法律、公约也比物质贸易多。第五,政府干预程度不同。政府对版权贸易的干预程度大于对物质贸易的干预程度。由于版权输出实际上是一种文化观、意识形态以及内容生产能力的出口,为了国家的安全和经济利益上的考虑,国家对内容的输出审查较严。由于在技术贸易中,技术转让方往往在技术上占优势,为了防止其凭借这种优势迫使引进方接受不合理的交易条件,也为了国内经济、社会、科技发展政策上的考虑,国家对技术引进也予以严格的管理。

第二节　版权贸易的主体

一、版权人

版权贸易的主体

版权人(copyright owner)又称"著作权主体",是指依法对文学、艺术和科学作品享有著作权的人。著作权人可分为原始著作权人和继受著作权人。原始著作权人指创作作品的公民和依照法律规定视为作者的法人或者非法人单位;继受著作权人指通过继承、受让、受赠等法律许可的形式取得著作经济收益的公民、法人或者非法人单位。

著作权主体普遍规定为作者,其次才是其他著作权人。但由于各国的政治、经济、文化等制度的差异,以及著作权具体立法会考虑不同作品创作时的不同情况,因而各国对于主体的规定也不尽相同。如德国著作权法的第七条规定,作者是指作品的创作人。日本著作权法的第十四条规定:"以通常的方法,在著作物的原作上或者向公众提供或揭示其著作物时所署的姓名或名称,或以众所周知的雅号、笔名、简称等代替真名的别名表示为著作人姓名的人,即被推定为该著作权的著作人。"意大利著作权法的第六条规定:"只有通过智力活动创作出作品的人才能充当著作权主体"。

著作权主体必须具备以下资格:一是必须具有权利能力和行为能力。由于交易行为在性质上属于法律行为,故交易主体具有权利能力和行为能力是其从事交易行为的前提和条件。著作财产权主体对其行为能力并无特殊要求,只要创作完成法律所要求的作品便可称为著作财产权主体,二是必须具有相应的处分能力。著作财产权交易的结果是为了通过一定的对价关系实现著作财产权的变动,故有权交易著作财产权的一方除了具有权利能力和行为能力外,还应当具有处分该著作财产权的能力。

不同国家对于著作权人的资格的认定是不同的。大陆法系国家的著作权法普遍认为,作者只能是自然人,因为只有自然人才能从事脑力劳动,而法律上拟制的法人组织,仅为法律上的实体,缺乏创作作品的能力,只能通过购买或其他方法获得作品著作财产权,而不能作为作者。主张著作财产权是一种天赋人权或者自然权利,是基本人权之一。表现在流通领域上,则主张著作财产权在本质上与作者个人密切相连,作品是作者的个人创

造性劳动产生的结果,著作财产权被视为不可分割的权利,只有作者个人有权占有和处理其作品,而不能作为动产所有权来转让;只能通过特许授权给他人,即将著作财产权作为使用权转让,如法国、德国、意大利等国著作权法之规定。英美法系国家的著作权立法则普遍认为,著作财产权法律关系的主体不仅仅是自然人,有别于自然人的法律实体——法人组织,包括国家政府机构、大学、学术团体、研究机构以及营利性的法人组织等均可成为特定作品的著作财产权主体。

(一)原始主体

根据著作财产权交易主体与作品的不同关系,可以将其分为原始主体和继受主体。只要是通过自己的独立思考,运用自己的技巧和方法,直接创作反映自己的思想与感情、个性与特点的作品作者,均属于原始著作权的主体。

(二)继受主体

以原始作者为基础或者与原始作者形成一定关系而取得著作权的则为著作权的继受主体。继受主体包括:依雇佣关系而产生的著作权主体,以继承或者受让作品著作权而成为部分权利主体,以改编、翻译、注释、整理等方式将已有作品改编为新作品的著作权主体,以及因赠予、遗赠、征购等方式而取得著作权的主体等。继受主体一般只能享有著作权中的经济权利,而不能享有原始主体所享有的精神权利。

二、出版社

在欧美国家,作者通常是将其作品版权中的经济权利授权给出版社,由出版社代表其处理相关版权事宜。因此,进行版权贸易的另一大主体就是出版社。

三、版权代理机构

版权代理机构是指在版权交易活动中,代理人接受作者或出版社的委托,代表其就版权转让、版税收取、保证金等问题与对方商谈,并向作者或出版社收取报酬的活动机构。

版权代理制度最初发源于英国,一般认为亚历山大·坡洛克·瓦特是版权代理第一人。1875年,他在伦敦创办了一个经纪人事务所,立即得到了作者和出版社的欢迎。经过一百多年的发展,版权代理人已经成为现代版权产业机制中最重要的角色。从全球范围来看,英美法系国家的版权代理比较活跃。英国有两百多家版权代理公司,美国有七百多家版权代理公司。相对而言,德国、日本、俄罗斯等大陆法系国家的版权代理公司较少,但是版权集体管理制度比较健全。总体而言,英、美等西方国家的版权代理制度已经比较成熟,版权代理公司拥有大量的作者资源、作品资源和市场资源,专业的操作流程、健全的组织机构、丰富的资源使其成为出版产业链中不可缺少的重要环节。[①] 如《哈利·波特》,当初就是由作者罗琳先寄给英国克里斯托菲·利脱文学代理公司,再由该公司推荐给出

---

① 李健.知识产权代理教程[M].北京:知识产权出版社,2015:318.

版社出版并迅速传播至全世界取得巨大成功的。在美国的大众图书出版市场,超过90%的书是通过版权代理人中介,作者逐渐失去与出版商直接接触的机会。

版权代理机构具有以下行为特征:以被代理人的授权为前提;以被代理人的名义进行活动;具有联系广、人才专、信息快、协调能力强等优势。版权代理机构应熟悉各类作品的市场需求和销售行情,并与出版者、报刊社等作品使用者保持密切联系,应能为委托其代理著作权事务的作者介绍各类作品的读者需求信息,提供写作建议,同时还善于按作者意愿为其作品找到最合适的再版者、传播者,并代表作者进行著作权转让等有关法律事务处理,以及联系出版社、安排作品出版等。

各国经验还表明,在当今国际环境下,单靠作者和出版商的努力难以真正达到版权走出去的目标,文学经纪人或中介机构的作用不可小觑。我国的版权代理业起步较晚,1988年中华版权代理总公司的成立标志着版权代理机构在我国的诞生。随后国家版权局陆续批准了20多家地方性版权代理机构。2005年,随着相关政策的出台,港澳台的代理机构进驻北京,版权代理渠道向多样化发展。但是,目前我国版权代理业仍存在诸多问题。目前大家比较熟悉的版权代理机构,如大苹果、安德鲁、中华版权代理等,更多的作用是满足国内出版社与日俱增的引进版权需求,而真正代表中国作者的海外代理人更是屈指可数,我国的版权代理还处于发展的初期阶段。

超级链接:主要的涉外著作权代理业务单位[①]

自1988年起,我国版权代理制度尽管有了很大的发展,但相比欧美等国家完善的制度,还处于发展的初级阶段。从全国来看,仅有30多家版权代理公司。其中大部分为国有性质的版权代理公司,还有少量的民营公司和独立版权代理公司。

1. 中华版权代理总公司

2. 大苹果版权代理公司

3. 陕西省版权事务所

4. 上海市版权代理公司

5. 广西万达版权代理公司

6. 北京版权代理有限责任公司

7. 安徽省版权代理公司

8. 广东省版权事务所

9. 中国国际图书贸易总公司版权代理部

10. 河南省版权代理公司

11. 辽宁省版权代理公司

12. 湖北省版权代理公司

13. 黑龙江省版权代理公司

14. 四川省版权事务中心

15. 河北省版权代理公司

---

① 李健. 知识产权代理教程[M]. 北京:知识产权出版社,2015:324.

16.中国电视节目代理公司

17.天津市版权代理服务公司

18.山东省版权代理公司

19.九州音像出版公司版权贸易部

20.湖南省版权代理公司

21.北京天都电影版权代理中心

22.中国电影公司

23.云南版权代理公司

24.中国图书进出口总公司版权代理部

25.中国出版对外贸易总公司版权事务部

26.深圳市版权代理中心

27.吉林省伦博版权代理公司

第三节 版权贸易的客体

版权贸易的客体,是指版权中可以出售、有偿转让和授权使用的那些版权。它与版权保护的客体有着根本的区别。版权保护的客体是指作品的种类或表现的形式,版权贸易的客体是版权的权利内容,即版权权利的各种权项。①

版权贸易的客体,是版权人所拥有的作品版权中的经济权利。版权贸易的客体不仅包括我国《著作权法》所涉及的复制权、发行权、出租权、展览权、表演权、放映权、广播权、信息网络传播权、摄制权、改编权、汇编权、翻译权等经济权利,还包括欧美等国的著作权法中规定的同文种地区版权、图书俱乐部版权、重印权、连载权、一次性期刊登载权、录音和录像权、平装本版权、商品化版权等。这些都可以作为版权贸易的客体进入版权贸易。

一、翻译权

版权贸易
的客体(上)

翻译权通常是指将某部作品由一种语言文字形式转化为另一种或几种语言文字形式并且出版、发行的权利。翻译权主要适用于文字作品、口述作品,以及与文字语言表达有关的音乐、戏剧、电影、计算机软件等作品。翻译就内容而言必须忠于原作品,但其并非一项简单的劳动,需要翻译者在掌握另一种语言的基础上运用其语言技艺将原作品的内容和精神表达到位,有创造性劳动,并不能被复制行为所涵盖。

由于翻译是对已有作品的再创作,新作中凝聚的是原作与二度创作的双重劳动,在权利上理应包含原作者与翻译者的双重利益,所以,在保护翻译作者利益的同时,也要保障原作者的著作权。比如,将英文作品翻译成中文的作品再作演绎创作,翻译成第三种语言

---

① 蒋茂凝.国际版权贸易法律制度的理论建构[M].长沙:湖南人民出版社,2005:56.

文字,则不仅要取得中文翻译者的许可,还要受到原英文作者权利的制约。这种保护原则在国际公约中也有体现。《伯尔尼公约》第二条第3款就规定了原创著作权与演绎创作这两种著作权并行不悖的关系。

1992年10月,《伯尔尼公约》与《世界版权公约》对中国生效。1991年我国开始实施《著作权法》,翻译他人作品而未取得原作品版权人的许可,即违反了上述法律。那么,谁是"原作品的版权人",怎样取得许可呢?一般国家的作品,尤其是《世界版权公约》成员的作品,在"版权页"上均有3个相连的标志:(1)版权保留;(2)作品出版年份;(3)版权人名称。放在这第三位的,就是翻译之前应去找的"版权人"。他(她)可能是作者,也可能是出版者或其他已从原作者手中取得版权的权利人。大多数情况下,书的版权归出版该图书的出版者,即在作者委托出版社出版其作品时,与出版社缔结的协议中就已约定,此书的著作权仍归作者本人,但在一定年限内,其作品的使用权转让给出版该书的出版社。有些版本,其部分内容是引自另一本书或源自另一版权持有人,所以可能还存在第三者权利问题。如果版权页上无这三项标记,则作品以通常方式标明为作者的,即为版权人。

如果翻译的作品已经超过版权保护期,著作权中的翻译权也就不存在了,任何人都可以自由地对著作权已消亡的作品进行翻译。比如,中国人可以不经授权、不付报酬地将《莎士比亚全集》翻译成中文出版发行,并对中文版《莎士比亚全集》享有著作权。要翻译出版下列作品:"政府作品",包括法律、法令、政府白皮书等等;公开发表的讲演(但"讲演汇编"除外);未参加两个公约的国家的作品,也无须取得许可。

二、影印权

影印权指对引进版图书的语言文字不做改变而直接出版、发行的权利,也叫重印权。将原版书多份复印(发行,限定在一定地区或国家范围内销售,以免冲击原版书的市场),这种重印权又叫影印权,或同文种地区版权,也是目前我国出版社用得较多的一种作品开发方式。近年来为适应中国大陆高等教育的需要,大量的英文影印版图书版权被引入。美国出版企业也向中国大陆市场重点推荐影印权,如麦格劳·希尔仅2001年便向中国输出近150种英文影印版图书版权。再如2009年清华大学出版社推出的"新闻与传播系列教材·英文原版系列",获得了市场的认可。

超级链接:为什么影印版非原版而是改编版[①]

经常使用外文影印版教材的同学一定会注意到,最近几年国内引进的教材有很多其实不是由原版直接翻印的,而是经过了改编或删节。也有一些书在英文教材里加上了中文的评注或者习题,美其名曰"双语版"。有不少学生抱怨这种改编让原本经典的教材显得不伦不类,而有些删节还带来了很多不必要的麻烦。例如,有学生反映,在计量经济学课上要用到伍德里奇教授编写的《计量经济学导论》,但买来影印版却发现,里面把面板数据分析等高级专题都删减了,使他在学到相关章节时不得不从图书馆借国外的原版书来

---

　①　张维迎.经济学原理[M].西安:西北大学出版社,2015:274.

复印。

那么,为什么国内出版社要吃力不讨好地在影印教材前先进行改编呢?其实那也是无奈之举。事实上,前些年国外的出版商通常会授权国内出版社完全翻印教材,但不久后他们就发现了问题。中国的书价要远远低于北美、欧洲等地,例如一本卡塞拉教授、贝耶教授合写的《统计推断》在美国亚马逊上卖 282.92 美元,而其影印教材在中国的定价却仅为 59 元人民币,在打折促销时,可能只需 30 多元即可买到,国内外差价高达数十倍。起初,只是一些留学生发现了这一现象,他们会在每学期开学前提早买好教材供自己使用。后来,一些精明的人甚至用这种差价干起了国际套利,收购中国市场上的影印教材到欧美市场上去销售。据说,某美国名校教授在讲授高级微观经济学时曾惊讶地发现,班里的学生都用粉红色书皮的 MWG(一本流行的高级微观经济学教科书),而封皮上的书名和出版社都是中文。

这种影印教材返销的现象严重冲击了国外教材市场,让国外出版商进行第三类价格歧视的努力化为了泡影。因此,为了给教材返销制造障碍,这些国外出版商就开始要求国内出版社在引进教材时必须进行删改。

三、改编权

改编权是将引进版图书改编为电影、电视剧本以及戏剧、话剧等形式,或是改变作品的载体形式的权利。主要包括将作品改编为戏剧剧本或影视剧本,以戏剧的形式表演作品或拍成电影、电视剧的形式传播作品的权利。如某作品原本就是佳作,加上电影、电视剧的推波助澜,则成为畅销作品的可能性就很大。影视作品制作的高成本,使得图书改编权的贸易量并不大,但一旦成交,每一笔交易的金额都是非常巨大的。例如:"哈利·波特"系列的电影制品,已经为作者罗琳和出版商带来了十分丰厚的收益。如今的经纪人通常会保留这些版权,有时最多也是让出版社获得 10% 的版税。英国的电影改编权一般是通过拍卖的方式进行交易,通常由电影制片商提出意向,但最终拍成电影的还不到拍卖数量的 5%。此类版税是根据电影成本来提取的。如果出版社参与影片的投资,那么获利的可能性就更大。图书与电影之间的转化是相当复杂的,图书可以创造电影,如《辛德勒名单》在改编成电影《辛德勒名单》之前就是畅销书了,而且在电影推出之后仍然走红,《沉默的羔羊》也是如此。不过有些书籍的确是为了改编成电影而创作的,如麦克尔·克里奇顿的《侏罗纪公园》和《泄密》以及约翰·格雷森姆惊险小说。

四、连载权

版权贸易的客体(下)

报刊连载权转让是将引进版图书的内容进行分割,并在报纸、期刊上进行连续刊载的权利,是出版商允许报刊连载出版产品中的知识内容而获取经济收入的版权贸易活动。在报刊上连载图书内容,能有效地刺激图书的销售。英国 20 世纪 60 年代到 80 年代期间连载权收入一度达到高峰,那时报刊的连载权可以卖到 100 万英镑。但随着报业竞争的日趋激烈,英国出版商在这方面的收入已经开始萎缩了,但英国出版商通过这种方式获得的收入仍不可小觑。如一家出版社将撒切尔夫人的回忆录《唐宁街岁月》的连载权出让给一家报社,获得了 65 万英镑的收入。有关皇室丑闻的书籍仍然是抢手货。

连载权一般包括两种权利:一是"第一连载权",又叫"首次连载权",一般是在出书前出版社授权某报社或杂志社部分连载新书内容;二是"第二连载权",是在出书后出版社授权某报刊对其新书进行连载或摘登。在美国,连载收入由作家与出版社平分。连载对出版社的新书具有重要的推广宣传作用,尤其是文艺类作品,借助报刊媒体传播的广泛性,使之可能进入畅销书的排行榜,因此,出版社在版权贸易中应注意开发连载权,在获得直接经济效益的同时,又有助于打开市场。

五、俱乐部版权

俱乐部版权指图书俱乐部作为引进方,将引进的图书制作成俱乐部版,仅限在俱乐部会员中发行。这种版权是出版商许可一家图书俱乐部把他的书单独印成俱乐部版,仅限在会员中发行。俱乐部版权图书的最大特点是价格低于正常版本图书的价格(一般为正常版本书价的 80%),这是俱乐部给会员的优惠。国外图书俱乐部比较发达,历史也比较悠久,例如德国贝塔斯曼集团的图书俱乐部几乎遍布全球。20 世纪 90 年代初,贝塔斯曼图书俱乐部曾登陆上海,会员逾 30 万。国外图书俱乐部通过图书俱乐部版权图书的销售,既吸引了会员,强大了俱乐部,拓展了市场,同时也获得了较丰厚的利润回报。

六、电子版权、多媒体权与网络传输权

电子版权、多媒体权与网络传输权是指出版社授权对其作品进行数字化开发,如数字化、光学或磁性原理的存储和提取系统,固定的电子媒体有 CD-ROM、数据库,通过卫星或互联网等通信系统提供网络版作品,涉及软件、硬件、电影、电缆、卫星和通信行业。科教部门往往是这类版权的购买者,形成电子图书等电子版出版物,可脱机或联机提供服务。

七、商品化权

商品化版权又称书中形象使用权,是指出版商授权其他商品和媒介使用图书中人物和动物形象,比如在文具、玩具、食品、服装等商品上使用。出版商应充分认识其潜在而巨大的商业价值。像日本影视作品中"一休""铁臂阿童木"等形象的转让,都属于此类版权贸易方式。英国的图书形象使用权交易历史可以追溯到 20 世纪初,《弗罗伦斯·波特》中的格里沃格和比特里斯·波特人物形象至今仍很受欢迎。英国每年从这种途径在全球获得的版权收入均有几百亿美元。

八、合作出版

合作出版是指先由一家出版社提出选题并组织编辑成稿,再通过推销,与世界其他国

家(地区)出版社签订合同后开印,同时推出不同版本的出版形式。合作出版有多种形式,主要包括:双方或多方分工合作、编辑出版一部新的作品,共同投资,共同署名,共享权益;双方将各自出版物对应的外文翻译权交换或单方面授予对方,出版相应的翻译版本,即版权贸易形势的合作;双方将各自出版物的对方地区的复制权交换或单方面授予对方使用,出版相应的重印版本,也是版权贸易式的合作。

合作出版一直是英国出版社一种重要的赚钱途径,而且英国的出版社在合作出版方面可谓驾轻就熟。合作出版的图书主要包括参考书,比如双语词典或插图百科全书,或具有国际吸引力的健康、健美以及艺术类书籍等。对于合作出版,英国出版社不仅控制母本的版权,还控制外文版本的版权。外文版的印刷完全由英方控制,市场需要多少由外方合作者及时通知英方,英方加印后再运过去。这种方式较之翻译权而言不失为一种更有保障和有效的开拓海外市场的方式。

九、平装书版权

平装书版权最早起源于英国。1929 年企鹅出版集团的领导人艾伦莱恩出版了一批定价仅 6 便士的纸皮图书,以满足普通消费者的阅读需求,此举获得了广大普通消费者的欢迎。"企鹅"一词几乎成了平装书的代名词。英国的平装书与精装书一般是由不同的出版社负责出版,而且大多是先出版精装书后再出版平装书。在精装书出版大约一年后,进行平装书版权的买卖。像东欧、亚洲的一些发展中国家,由于价格的原因,一般更愿意购买平装书版权。

平装书版权是附属权贸易中非常重要和常见的一种权利,是英美版权贸易中的赚钱大户。英国和美国的出版社在出书时有一个根本性原则即"先精后平",即先出版精装本,后推出平装本。在精装书由畅销转平销或由平销转滞销的时候,再抛出价格相对低廉的平装书掀起新的销售高潮,以此尽量延长该书的"市场寿命"。初版的精装本印数一般在上万或数十万册之间,定价要高于平装书几倍。在销量数百万册的图书中,平装本的数量占绝对多数。推出精装书的时间一般是在一年左右。一般来说,从精装到平装是推出长销书的第一步,也是众多出版社极为重视的一步。由于美国所有的精装书出版社都出版平装书,所以,精装书的编辑在制作图书时始终牢记平装书操作的可能性,使之成为市场上的长销书。德拉考特出版社、戴尔出版社、维京出版社以及企鹅出版社均是如此。

美国的平装书出版有 3 种渠道,一是出版社在推出精装本之后自己出版其平装本。二是出版社将其精装书的平装本版权出售给其他出版社。在美国专事出版平装书的出版社为数众多,其主要书源是购买平装书版权。三是图书俱乐部版图书。美国的图书俱乐部有综合性和专业性之分,它们的会员遍及全国各地,尤其是边远地区,购买力是相当强的。俱乐部的图书要比一般平装书便宜许多,销量可观。其图书来源也是从出版社购买版权。

但是近年来,平装书版权交易发生了巨大变化,许多大型出版公司,如哈勃考林斯、里德艾尔斯维尔、企鹅、环球、麦克米伦以及兰登书屋等在过去一般是将平装书版权卖给专营平装书的出版社,但现在则改为由自己出版。

第四节 版权贸易的主要形式

一、版权转让

版权贸易的主要形式

版权转让方式是指版权贸易当事人双方,通过合同将版权人所持有的版权之经济权利全部或部分出售给版权受让人,以实现版权贸易的行为方式。

(一)版权转让的类型

依照不同的分类标准,版权转让的类型不尽相同。根据版权转让中所转让的版权是否完整,可分为全部转让和部分转让。根据版权转让中所转让的版权是否有时间限制,可分为临时转让和永久转让。根据版权转让中所转让的版权是否付费,可分为有偿转让和无偿赠予。

以中国的版权输出为例,版权转让的形式主要有:

(1)中国内地出版社或作者将其所拥有版权的图书或原稿作品的中文简体版/繁体版在海外的出版权一次性地转让给国外或中国香港、中国台湾地区的某一出版商,由其利用其全球分销网络将该书中文版推向世界市场。

(2)中国出版社将某中文书的全部版权向不同的国家或地区分别转让,即将版权按国家或地区分别转让,通常在一个国家或地区只选择一家出版社,转让的是作品的全部使用权,包括原文出版权、翻译出版权等。

(3)中国出版社将其图书的各项使用权分项向各国或地区进行转让,在各分项权利转让中,最常见的是作品翻译出版权的转让,由于翻译语言因素,作品翻译出版权的转让一般按国家或地区进行,有时也按文种转让。

与其他无形财产权性质一样,版权行使的方式与次数越多,其产生的效益也就越大。因此,版权转让,尤其是一次性转让全部版权,对版权出售者来讲,其收益均小于用其他方式转让版权(如版权许可)的效益。这种方式有利于版权输入者,而不益于版权输出者。在我国对外版权贸易中,版权输出是很有限的。而在这有限的版权输出贸易中,仍选择有利于外方效益最大化的版权转让的方式进行。

(二)版权转让中的限制条件

第一,合同生效方式上的限制。只有在政府相关部门登记,合同才被认可生效。第二,合同形式上的限制。合同必须采用书面的形式,口头约定被视为无效。第三,合同期限上的限制。

二、版权许可

版权许可是指版权所有人将其版权中的某项或某几项经济权利有偿授权他人在一定时期内、一定地域范围内使用的一种版权贸易方式。它一般是通过发放许可证形式,准许持证人在合同有效期内使用某项权利。

(一)一般许可

在一般许可中,分为5种情况,分别为独占许可、排他许可、非独占许可、分许可和交叉许可等。

所谓独占许可,是指在合同规定时间和地域范围内,版权持有人给予引进方使用该版权的专有的权利,包括版权人自己也不能在这个范围内使用该版权,更不能将该版权再授予第三方使用。

所谓排他许可,是指在合同规定的时间和地域范围内,版权持有人授权给引进方使用其版权的同时,自己仍然保留继续在同一地域使用该版权的权利,但不能将该版权在同一地域范围内转让给第三方使用,即排除第三方使用的权利。

所谓非独占许可,是指在合同规定的时间和地域范围内,版权持有人授权引进方使用其版权的同时,自己仍保留在同一地区使用该版权的权利,也可以将它授予任何第三方。

所谓分许可,是指在一定的时间和地域范围内,版权持有人允许引进方将得到的权利部分或全部转让给第三方的贸易形式。

所谓交叉许可,是指贸易双方将各自拥有的版权提供给对方使用,当贸易双方均对对方所拥有的版权感兴趣时,就可以采用这种贸易形式,这是一种对双方都互利互惠的贸易方式。

(二)集体许可

1.一揽子许可

一揽子许可指版权持有人和引进方都以集体或组织的形式出现,在两个组织之间制定一个一揽子的许可协议。通过这个协议,转让方向引进方授予版权的使用权,并获得相应的报酬;而引进方则获得版权的使用权,并支付版权使用费。

举例:某首歌曲的所有者既可以许可电台播放,也可以同时许可互联网上某网站使用,在这个例子中,电台要获得该首歌曲的播放许可,要跟曲作者、词作者及该首歌曲的表演者分别签订许可合同,加之,电台要播放的歌曲成千上万,如果由电台一一去签订合同,在实际操作中是不可能的,为此,在国际版权贸易实践中出现了集体许可(collective licensing)组织,代表版权人与一批使用者签订一个总的合同,使用者无须与版权人直接见面和签订合同,或者与某使用者就一类作品的版权使用签订许可合同。中国音乐著作权协会就是这样的一个组织,它可以代表原作者与社会上众多的音乐作品使用者签订许可使用合同,并代为收取和向会员分配使用费。2002年3月,中国音乐家著作权协会与上海文化娱乐业协会签订了《音乐作品著作权使用费代收协议》,这意味着上海3000家文化娱乐场所就要为使用音乐作品付费。这样做不仅极大地方便了版权人行使权利,也方便了版权使用者通过授权对作品的合法使用,为版权许可贸易的顺利开展提供了客观条件和环境。

2. 中心许可

中心许可这是一种以组织对个人的形式出现的贸易形式,版权持有人一方以组织的形式出现,而引进方是以单个个体的身份出现。换句话,中心许可是版权持有组织向单个个体授予版权,并获得报酬的贸易形式。

(三)版权许可与版权转让的区别

版权许可与版权转让最大的区别在于:在版权许可贸易中,版权的主体未发生变化,被许可方所获得的是以某种方式使用作品的权利,但被许可方对其行使的某项作品使用权并不拥有,没有对该权利的处置权;该权利的所有者仍是版权许可者。在版权许可贸易中,由于版权所有权并未发生转移,故通过该方式一次版权使用获得的利润较少,且版权人必须面对很多复杂的版权问题,但版权人可以通过多次发放许可使用证获取较大的利润。所以,这是一种灵活性大、风险相对较大、操作难度也较大的方式,只有运用得恰当才能获得较高的收益。西方发达国家的出版商对外版权贸易历史比较悠久,具有较完备的国际分销网络和较强的市场运作技能,因此,他们通常选择使用版权许可方式进行版权贸易,通过多次许可使用其版权来获取更高的利润。

三、合作出版

对外版权贸易中的合作出版,是指不同国家间的出版商就同一选题,共同投资,共享版权,同时印制出版和发行的贸易方式。合作双方可就选题确定、装帧与式样的设计、印刷生产及发行销售等环节分别进行协作和分工。在实践中,根据不同作品的特点和国际市场的具体情况,合作出版的表现形式可能是多种多样的:既有围绕一本书从出版到发行的全过程进行全面合作的形式,又有合作一方将自己拥有版权的作品许可合作方以同种文字或其他文字(通过许可使用翻译权)出版并在许可规定的不同国家或地区市场范围内发行的合作形式。不论哪种形式的合作出版,合作的作品内容本身具有世界图书市场范围内较大的市场潜力和开发价值,它有利于降低出版成本,是扩大国际图书市场份额的有效手段。但是在实践中,也存在国外一些出版商利用我国廉价的劳动力,仅在我国排版、印制书页,然后由国外出版商自己负责装订成书并在海外销售,中方仅根据协议收取一定比例的报酬,这类合作出版并不涉及版权交易,是外商在生产环节上因成本原因而实行"外包"的行为。目前,对于合作出版是否属于版权贸易的范畴,尚有争议。本书认为,不能一概而论,要根据合作出版的具体形式和内容来确定,一个基本判断标准是合作出版中是否涉及版权交易。

与版权转让、版权许可这两种版权贸易方式的使用情况相比,中外出版商在进行版权贸易时都倾向于选择合作出版这种有利于扩大世界图书市场占有率的方法,尤其是在大型工具书(如各类词典等)、画册等书籍的版权贸易中,这种方式使用频率更高。西方发达国家的出版商,如英国的牛津大学出版社、朗文出版集团,德国的施普林格出版公司,法国的拉鲁斯出版公司,美国的西蒙·舒斯特出版公司等,都十分重视对外合作出版,经常跨国组稿,多国共同合作出版。德国的施普林格出版公司是世界上一流的科技类图书出版公司之一,该公司不仅与我国机械工业出版社、上海科技出版社、高等教育出版社等出版社有合作出版的长期业务关系,而且时常派人来华与我国科技界、医学界的专家和知名学者接触,向他们组稿,用英语出版,面向世界发行。我国最早的对外版权贸易成果——中文版《简明大不列颠百科全书》正是中美两国于20世纪80年代初合作编译出版的结晶。我国目前市场上的一些具有品牌效应的工具书、词典也都是中外出版商合作出版的产物,如牛津大学出版社与商务印书馆合作出版的《牛津高阶英汉双解词典》、朗文出版集团与世界图书出版公司于1988年合作出版的《新概念英语》(早期版本)、高等教育出版社与英国麦克米伦出版公司合作出版的英语系列教材《现代英语》等。

课后习题

1.检索相关信息,分析台湾版权经纪人谭光磊输出版权成功的奥秘。

2.在国家版权局的网站,查找中国版权输出相关信息,分析中国版权贸易的特点。

3.选择题(单选题:4个备选项中只有1个最符合题意;多选题:5个备选项中,有2个或2个以上符合题意,至少有1个错误)。

(1)著作权贸易中的卖方,除了作品的著作权人外,还有(   )等。

A.作品原稿拍卖公司

B.已出版作品的发行单位

C.得到著作权人授权的著作权集体管理组织

D.著作权行政机构

(2)著作权中的展览权,是指公开陈列美术作品、(   )的原件或其复制件的权利。

A.建筑作品   B.摄影作品

C.服饰作品   D.电影作品

(3)著作权贸易的基本类型有(   )。

A.著作权转让   B.著作权许可使用

C.著作权协调   D.出版物外销

(4)著作权中的"财产权"包括(   )等。

A.发表权   B.汇编权

C.保护作品完整权   D.信息网络传播权

E.展览权

(5)著作权的国际保护应遵循(   )等原则。

A.国民待遇   B.特殊保护

C.独立保护   D.相对保护

E.最低保护

(6)国际著作权贸易的法律前提是(   )。

A.国与国之间已经建立大使级外交关系

B.作品以本国的法定通用语言文字创作

C. 作者尚健在

D. 著作权能得到国际保护

(7)某出版社从国外引进出版一部语言词典,有关的著作权贸易合同应当报(　　)登记。

A. 当地省级知识产权局　　　　　　　B. 当地省级版权局

C. 海关总署　　　　　　　　　　　　D. 中国版权保护中心

(8)关于著作权贸易,下列表述中正确的是(　　)。

A. 著作权贸易实际上只是著作权中财产权的贸易

B. 著作权贸易的客体只是作者的出版权,故又称"版权贸易"

C. 著作权贸易主要有著作权转让和著作权许可使用两种类型

D. 著作权贸易中同一权利有时可以同时"卖"给许多买家

E. 已经逝世的作者,其作品不能再进行著作权贸易

(9)著作权国际保护的基本原则不包括(　　)。

A. 国民待遇原则　　　　　　　　　　B. 分级保护原则

C. 自动保护原则　　　　　　　　　　D. 独立保护原则

(10)在著作权贸易中,可进行交易的权利包括(　　)等。

A. 翻译权　　　　　　　　　　　　　B. 署名权

C. 复制权　　　　　　　　　　　　　D. 发行权

E. 改编权

(11)关于著作权代理的说法,错误的是(　　)。

A. 代理人必须经著作权人授权方可进行代理活动

B. 代理人可代理著作权中的全部财产权利

C. 代理人可只代理著作权中的部分财产权利

D. 代理人有权作为合作作者在所代理的作品上署名

(12)在著作权贸易谈判中,卖方的常用策略有(　　)等。

A. 突出畅销先例　　　　　　　　　　B. 避热就冷

C. 利用重大事件　　　　　　　　　　D. 结合广播影视作品

E. "货比三家"

第六章　国际版权和邻接权的保护

第一节　国际版权和邻接权发展历程

一、国际版权和邻接权的起源

国际公约（上）

国际版权和邻接权的保护是由一系列矛盾推动的，主要矛盾有两个，一是创意普世性与版权保护地域性之间的矛盾，二是国际交往频繁性和版权保护有限性之间的矛盾。

（一）创意普世性与版权保护地域性的矛盾

任何一个民族得以发展，必须具有创新精神和创意能力，因此，具有创新意义的表达在何时、何地都是有用的，明显不应局限于一国国界内，然而，每个国家版权法对领土之外的作品的保护却是无能为力的，因为版权的地域性，决定了其在各自领土之外是无效的（领土原则）。原则上，每个国家均可依照自身需要、政策目标和法律传统来自由订立其版权与相关权利方面的法律。创意的普世性和版权保护的地域性的矛盾随着地理大发现，变得日益尖锐。为了增进国与国之间的文化、艺术、科学的交流，有必要建立一个适用于双边和多边版权保护的公约，保障国与国之间交流的达成。

（二）国际交往频繁性和版权保护有限性的矛盾

15 世纪末 16 世纪初，新生产力的萌芽遍布亚欧大陆的文明区域。到 18 世纪中期随着工业革命的发轫，一场工业力取代农业力的世界性生产力变革以雷霆万钧之势荡涤着全世界。工业革命创造出惊人的生产力，并迅速地从英国传播到欧洲大陆和北美，为世界交往注入了活力，从而将各个民族、国家纳入世界体系，世界各个民族或国家也都主动或被动地参加世界交往的大潮。正如马克思、恩格斯所指出的，"只有随着生产力的这种普遍发展，人们之间的普遍交往才能建立起来；由于普遍的交往，……狭隘地域性的个人为世界历史性的、真正普遍的个人所代替"。世界交往的普遍性主要表现在 3 个方面：（1）参加的主体多元化。交往不再局限于以往的个人、城邦和民族之间，国家成为交往的主体，不仅包括资本主义国家，而且包括被纳入资本主义世界体系的其他国家。（2）影响程度深。每一个国家的变动,都将影响其他国家。"由广泛的国际交往所引起的同工业比较发达的国家之间的竞争,就足以使工业比较不发达的国家内产生相似的矛盾(例如,英国工业的竞争使德国潜在的无产阶级显露出来了)。"(3)领域广泛。包括经济、政治、文化、军事、科技等方面。

随着国际贸易关系日渐紧密,各国立法者在对于是否给予外国人作品保护及给予何种程度的保护上自行决定。19 世纪中叶以后,各国开始越来越多地订立双边条约来相互保护作者权利。然而,由于这些条约的保护范围有限且存在较大的差别,对被保护作品的跨国交易未能提供充分的法律保护。于是,世界各国纷纷转向能使所有缔约方承担一系列义务的多边公约。在这个过程中,出现了一些关键性事件和人物,推动了国际版权保护的诞生和发展。

1.国际文学艺术协会(ALAI)

19 世纪,西欧尤其是法国涌现出许多大文学家、大艺术家,他们创作的大量脍炙人口的作品流传到世界各地,这些国家开始相应地也就重视版权的国际保护。1878 年,由雨果主持在巴黎召开了一次重要的文学大会,建立了一个国际文学艺术协会(ALAI)。1883年该协会将一份经过多次讨论的国际公约草案交给瑞士政府。

2.《伯尔尼公约》签约

1882 年,ALAI 召开罗马会议,提出国际层面上保护版权,1883—1986 年在瑞士伯尔尼召开了四次会议。瑞士政府于 1886 年 9 月 9 日在伯尔尼举行的第三次大会上予以通过,定名为《保护文学和艺术作品伯尔尼公约》(Berne Convention for the Protection of Literary and Artistic Works,简称《伯尔尼公约》)。原始签字国有英国、法国、德国、意大利、瑞士、比利时、西班牙、利比里亚、海地和突尼斯。1887 年 9 月 5 日签字国互换批准书(只有利比里亚没有批准),公约 3 个月后生效(1887 年 12 月),这就是世界上第一个国际版权公约,所有参加这一公约的国家组成一个联盟,称伯尔尼联盟。并选出了联盟的国际局,规定了以后参加国应履行的手续,公约的修订程序。

截至 2018 年 6 月 2 日,随着阿富汗成为该公约新缔约国,该公约缔约方总数达到 176 个国家。1992 年 10 月 15 日中国成为该公约成员国。而早在 1990 年 9 月 7 日,即加入该公约前两年,我国就已制定了与该公约相配套的《中华人民共和国著作权法》(第七届全国人大常委会第十五次会议通过,1991 年 6 月 1 日实行),从而也就为我国加入该公约提供了法律保障。

二、国际版权保护的发展

(一)《伯尔尼公约》的修订

1896 年,公约成员国代表在巴黎举行了一次增补公约内容的会议。增补的主要内容有:

(1)国民待遇原则将不仅适用于公约成员国国民,而且适用于将其作品于公约成员国首次出版的非公约成员国国民。

(2)对"出版"下了定义,指出仅有"间接传播方式"(复制)属于出版,展览、演出等"直

接传播方式"不属于出版。

(3)延长了翻译权的保护期。

1908 年在柏林进行了第一次修订,改变了公约原有的大部分条款。主要的变动有:

(1)取消了对出版权国际保护所要求的一切附加标记或手续,实行"自动保护"原则。

(2)扩大了受公约保护的客体的范围。

(3)规定把翻译权保护期延长到与作品整个版权的保护期相同。

(4)确定了作品整个版权保护期为"作者有生之年加死后 50 年"。

1914 年,第一次世界大战刚刚爆发时,对公约作了第二次增补,旨在对交战中的敌对国不保护或降低保护其国家的作品予以报复。增补的内容是:对于非公约成员国国民,又不在本国居住的外国作者,即使其作品在成员国中首次出版,也可以对其保护作某些限制。

1928 年在罗马进行第二次修订,修订了下列内容:

(1)对广播作品开始保护。

(2)把口头作品归入受公约保护的范围。

(3)宣布对作者的"精神权利"给予保护。

(4)对公约补充条款追溯效力。

1948 年,在布鲁塞尔对公约进行了第三次修订,修订了下列内容:

(1)国际法的规范对于成员国国内法来讲,应处于制约地位。

(2)将实用艺术品增加为公约保护的对象。

(3)将文学艺术作品的汇集(如百科全书、资料汇编)增加为公约保护的对象。

(4)法律条文、政府文件及其译本被列为"可保护"对象。

(5)对广播作品的保护方式进一步具体化。

(6)对"合理使用"及其他限制版权的规定进一步具体化。

(7)把"追续权"列为"可保护"内容。

(8)对"出版"下了进一步的具体定义(即:必须以制作大量复制本并使公众可以获得的方式进行传播)。

(9)对"国民待遇"的适用范围进一步扩大。

(10)对不同作品的保护期的计算方法分别做出具体规定。

1967 年,在斯德哥尔摩举行了第四次修订《伯尔尼公约》的大会。在这次修订会上通过了一份作为《伯尔尼公约》一个组成部分的"关于发展中国家的议定书"。由于可能被发展中国家使用的作品主要来源于发达国家,所以这个议定书一直没有被发达国家所承认。又由于斯德哥尔摩文本规定了议定书仅能约束承认它的那些成员国,所以在实际上这个议定书起不了什么作用。到 1971 年修订《伯尔尼公约》时,该文本在第二十九条之二及第三十四条第 2 款中,对斯德哥尔摩议定书做出了失效的规定。

1971 年,在巴黎对《伯尔尼公约》进行了第五次修订。修订后的《伯尔尼公约》的实体条文没有原则上的变动,它的实质性条文则是绝大多数成员国已经批准了的。

(二)《世界版权公约》的签署

伯尔尼公约外的国家发现《伯尔尼公约》的标准与其本国发展标准或自身法律传统不

相容。其中最重要的原因是不承认精神权利,还有就是如果国内立法规定的保护期较短,则需要完成一定的手续,如以作品的登记作为保护的条件。

1952 年,为了解决上述问题,联合国教科文组织在日内瓦召开外交会议,正式通过《世界版权公约》。这是继《伯尔尼公约》后又一个重要的国际性著作权公约。1971 年 7 月在巴黎修订。全文共 21 条及 2 个附件。

(三)《罗马公约》

《保护表演者、录音制品制作者和广播组织罗马公约》(Rome Convention for the Protection of Performers,Producers of Phonograms and Broadcasting Organizations),简称《罗马公约》。1961 年 10 月 26 日,由国际劳工组织与世界知识产权组织及联合国教育、科学及文化组织共同发起,在罗马缔结了本公约。公约于 1964 年 5 月 18 日 40 国签署并生效。

三、国际版权保护的完善

通过上述公约,各国在共同保护版权方面取得了巨大的成就,推动了世界文明的进程。然而,随着形势的发展,已有的体制也暴露出一些不足之处。例如,这些国际公约普遍注意实体规范,而忽视了公约实施方面的规范。由于执法手段的不力,它们在实践中的作用受到了很大的限制。又如,由于发展中国家近年来在国际知识产权舞台上的力量越来越大,各国出于不同的利益需要,很难在知识产权包括版权保护的问题上达成共识,致使原来大约每 20 年修订一次的节奏逐渐缓慢甚至停滞下来。在这种情况下,已有的版权公约已经不能满足国际贸易发展的需要,因此,新的国际公约便应运而生了。

TRIPS 即《与贸易有关的知识产权协定》,它是各国在原《关税与贸易总协定》体制内讨论知识产权保护问题所达成的协议。1993 年 12 月 15 日获得正式通过,作为世界贸易组织范围内的一个分协定,于 1995 年 1 月 1 日生效。

TRIPS 的独特之处,在于它广泛地表达了工业产权和著作权(其中第二部分第一节、第九至十四条是关于著作权和邻接权的规定),同时包括了实体法和执法程序的内容,它将知识产权的对象都纳入了国际贸易法的体制之中。由于它是《1994 年关税与贸易总协定》的强制性附件,迫使许多过去对国际知识产权保护没有兴趣的国家不得不接受它,否则他们就不能享受世贸组织带来的自由贸易的利益,尤其在减少关税壁垒和非关税壁垒,以及农产品和纺织品获准进入工业化国家的市场等方面的利益。正因为如此,TRIPS 很有可能成为最具世界意义的知识产权保护协议。

1994 年,《与贸易有关的知识产权协定》(TRIPS)在摩洛哥马拉喀什签署,将知识产权保护同贸易问题联系起来,特别是通过 WTO 争端解决可对违反协定的成员进行贸易制裁。

1996 年 2 月,世界知识产权组织(WIPO)在日内瓦召开了关于版权和邻接权的若干问题的外交会议,通过了关于版权和邻接权保护的新公约,即《世界知识产权组织版权条约》(WCT)与《世界知识产权组织表演和录音制品条约》(WPPT)。这两个条约的制订,

主要是为了解决新技术,尤其是在数字技术和网络环境下使用作品所引起的版权和邻接权保护问题。它们充分弥补了原《伯尔尼公约》和《罗马公约》的不足,对版权和邻接权的国际保护产生重要的影响。

1996年,120个国家代表通过了WCT和WPPT。

《世界知识产权组织版权条约》属于《伯尔尼公约》所称的特别协议,涉及数字环境中对作品及其作者权利的保护。除了《伯尔尼公约》承认的权利之外,作品和作者还被授予某些经济权利。条约还涉及受版权保护的两个客体:计算机程序,无论其表达方式或表达形式如何;数据或其他资料的汇编("数据库")。

第二节　主要的国际版权公约

一、《伯尔尼公约》

国际公约(中)

《伯尔尼公约》于1886年9月在瑞士的伯尔尼签订,是世界上第一个著作权国际公约,我国于1992年10月加入该公约。《伯尔尼公约》的主要内容如下。

(一)基本原则

一是国民待遇原则,即所有成员国国民的作品,或在某一成员国首先发表的作品,在其他任何成员国内部享有该国法律给予本国国民的作品的同等保护;二是自动保护原则,即享受国民待遇的作者,在成员国获得的保护,不需要履行任何手续;三是独立保护原则,即成员国按照本国著作权法保护其他成员国的作品,而不论该作品在其本国是否受到保护。

(二)最低限度规定

各成员国给予著作权人的保护水平不低于公约规定的标准。具体规定有:

(1)受保护的作品。《伯尔尼公约》规定保护文学、艺术、科学领域的一切作品,而不论其表现形式或表现方法如何。

(2)保护权利的内容。《伯尔尼公约》规定的经济权利包括翻译权、复制权、表演权、改编权、广播权、公开表演权、摄制电影权等;精神权利包括作者身份权、保护作品完整权。

(3)保护期限。精神权利的保护期在作者死亡后仍然有效,至少到其经济权利保护期届满为止。经济权利的保护期,一般作品保护期为作者有生之年再加死亡后50年,电影作品为作品放映或完成后50年,实用艺术作品和摄影作品的保护期不得少于创作完成后25年。

(三)对发展中国家的特殊规定

为了使发展中国家在不过分增加其经济负担的情况下获得对外国作品的合法使用,

《伯尔尼公约》规定了对发展中国家的优惠条款,即翻译和复制的强制许可使用。但是《伯尔尼公约》在规定强制许可时,附加了许多限制条件,使这项制度基本上属于名义上的,并无太大实效。

二、《世界版权公约》

《世界版权公约》于 1952 年 9 月在瑞士日内瓦签订,我国于 1992 年 10 月加入该公约。

《世界版权公约》的主要内容为《伯尔尼公约》所覆盖,且保护水平略低于《伯尔尼公约》。其区别主要表现在:

(一)国民待遇原则

该公约规定,缔约国可依据本国法律,将该国有惯常住所的任何人视为本国国民,但是是否给予国民待遇,该缔约国有选择的权力。

(二)权利的主体与客体

该公约规定,权利主体为"作者及其他版权所有人",而《伯尔尼公约》限定为作者。该公约客体的范围较为笼统,未像《伯尔尼公约》那样详细列出受保护的作品种类。

(三)权利内容与期限

该公约未明确保护作者的精神权利,是否保护由各国立法决定,对经济权利,也未详细列举。此外,该公约规定的保护期较短,一般作品为作者有生之年再加死亡后 25 年,使用艺术作品和摄影作品的保护期不少于 10 年。

(四)版权标记

该公约要求作品在首次发表时,其每一复制件均须注明著作权标记©、著作权人姓名、首次出版时间。

三、《罗马公约》

《罗马公约》于 1961 年 10 月在意大利罗马通过,只有《伯尔尼公约》和《世界版权公约》的成员方可加入该公约,我国未加入该公约。

《罗马公约》是关于邻接权保护的国际公约,其主要内容有:

(一)邻接权与著作权保护的关系

国际公约(下)

该公约给予的邻接权保护,将不改变也不影响文学、艺术、作品的著作权保护。

(二)对表演者权利的保护

表演者是指演员、歌唱家、音乐家、舞蹈家以及其他表演文学、艺术作品的人。表演者

的权利主要有：不得未经表演者同意而广播或向公众传送"实况"表演；不得未经表演者同意，对表演实况进行录制；不得复制未经表演者同意而录制的原始复制品，或是复制品超出他们允许的范围。

（三）对录音制作者权利的保护

录音制作者是指首次将表演的声音或其他声音录制下来的自然人或法人。凡录音制作者，有权许可或禁止对他们的录音制品进行间接或直接的复制。

（四）对广播组织权利的保护

广播组织有权许可或禁止转播其广播节目，有权许可或禁止对其广播进行录制，有权许可或禁止复制未经许可的广播节目录制品或为非法目的复制合法制作的广播节目录制品，以及在向公众收费的场所传送广播节目。

（五）邻接权的保护期限

上述权利的保护期不少于 20 年。

四、TRIPS

TRIPS（《与贸易相关的知识产权协定》）的基本原则是最低保护标准原则、国民待遇原则、最惠国待遇原则。TRIPS 明确了与《伯尔尼公约》的关系，要求缔约方必须遵守《伯尔尼公约》(1971 年文本)第一至二十一条及附件(即对发展中国家的优惠)的规定，但该公约第八条关于著作精神权利的规定除外。协议规定了具体的保护事项：对计算机软件作为文字作品保护；对构成智力创作而编排的数据库作为文字汇编作品给予保护，而不论其以机器阅读形式或其他形式出现；对计算机软件和摄影作品规定了出租权。在保护期限方面，协议与《伯尔尼公约》一致，但特别规定，除摄影作品与实用美术作品外，对一切不以自然人的生命为基础计算保护期限的作品，有效期不应少于授权出版之年末起 50 年，作品创作完成后 50 年内未授权出版的，保护期不应少于作品创作完成之年末起 50 年。

TRIPS 对邻接权的保护。协议规定，缔约方对邻接权保护的义务，只限于协议规定本身。关于表演者和唱片制作者的权利，协议的规定与《罗马公约》相同；关于广播组织的权利，协议与《罗马公约》有所不同，它规定了禁止他人擅自录制其广播节目和复制此种录制品，以及转播或以原样传播其广播节目的权利，但未规定许可权，同时协议并无《罗马公约》关于传播或转播节目是在收门票的公共场所的限定。关于邻接权的保护期限，表演者、唱片制作者的权利不少于表演发生、录制发生或被广播之年末起 50 年，广播组织的权利不少于自广播发生之年末起 20 年。

五、《世界知识产权组织版权条约》（WCT）与《世界知识产权组织表演和录音制品条约》（WPPT）

1996 年 2 月，世界知识产权组织（WIPO）在日内瓦召开了关于版权和邻接权的若干问题的外交会议,通过了关于版权和邻接权保护的新公约,即《世界知识产权组织版权条约》(WCT)与《世界知识产权组织表演和录音制品条约》(WPPT)。截至 2003 年 8 月 4 日,WCT 已有 41 个成员。截至 2003 年 1 月 31 日,WPPT 已有 42 个成员。

(一)WCT 的主要内容

第一,与《伯尔尼公约》的关系。该公约是《伯尔尼公约》下面的一个专门协议,不得与《伯尔尼公约》以外的条约有任何关联,也不得损害依其他任何条约产生的任何权利和义务。

第二,保护范围。条约第二条规定,版权保护延及表达,但不延及思想、过程、操作方法和数学概念之类。条约第五条还明确要求对具有独创性的数据库予以保护。

第三,权利内容。条约规定了发行权、出租权、传输权、技术保护权、权利管理信息权。

第四,保护期。该条约第九条专门将《伯尔尼公约》规定较短的摄影作品的保护期限延长为 50 年。

第五,对版权人的限制。第十条规定,对权利的限制不得与作品的正常使用相冲突,也不得不合理地损害权利人的利益。

(二)WPPT 的主要内容

第一,与其他公约的关系。该条约的任何内容不得减损缔约方需要依《罗马公约》已承担的义务,不得触动对版权人的保护,不得与其他条约有任何关联。

第二,国民待遇原则。该条约第三、四条规定了国民待遇原则,并且“国民”的含义适用《罗马公约》的规定。

第三,表演者的权利。表演者享有的精神权利,包括表明表演者身份的权利和保护其表演形象不受歪曲、篡改的权利。表演者享有的经济权利,包括对于未录制的表演的广播权和录制权,对已录制表演的复制权,对录制表演唱片的发行权、出租权、传播权和传播其表演获得一次性报酬的权利。传播权的规定有利于解决网络传输引起的邻接权问题。

第四,唱片制作者的权利。唱片制作者享有对唱片的复制权、发行权、出租权、提供唱片的权利和因广播和传播唱片而获得一次性报酬的权利。

第五,保护期。该条约十七条规定,表演者和唱片制作者的保护期限至少应为 50 年。

第六,权利的获得条件。该公约规定,享有和行使本条约规定的权利无须履行任何手续。

第七,对权利的限制。该条约十六条规定,对权利的限制不得与作品的正常使用相冲突,也不得不合理地损害保护者的权益。

第三节　西方主要国家的版权法

一、英国版权法

英国现行的版权法包括 1988 年的版权法,《外观设计与专利法》的第一编“版权法”。

其特点是把受保护的作品分为两大部类以区别于绝大多数国家版权法。第一类作品属于一般意义上的文学、艺术作品,第二类作品属于特殊种类的作品。英国版权法还将工业品外观设计图作为其保护的客体,并规定了一些如女王著作权等特殊的著作权。英国基本上承认"权利穷竭原则"。对作品的精神权利也做出明确的规定。英国加入的国际公约有《世界版权公约》《伯尔尼公约》《罗马公约》《日内瓦公约》。

英国版权法的主要内容有:

(一)被保护的作品

将作品以物质载体形式固定下来是受保护的形式条件,"独创性"是作品受保护的实质条件。第一类作品有文字作品、戏剧作品、音乐作品、艺术作品,第二类作品有录音制品、影片、广播电视节目、版本的版面设计。此外,对标题、角色、实用美术作品以及政府作品是否受版权法保护也作了规定。

(二)权利主体

作者包括作品的创作者和享受邻接权的主体,其他版权人包括作者的继承人、版权转让中的受让人、国家或专门组织。

(三)权利内容

精神权利包括四项内容:作者或导演身份权、反对对作品进行损害性处理的权利、反对"冒名"的权利、某些照片与影片的隐私权。同时还规定了许多附加的条件和例外。经济权利包括:复制权,公开发行权,公开表演、放映或播放权,广播或将作品收入电视节目服务权,改编权。一般作品的保护期限为作者终生再加死亡后50年。特殊规定的除外。

(四)权利限制

版权法规定了对作品的合理使用。现行法第二十八条规定,合理使用是"可以实施而不侵犯版权的行为",但合理使用限于法律明确规定的情形,"不应被引申为规定了被任何作品之版权所禁止之行为的范围"。

(五)权利利用

作者的经济权利可以像动产一样以合同形式转让,或通过遗嘱处理,或执行法律的方式转移,转让须以书面形式操作。版权不能全部转让,但可以转让将来的版权。转让受公共秩序和合作作品版权交易的限制。英国法院认为,出版合同在普通法上应该考虑公共秩序,同时,版权贸易也要考虑由于适用竞争规则(反托拉斯法)而产生的公共秩序问题。合作作品的作者在转让著作权时要征得全体合作人的同意。

二、法国版权法

法国现行的版权法是1992年1月通过的《知识产权法典》之"文学、艺术产权"部分,历经 8 次主要的修订。加入的国际条约主要有《世界版权公约》《伯尔尼公约》《罗马公约》《日内瓦公约》。

法国版权法的主要内容有:

(一)保护条件

保护作者对其创作的各种形式的智力作品的权利,而不论智力作品的种类、表达方式、价值、目的。

(二)被保护的作品

作品可以是书面的,口述的,视觉展示出来的,也可以是借由某种物质材料作为媒介表现出来的。从作品的分类来看,可以分为原始作品和演绎作品。原始作品包括:(1)书籍、手册以及其他关于文学、艺术,科学的文字作品;(2)演讲、演说、讲道、辩护词以及其他同类性质的作品;(3)戏剧和音乐剧作品;(4)舞蹈作品、技艺表演、马戏杂技、哑剧,以及其他对文字作品的表演形式;(5)有词和无词的音乐作品;(6)电影作品以及其他由一系列动作影像构成的有声或无声的音像作品;(7)绘画、油画、建筑、雕塑、雕刻以及石板画;(8)刻印和印刷作品,摄影作品以及以类似摄影技术拍摄的作品;(9)实用艺术作品;(10)插图和地图;(11)与地理、地址解剖图、建筑、科学相关的平面图、草图、三维立体图;(12)计算机软件以及制作计算机软件的相关文档;(13)季节性服装工业作品。演绎作品包括:翻译作品、改编作品、汇编作品、数据库等。

(三)权利主体

作者只能是自然人,但集体作品的版权属于以其名义发表的自然人或法人,其他版权人包括通过受让或继承的方式成为的版权所有人。

(四)权利内容

精神权利包括:作者有权使用其姓名、资格和作品受到尊重,发表权,反悔、收回权(即作者即使转让了使用权,甚至在作品出版之后,仍有对受让人反悔、收回的权利),结集出版权。经济权利包括:开发利用权、使用确定权、转让报酬权、翻译权、改编权、汇编权、出租权。法国是最早提出绘画和造型艺术作品的作者享有追续权的国家。所谓追续权,即作者即使全部转让了原作,仍有不可剥夺的权利分享该作品以公开拍卖或通过商人进行销售的收益,提取所得比例统一定为 3%,且适用于售价在规定数额以上的销售。此外,法国还对软件作品作者的使用权作了特别的规定。一般作者的保护期为作者终生再加死亡后 50 年。

(五)邻接权

邻接权具体包括表演者权,即表演者享有的精神权利和经济权利。精神权利是表演者享有要求尊重其姓名、资格和表演的权利,该权利可以转让给其继承人。经济权利包括许可他人从现场直播其表演或许可他人为营利目的复制录像,并获得报酬的权利。

唱片制作者权,仅限于财产权,除法定许可限制外,所有对唱片的复制,以销售、交

换、租赁的形式让公众使用或向公众传播之前,都必须得到唱片制作者的同意。

录像制品制作者权。仅限于财产权,主要指所有复制,以出售、交换、租赁的形式让公众使用或向公众播放录像制品之前,都必须得到作者的授权。

视听传播企业的权利。复制并以销售、租赁或交换的形式让公众使用,以及无线传播或在需要购票进入的场所向公众传播视听节目,都需要得到视听传播企业的授权。

(六)权利限制

对著作权的限制是合理使用,但对合理使用的规定比较简略。

(七)权利利用

转让遵循以下规则:转让的权利仅限于表演权和复制权这两种使用权;全部转让未来的作品无效。转让可以有偿,也可以无偿;转让应采取合同形式。转让的限制是:无形财产的所有权独立于对具体物品的所有权;作者享有对受让人反悔、收回的权利;绘画和造型艺术作品的作者享有追续权。转让费用的支付方式为:一般实行比例分成的支付方式;一些情况下可对作者的报酬进行一次性估计;年金式。

三、美国版权法

美国现行的版权法是 1976 年制定的,它是前版权法的修正本。它的主要特点是:对版权保护对象的范围大为增加;注重对版权人经济权利的保护;承认"权利穷竭原则";放弃了严格的版权标记和登记制度。美国加入的版权国际条约主要有《世界版权公约》《伯尔尼公约》《墨西哥城著作权公约》《布宜诺斯艾利斯公约》《日内瓦公约》。

美国版权法的主要内容有:

(一)被保护的作品

受美国版权法保护的作品必须是"用现有的或将来制造出来的任何物质表现形式固定下来,直接或借助于机械装置,能被人们觉察到、复制或用其他方法传播的原作"。主要有文字作品、音乐作品、戏剧作品、哑剧作品和舞蹈作品、图片绘画作品及雕塑作品、电影作品与其他视听作品、录音制品、建筑作品。口头作品未经固定,不受保护。版权的保护范围仅限于作品的表现形式,而不扩及其思想内容。

(二)权利主体

美国版权法第 101 条规定"版权的所有人",是指版权中包含任一特定专有权利的所有人。可见,在美国,版权人既包括作者,也包括其他依照该法规定享有版权中包含的任一特定专有权利的人。

(三)权利内容

美国版权法第 106 条(A)规定,可观赏艺术作品的作者享有两项排他性的精神权利,即作者身份权和保护作品的完整权。经济权利则主要由复制权、演绎权、发行权、演出权、展览权等。采取自动保护主义,登记仅与侵权诉讼有关,即登记仅作为对某些侵权行为提出起诉的条件。

(四)邻接权

直接将录音制品、广播节目等列为版权保护的客体,赋予其制作者如同版权人一样的专有权利。在此基础上,又做了些特别的限制。例如,第 114 条"录音制品的专有权利的范围"即强调录音制品的专有权利仅限于复制和编写演绎和传播其复制品,且该专有权利不是用于通过公共广播系统所播放的电视教育和广播电视教育节目的录音制品。

(五)权利限制

美国对版权的权利限制,有合理使用和强制许可。合理使用的规定集中体现在该法第 107 条之中,该条不仅列举了批评与评论,新闻报道、教学活动及学术研究等传统的合理使用范畴,而且还列出了判断合理使用与否的四条标准。对于强制许可的使用规定比较详细,有通过有线广播系统的二次播送(第 111 条);制作和传播非戏剧的音乐作品的录音制品(第 116 条);通过自动点唱机公开演奏的非戏剧的音乐作品(第 116 条);使用某些与非商业性广播有关的作品(第 118 条)等。

(六)权利的利用

版权转让在美国是作为一项动产转移的,一般遵循自愿原则。组成版权的任何专有权利,均可依法全部或部分转让。作者和其他特定继承人对转让可行使终止权,予以终止。转让应通过书面形式,并应由被转移的权利所有人或其他正式授权的代理人签字,否则无效。转让费用由转让方和受让方协商确定。

四、日本版权法

在日本,保护作者权利的法律依据主要有昭和四十五年(1970 年)颁布的《日本版权法》和《版权法实施规则》,以及为实施所加入的版权保护条约而制定的具体法律。日本加入的国际条约主要有《世界版权公约》《伯尔尼公约》《罗马公约》《日内瓦公约》。

日本版权法的主要内容有:

(一)被保护的作品

作品是用来创作表现思想或情感并属于文学、艺术或音乐领域的原作。包括:语言作品、音乐作品、舞蹈和哑剧作品、美术作品、建筑作品、图形作品、电影作品、摄影作品、程序作品。还规定了派生作品、编辑作品享有版权。

(二)权利主体

作者是指创作作品的人,其他版权人包括作者的继承人、通过转让合同而成为版权所

有人的人或国家。作者的确定使用"推定"原则,即在作品原件上或在作品向公众发表时注明姓名、名称、笔名、缩写或其他替代名称的人,视为该作品的作者。

(三)权利内容

精神权利包括发表权、署名权、保护作品完整权。经济权利包括复制权、表演权、广播或播放权、口述作品权、展览作品权、公开上映或发行电影作品权、公开借贷作品复制品的权利、翻译或改编作品的权利。经济权利的保护期为作者有生之年加死亡后 50 年,对于匿名作品和使用笔名作品或法人作品,保护期为自该作品发表之日起 50 年,电影作品和摄影作品的保护期也为自该作品发表之日起 50 年。

(四)邻接权

表演者权利包括录音和录像权、广播权和有线播放权、一次使用唱片权、借贷权。唱片制作者的权利包括复制权、商用唱片的二次使用权、借贷权。广播事业者的权利包括复制权、再广播和有线广播权、电视广播的传播权。

(五)权利限制

对版权的限制有合理使用、强制许可、法定许可制度。

(六)权利利用

版权允许全部或部分转让,转让应以书面形式进行,且必须在文化厅著作权登录簿上登记。版权其他利用方式有许可使用、版权抵押、出版权设定(复制权所有人设定了以该复制权为标的物质权时,只要获得了拥有该质权人的承诺,即可设定出版权)。

五、俄罗斯版权法

俄罗斯的版权法起始于 1993 年 7 月 9 日颁布的《俄罗斯联邦著作权和邻接权法》。2006 年 12 月,《俄罗斯有关邦民法典》第四部分"知识产权编"通过,对 1993 年《俄罗斯联邦著作权和邻接权法》中的创作、利用作品和邻接权客体产生的关系进行了大量调整。且特点是:现行法从《俄罗斯联邦民法典》中分离出来,而成为民事特别法;现行法将版权与邻接权相提并论;规定内容全面,在保护对象、权利内容、合理使用、集体管理等方面较以前的法律有较大的差异和突破,比较贴近版权立法现代化的趋势。

俄罗斯版权法的主要内容有:

(一)被保护的作品

保护条件是受保护的作品必须是创作活动的成果,作品必须以客观形式存在方能受著作权保护,著作权保护不及思想内容本身;保护作品的种类有文字作品(包括计算机作品),戏剧、音乐剧和舞台剧,舞蹈作品、哑剧,带词或不带词的音乐作品,影视作品(电影、电视和录像、幻灯片和其他影视作品),绘画、雕塑、线条艺术作品、艺术设计作品、图解故事、连环画和其他造型艺术作品,表演使用艺术作品、舞台美术作品,建筑作品、城市建筑作品和图形艺术作品,摄影功能作品和以类似摄影的方法得到的作品,地理图、地质图及其他地图、平面图,与地理学、测量学和其他科学有关的造型作品。

(二)权利主体

版权的所有人有两大类:一是作者,即以其创造性劳动创作出作品的自然人;二是其他版权人,包括作者的继承人、受赠予人、受让人,以及职务作品中的雇主都可以成为版权的主体。

(三)权利内容

精神权利:俄罗斯称为人身非财产权,包括作者身份权、署名权、发表权、保护作者名誉权。经济权利:包括复制权、发行权、进口权、公开展示权、公开表演权、无线播放权、电缆公开传播权、翻译权、改编权。权利的产生基于创作事实,不需要登记及履行其他手续。有效期限是除发表权的精神权利永远受保护,经济权利为作者终生再加死亡后 50 年,并对特殊作品的保护期作了专门的规定。

(四)邻接权

表演者权包括署名权、保护表演和演出免受任何歪曲或其他有损于表演者名誉和人格之损害的权利、以任何形式使用表演或演出的权利、因表演或演出的每一种使用方式获得报酬的权利。唱片制作者包括对于其制作的唱片享有以任何形式使用唱片的专有权利和获得报酬权。无线电播放组织权包括对于其播放的节目享有以任何形式使用和发放节目使用许可的专有权利和获得报酬权。电缆组织权包括对于其播放的节目享有以任何形式使用和发放节目使用许可的专有权利和获得报酬权。

(五)权利限制

包括合理使用和法定许可。

(六)权利利用

转让规则:经济权利应该按照版权合同转让,但也可以适用继承、赠予的转让方式。转让的形式:主要采用书面形式。转让的限制:作者将来可能创作作品的使用权不能成为转让合同的标的物,与本法冲突的版权转让合同条件是无效条件。

课后习题

1.《罗马公约》是在什么情况下签署的?

2.1994 年和 1996 年签署的世界版权组织的两个条约分别叫什么? 它们的主要内容是什么?

第七章　版权贸易历史与现状

第一节　版权贸易的历史

概括讲,国际版权贸易产生与发展,源于两个方面的原因:一是社会技术经济尤其是印刷技术与音像电子传播技术的发展,二是国际版权保护的立法进程。据此可以将版权贸易的历史发展划分为3个阶段。

一、萌芽阶段

这一阶段为19世纪末以前的历史时期,在这个漫长的历史时期中,版权意识逐渐萌生,也产生了几部版权保护的国内法,但真正意义上的对外版权贸易尚未出现。

作品从一开始创作时就存在作者的权利,但是直到近代人们才开始意识到他们享有这方面的专有权利。如今,有一部分人,以写作作为一种职业谋生。然而,在古代社会里,大多数作者创作作品不是为自己谋生,而是为政府(如法律、历史、税收记录等)、宗教(如经书、祈祷书、神职人员等)或教育(如学校算术、手写图书等)和其他与非小说领域有联系的具体目的而创作的。在西方封建社会里,如果人们把写作当作一种手段,那么一定是为国王、贵族或教堂高级僧侣服务的,受到他们的保护,并作为一种专职服务人员而不是作品的作者接受他们的物质报酬。当时文学人士创作诗歌等文学作品,除一小部分人(如戏剧作家)直接从作品创作中享受到经济权利之外,大多数人只是出于自身的精神需求去创作,没有商业性目的。对于少数人出版他人作品抄本的"书肆",作者不仅不认为自己的利益受到损害,反而认为宣传了自己的思想,希望别人传抄,更不会意识到对其创作或传播的作品提出权利要求。加之社会文化普及程度极低,文化为宗教和世俗统治者所垄断,不存在对作品及其传播的广泛的社会需求,作品复制者对作品复制活动没有经济动力。在探求版权保护思想萌发的讨论中,有一个典型的"牛犊归母牛"的传说值得一提:在中世纪的爱尔兰,有位号称"加里多尼使徒"的科伦巴,有一次他去拜访他的老师——修道院院长芬尼安,拜访期间,科伦巴擅自抄写了院长的作品《萨尔特》,院长发现后大怒,要科伦巴交出抄本,但遭到年轻学者的拒绝。官司打到国王那里,院长称作品是他自己创作的,他人复制要获得他的许可,而学生称自己抄写复本是为了广泛宣传教义。

国王的宣判是:"牛犊归母牛,复本归原稿。"在这里,虽然修道院院长意识到了自己对所创作作品的某些权利,但不是为了物质利益。因此,总体来讲,在这一漫长的历史时期,既没有以"写书为生"的作者,也没有以"卖书为生"的复制印刷商,也就不可能有现代意义上的版权意识,更没有版权贸易可言。

随着社会文明程度的提高,读书识字、著书立说已经不再是王公贵族、僧侣牧师的专有权。在中国,自汉武帝"独尊儒术"和采取考试方式录取官吏以来,官学、私学迅速发展,欲通过苦读儒家经书走上仕途的读书人越来越多,社会对书籍的需求越来越大,这种不断扩大的需求推动了书籍抄录复制业的兴旺和印刷术的发明。我国发明的雕版印刷术,给印刷业带来了革命性变化——印刷方法简单,时间缩短,而且成本降低。这使得作品的大批量复制成为可能,书籍印刷业的商业性魅力方才显露出来。各类官办和民办印刷机构逐渐增多,为了垄断某些书籍的印刷销售,防止他人翻印,民间印刷商开始寻求官府的保护,由皇帝或地方官员事先审查,发榜文准其独家印制销售,严禁他人翻印。原始的版权保护思想与实践便由此产生。南宋时期,四川眉山是我国刻板印书中心,程舍人宅是当时较有名气的一家刻书铺,其刻印的北宋史书《东都事略》目录页上附有:"眉山程舍人宅刊行,已申上司,不许复板。"至于版权在我国究竟起源于何时,尚无定论。大约在1450年,德国印刷商约翰·古登堡发明了合金活字的活版印刷术,并率先用此技术印制了《圣经》,这使得在过去较长的一个时期里,西方不少著作权法学者将此视作版权保护的发端。直到20世纪下半叶,理论界才对版权源于欧洲的论点发生质疑,并加以澄清。联合国教科文组织曾明确指出:"有人把版权的起因与15世纪欧洲印刷术的发明联系在一起,但是,印刷术在很多世纪以前就已在中国和朝鲜存在,只不过欧洲人还不知道而已。"

版权意识的产生和扩张,推动着版权立法与版权贸易的形成与发展。英国是西方版权制度创立最早的国家。成立于理查德三世时期的文具商行会(The Guide of Stationers)对当时图书版权贸易的兴起与发展,以及对后续16世纪英国皇室颁发相关法令都有着直接的影响。15世纪的英国文具商,作为现代出版商的始祖,已经具有风险投资意识。他们主要通过一次性买断作品印制权利的方式从作者手中获得作品印制、出售的垄断权,并负责投资进行印刷、推介与销售。所有这些经营过程都处于文具商行会的监控之下。为了强化这一监控,文具商行业希望有权威性法规作为后盾,皇室也希望借此来控制舆论和增加税收。1556年,玛丽女王授予文具商行会第一个皇家宪章,成立文具商公司(The Stationer's Company)来全权负责书籍印刷的管理,并颁布了《星法院法》,由法院制定一系列法令授权书籍印刷的管理,并授权文具商公司销毁非法图书,而且一部作品只有经文具商公司审查、登记并发放许可证之后方可出版。1662年,英国颁布了《许可证法》(The Licensing Act),首次以法律形式使这一许可证制度合法化。

由此可见,图书的印刷保护均来源于封建帝王或其授予垄断权的"代言者",原始的版权保护制度已经形成,版权贸易也已经产生。但这种垄断权实为一种封建特权,受益者是封建帝王和印刷商,而不是辛勤劳作的作者。

17世纪资产阶级革命的兴起,使"私有财产不可侵犯"和"人生来自由平等"的新思想成为版权保护新的理论依据。在这种背景下,1709年英国通过了世界上第一部著作权法《安娜法令》,它因首次将作品作者而不是作品印刷商作为版权保护的主体而成为版权立法史上一个重要的里程碑。1790年美国效仿《安娜法令》制定了美国历史上第一部联邦

著作权法。18 世纪末,法国资产阶级革命提出的"天赋人权"思想把欧洲版权观念和版权保护推向了一个新的发展阶段。法国分别于 1791 年和 1973 年颁布了《表演法令》和《复制法令》。各国版权保护立法速度的加快,为版权贸易的开展提供了法律基础和保障。但由于没有一个多边版权协约,绝大多数版权贸易也只限于一国之内而未能实现跨国交易。

二、形成阶段

19 世纪中期以后,国际文化交流日益频繁,擅自复制、出版他国作品的现象逐渐增多。当时,一些欧洲国家间以互惠方式保护对方国家作品版权的努力推动了国际版权立法的进程。1886 年 9 月,英国、法国、德国、意大利、比利时、瑞士、西班牙等国家在瑞士首都伯尔尼召开了历史上第一次国际著作权会议,通过了《保护文学艺术作品伯尔尼公约》。这是世界上第一个国际版权公约,使国际版权贸易有了法律基础,促进了国际版权贸易的兴起与发展。美国当时的出版业及作品数量与欧洲发达国家相去甚远,参加公约对其不利,因而美国当时未在公约上签字。第二次世界大战后,美国的科技水平和经济实力发展很快,超过了其他所有资本主义国家,文艺和科技作品数量猛增,出版商、电影制片商、音像制作商都迫切需要谋求海外市场。但因美国不是《伯尔尼公约》成员国,其作品在英、法等欧洲国家得不到保护,这直接影响了美国的利益。当时处于经济高速发展期的美国,其图书市场需求旺、潜力大,英、法、德等欧洲国家也希望其作品能打入美国市场。这样,经过数年磋商,1952 年,在联合国教科文组织的召集下,50 多个国家代表在日内瓦讨论通过了《世界版权公约》。当时,法、德、美等 40 个国家在公约上签了字。这使得世界两大版权市场——欧洲市场和美洲市场连接起来了,使国际版权贸易得到进一步发展。

如果说印刷术的发明与应用导致了版权概念与版权贸易的产生与发展,那么,19 世纪诞生的留声机、照相术等音像、影视传播技术的广泛应用则导致了邻接权概念与邻接权保护制度的产生与发展。在 20 世纪下半叶,邻接权问题成为关注的一个焦点,邻接权保护制度逐步建立起来。邻接权的国际保护公约主要有三个:1961 年 10 月通过的《保护表演者、录音制品制作者和广播组织罗马公约》(简称《罗马公约》)、1971 年 10 月通过的《保护录音制品制作者防止未经许可复制其录音制品公约》(简称《录音制品公约》)和 1974 年 5 月通过的《关于播送由人造卫星传播载有节目的信号的公约》(简称《布鲁塞尔公约》,也称《卫星公约》)。邻接权保护制度的建立极大地促进了唱片和电影制造业的发展,使之成为一种新兴的有利可图且获利颇丰的行业。在这一时期,国际版权贸易不论在贸易数额还是在贸易内容上都获得了极大的发展。

三、兴盛阶段

这一阶段为 20 世纪 90 年代以来现代国际版权贸易的发展时期。这一时期国际版权贸易发展主要有两个方面:一是数字网络技术的发展与应用,使原版权保护制度中版权贸易的主体、客体之内涵与外延受到挑战,国际社会积极构建网络环境下国际版权保护体系,促进网络环境下的国际版权贸易;二是知识经济的兴起,使包括版权贸易在内的知识产权贸易受到前所未有的重视,各国涉外版权贸易进入了一个新的发展阶段,版权产业在国民经济中占据着越来越重要的地位。

进入 20 世纪 90 年代,计算机技术、光纤技术、网络技术等现代信息技术获得飞速发展和迅速普及,报纸、期刊、图书、音像等各种媒体纷纷上网。一方面,通过网络传输,读者获取信息方便而及时;另一方面,未经授权也未付费而从网上下载作品、删除或更换作品或作者名称再上传,或以文字形式发表等利用网络侵犯作者权利的事件时有发生。数字网络的跨国性决定了解决基于互联网的网络侵权问题需要国际合作。1996 年 12 月 2 日至 20 日,在世界知识产权组织(WIPO)总部日内瓦召开了关于版权与邻接权若干问题的外交会议。WIPO157 个成员中的近 130 个国家的代表和近 90 个政府间和非政府间国际组织的观察员约 700 多人参加了会议。这个国际版权界的盛会的重要成果就是颁发了《世界知识产权组织版权条约》和《世界知识产权组织表演和录音制品条约》。它们可以看作是在数字环境下《伯尔尼公约》、《罗马公约》和《录音制品公约》的发展。这两个条约适应信息传播技术的发展,增加和重新界定了一些数字版权,如增加和明确了作者的网络传输权、发行权和出租权,确认了计算机程序和数据汇编为版权保护的客体,将摄影作品的保护期从作品作者有生之年加 25 年延长至有生之年加 50 年。这些电子版权的确认与数字环境下出版业的发展和版权贸易息息相关,为此,在 WIPO 这两个数字条约数年的研讨中,国际出版界人士也是积极地献计献策。例如,欧洲出版商联合会(The Federation of European Publishers)的代表查理·克拉克在出席 1995 年 5 月 22 日至 24 日在墨西哥召开的全球信息基础设施中的版权问题研讨会上强调,原始著作权法中的合理使用和例外条款已经不合时宜,应当全部予以取消。1996 年 4 月 26 日,国际出版商协会(International Publishers Association)在西班牙巴塞罗那举行第 25 届大会,会议指出,由于数字环境不同于模拟环境,因此,应当取消所有与作品正常使用相抵触的条款。

数字技术的发展不仅导致了国际版权保护史上两个重要的多边协约的产生,而且使国际版权贸易的方式发生了革命性变化,可以说,这两个重要条约的生效是版权和相关领域的国际法历史上的一个重要里程碑,适应了数字时代对知识产权保护的需要,这将有助于因特网、电子商务和文化信息产业的发展。全球电子版权与出版信息的网络化建设正成为国际版权贸易实践与研究的新热点。"国际版权在线"(http://www.rightscenter.com)作为利用互联网开展国际版权贸易的先锋,在 1999 年 10 月 13 日至 18 日举行的第 51 届法兰克福书展版权经理会议上正式亮相,引起了国际书业与版权界的极大反响。其意义不只在于一个简单的版权信息存储中心,而是一个全年开放的网上国际版权贸易博览会,为各国出版商、文学经纪人、版权代理、书探、作者及其他所有从事版权信息交流和贸易的专业人员带来便利。

20 世纪 90 年代以来知识经济的崛起,使得包括版权在内的知识产权与国际贸易日益紧密地结合在一起,知识产权贸易也成为国际贸易的主要形式之一。《关贸总协定》(GATT)和世界贸易组织的《与贸易有关的知识产权协定》(TRIPS)的酝酿、出台、通过、实施,是版权贸易和知识产权贸易成为国际贸易的主要形式和竞争手段的一个典型例证。早在 1985 年,美国代表就在关贸总协定的一次专家会议上再度提出假冒商品贸易活动中侵犯知识产权的问题。

1986 年 9 月,关贸总协定的第八轮谈判开始之际,瑞士等 20 个国家正式提出议案,要求把"知识产权"作为一个新的议题纳入谈判。美国代表提出："如果不将知识产权等问题作为新议题纳入，美国代表将拒绝参加第八轮谈判。"1990年底知识产权议题被正式纳入第八轮谈判，1991年底形成了TRIPS最后文本草案的框架，终于在1993年12月15日结束，1992年4月15日签署的关贸总协定乌拉圭回合谈判的最后文件中，TRIPS作为一揽子通过的协议之一，成为关贸总协定和新生的世界贸易组织的正式协议文件，并于1995年1月1日正式生效。在新成立的世界贸易组织所设置的3个理事会中就有1个是知识产权理事会，同时在世界贸易组织直接领导的职能机构中，也包括一个"知识产权与投资部"。这充分表明，知识产权正日益渗透于今天的国际贸易中，并成为国际贸易体系中不可分割的部分，与"货物贸易""服务贸易"一起构成世界贸易组织的三大支柱。这种结合也表明，曾经泾渭分明的无形的知识产权贸易与有形货物贸易之间的界限越来越模糊。被纳入一般国际商品贸易体系当中的国际版权贸易，在知识经济时代，不仅使基于版权贸易的版权产业在经济增长中的作用不可忽视，而且必将和正在促进整个国际贸易的繁荣和发展。

第二节　中外版权贸易

在人类社会迈向新世纪之时，在经济全球化浪潮的推动下，以民族文化为单元的多元文化在世界范围内也加快了融合与互动的进程。随着高新技术的发展及其在文化领域的推广和应用，以版权、影视、演出、会展、动漫和游戏等为代表的文化产业已被国际学界公认为朝阳产业，并且在许多发达国家已经由国家经济体系的边缘走向了中心，由文化产业的兴起而引发的世界范围内的文化贸易亦蒸蒸日上。图书及版权贸易作为文化产业的主要内容，在国际经济贸易格局中扮演的角色越来越重要。

一、与欧美地区的版权贸易

中国版权贸易伙伴（上）

版权贸易发展至今已有100多年，在一些欧美国家中，版权贸易这种贸易形势已经发展到相当成熟的阶段。欧美主要国家版权贸易的基本特征是，拥有较为完善的保护政策和较宽松的创作环境，不断地对新经济模式进行探索。

（一）中英版权贸易

英国进行的版权贸易的标的物主要有以下6种：翻译权、图书形象使用权、平装书版权、合作出版权、报纸连载权、影视作品改编权。

英国是世界上第一个颁布版权法的国家，早在1709年就由英国议会通过了《安娜法令》，并于1710年生效。同时，英国也是国际著作权保护运动的发起国之一，从19世纪40年代起便积极开展谋求国际著作权保护的运动。

英国开展版权贸易也比较早，其版权贸易历史可以追溯到19世纪末，当时的版权贸易仅仅局限于传统型的版权贸易,如翻译权和合作出版权等。版权贸易种类开始扩大是在 20 世纪 60 年代。当时由于涌现出一批新的平装书出版社和众多报刊开办图书副刊和书评,从而促成平装书版权和报刊连载权交易渐成风尚。在这一时期,英国几家主要电视台也纷纷开办图书节目,如当时的《十字军东征历史》和《新英语圣经》等都改编成了电视系列节目,从而也就开始了电视版权交易的历史。但是,包括翻译权、平装书版权、合作出版权、影视改编权和报刊连载权在内的版权贸易真正走向繁荣则是在 20 世纪 80 年代。这是因为随着图书出版品种日增,出版社投入的资金也越来越多,单靠图书销售本身已无法回笼资金和支付作者或其代理人所要的高额预付版税。版权交易也就自然而然地成了出版社关注的焦点。版权也开始成为出版社在进行图书选题和出版决策时所必须考虑的重要因素之一。

自 1995 年以来,英国一直是中国引进外国版权的第二大贸易伙伴。如培生集团(Pearson)利用多种合作的方式,涉及书友会、网上书店、专业咨询、物流服务和信息技术等出版形式进入中国出版业;牛津大学、剑桥大学等大学出版社则瞄准了中国的高校及图书馆,扩大其原版教材和学术专著在中国的销售。其他诸如麦克米伦出版社、英国皇家学会出版社、DK 公司等也为中国版权贸易市场的巨大潜力而吸引,纷纷来中国开展业务,成为中英版权贸易合作的杰出代表。国内与英国在版权贸易上比较密切的有北京大学出版社、外语教学与研究出版社、商务印书馆、上海版权代理公司等。

英国作为一个曾被称为"日不落帝国"的国家,在文化上表现出了博大的胸襟和开阔的眼界,是重要的图书出口国。中国从英国引进的图书种类非常广泛,比较突出的有世界历史、语言、哲学等方面的社科类图书,如"第二次世界大战丛书"、《世界百年掠影》、"当代世界前沿思想家系列"、"剑桥插图历史系列"、《大不列颠百科全书》等;还有经典文学作品和英国畅销书,如"哈利・波特"系列,基本上在脱稿不久就会出现在中国图书市场。

(二)中美版权贸易

美国是版权制度最为完善的国家,受理版权登记的机构版权局成立于 1897 年,美国是最早将互联网技术应用到版权贸易的国家,在线版权贸易领先世界;1998 年成立国际版权在线公司,2 万多种可供交易的数据库,60 多个国家和地区的 1000 多家版权经纪公司和出版机构成为注册客户;美国版权世界网络公司于 2000 年成立,从事网上拍卖,与作家联盟合作进行宣传交易。

美国版权贸易增长迅速,原因在于:美国在世界文化产业中地位的改变;美国的新经济形态为版权贸易的发展提供了较好的宏观经济背景;成熟的市场运作机制保证了版权贸易的开展。

美国版权贸易的标的物包括翻译权、合作出版权、平装书版权等。

中美两国政府发表联合公报并建立外交关系后,美国就开始向我国提出互相保护著作权的问题。1979 年 5 月 14 日,我国和美国签订了《中华人民共和国和美利坚合众国贸易关系协定》,该《协定》的第六条规定:"(一)缔约双方承认在其贸易关系中有效保护专利、商标和版权的重要性。……(五)缔约双方同意应采取适当措施,以保证根据各自的法律和规章并适当考虑国际做法,给予对方的法人或自然人的版权保护,应与对方给予自己

的此类保护相适应。"自此我国承担起根据我国的法律和规章保护美国的著作权的义务。1992年两国又签订了知识产权保护备忘录，使得两国间的著作权保护更加规范。

美国是我国图书版权最大的引进国，从1989年起，在我国引进作品中美国作品数量无论种类还是印数始终处于首位。改革开放40多年来美国图书始终占据着中国引进图书的首席位置，并且数量还在不断上升。随着中美交流的进一步加深、市场的逐渐开放和服务贸易的繁荣，这一状况将会持续相当长的时间。

中国从美国引进的图书内容非常广泛，包括政治、经济、文化、科技、生活等几乎所有的领域。引进的图书有几个明显特点，一是电子信息类、财经类书籍大幅增加，二是其他畅销作品增多，三是教材的引进大幅增加。由于我国电子信息产业的快速发展及计算机应用的普及，加上美国在此方面的领先地位，使得中国出版社引进此类书籍较之以往明显增加，不仅品种多，印数也很大。在美国新出版的一些电子类书籍，几个月后就会有中文版问世。财经类的图书也是如此，像菲利普·科特勒、雷默·赛登斯等营销或管理方面大师的著作常常是刚在美国上市，随后就出现在中国的书架上。教材的引进与中国的"英语热"和美式英语在世界上影响越来越大不无关系。英语教学在中国的不如人意，使人们不但对教学模式提出质疑，也对以往所使用的英语教材提出质疑，于是英语教材的引进也就成了情理之中的事情。美国畅销书的引进速度和数量都有了很大提高。

(三)中德版权贸易

德国版权贸易开展活跃，引进少于输出，主要输出到瑞士、奥地利等德语国家，引进方面主要是购买其他语言的图书翻译权，少儿类图书占其输出比重较大(20%)。

德国在国际版权保护和版权贸易方面在历史上也一直走在前列，许多著名的哲学家都对版权问题发表过自己的看法。康德认为，作品不是一般意义上的商品，作品是人格化的商品；从某种意义上说，是作者的延伸，是对作者人格的反映。版权中精神权利应与经济权利等量齐观，甚至比经济权利更为重要。德国巴伐利亚州在1865年颁布的著作权法，名为《关于保护文学艺术作者权法》，在立法中直接使用"作者权"的概念，明确提出著作权的受益者是创作作品的作者，进一步发展了著作权——人权理论，为以后许多国家制订自己国家的著作权法提供了较为成熟的模式。

在东西德统一之前，中国翻译东德的作品，一般是事先通报选题，出版后赠送样书。那时，中国翻译两德图书约居中国翻译出版外国图书总数的第六位。20世纪90年代，中国引进德国图书版权数量不断增加，范围不断扩大。引进的种类包括社科、学术、文学、生活指南、女性读物和少儿读物等，其中社科、学术和少儿读物又占了总数的绝大部分。德国方面非常重视中国的图书市场，2004年前来参加北京国际图书博览会的法兰克福书展主席富尔克尔·诺依曼表示：长久以来，中国和韩国……成为购买德国图书版权最多的国家。中国对德国图书的兴趣主要是在少儿图书、哲学和社会学图书方面。我们当然希望，中国出版社对德国图书的兴趣继续增长，也希望有越来越多的中国图书能够进入到德国。

德国历来是一个哲学家的国度，哲学宗教类图书一直是其图书出口的重要部分。现在许多重要的哲学家和社会学家，如阿多诺、鲁曼、布罗赫、哈贝马斯、布鲁门贝格、贝克等，都已签订了中文版的出版合约。另外，德国的小说近几年在中国的图书市场上大出风头,《好女孩上天堂,坏女孩走四方》、《冒险小虎队》等作品在中国都取得了不错的业绩。中国内地许多出版社都与德国方面保持密切的联系,其中较为突出的有上海译文出版社、译林出版社、人民文学出版社、中国文联出版社、群众出版社、作家出版社等。

(四)中法版权贸易

法国开展版权贸易历史悠久,作品版权大都销往比利时等法语国家。

自 1988 年以来法国华榭出版集团 ELLE 以版权合作的形式在中国落地开花。

杂志的版权交易合作,具体来说一般有两种:(1)完全版权合作。买入方完全购买对方杂志的版权,包括刊名,如《时尚伊人》(COSMOPOLITAN)杂志,购买美国赫斯特出版集团的百年老刊 COSMO 杂志的版权,因此可以在中国版 COSMO 的封面上使用 COSMOPOLITAN 的刊名,同时可以随意使用里面的内容进行汉化出版,每年交一定的版权费。法国华榭和美国康泰纳仕是两个比较有名的出版公司,大部分时尚类杂志都是时尚集团(例如 COSMO,BAZAAR,Esquire,FHM)和这两个海外军团的版权合作产品(例如《嘉人 Marie Claire》,VOGUE)。(2)内容零售合作。这个更容易理解,就是某一杂志看中另一个杂志的内容而非品牌和影响力的话,可以谈零售的内容合作,例如用多少钱买多少版的图片和文字。很多小杂志都在实践这一做法。

法国作为历史上老牌的资本主义国家,在科学技术和人文社科方面都有着自己独到的优势。在世界范围内享有盛誉的哲学家和文学家的作品对全人类都产生过很大影响,许多优秀作品都曾在国外翻译和出版。在很长的时间内,法国一直是国外图书盗版的受害者,这促使法国积极参与了国际版权保护运动,成为《伯尔尼公约》的发起人和召集人之一。在法国国内,于 1777 年就颁布了 6 项印刷法令,承认作者有出版和销售自己作品的权利。在 1791 年和 1793 年分别颁布了《表演法令》和《复制法令》。《复制法令》规定:作者对其作品享有复制、发行或授权他人复制、发行的专有权,作者死后,此项权利可由继承人或权利受让人享有 10 年。明确提出著作权的受益人是创作作品的作者,发展了著作权——人权的理论。1852 年,法国宣布,它不仅给本国作品而且给所有作品以著作权保护,而且给国外作者将法国作为首次出版地点的作品予以保护。虽然法国一些做法的出发点可能是为了本国的作品能更好地受到保护,但在客观上却促进了国际版权保护运动的发展。

随着中法交流日趋频繁,中法版权贸易活动的开展也相当活跃。法国方面非常重视中国的出版市场,法国文化与交流部、外交部、法国国家图书中心、法国驻中国大使馆等机构都对中国翻译和引进法国的图书提供了一定的方便。比如由法国驻华大使馆文化科技合作处主持的"傅雷图书数据库",就为增加翻译作品的数量做出了很大贡献。傅雷图书数据库所提供的资助旨在由法国外交部帮助有关出版社购买法国的版权,并由法国驻华大使馆的文化科技合作处负责向出版社提供资助。法国的出版商也对中国的市场抱有很大的信心,他们认为,中国的出版商正在中文和英文之间寻找第三条道路。法国及其在欧洲的人文和社会学文化有可能被中国所选中。这一领域涉及的主题非常宽广,有哲学、历史、妇女研究、精神史、文明史、新闻文献、当地传记和社会学等等。另外也包括一些思想家的作品,比如生活·读书·新知三联书店出版了福柯、艾廷伯和本夫尼斯特的作品;商

务印书馆出版了雅克·勒高夫的著作；人民文学出版社在 2005 年萨特 100 周年诞辰时出版了他的有关作品。

中法在历史上版权往来就非常频繁，傅雷就曾译过 30 余部法国重要作家的作品。近几年，中国从法国引进版权的数量虽然相对英美来说所占的比例不是很大，但数量也相当可观。引进的种类包括文学、社会科学、科学技术、历史和地理、艺术和体育、哲学、宗教和语言等，文学与人文科学书籍占引进总数的约 80%。中法关系良好的发展势头也为中法间的版权贸易提供了有利条件。中国与法国联系比较紧密的出版社有海天出版社、接力出版社、中信出版社、上海世纪出版集团、译林出版社、人民文学出版社、生活·读书·新知三联书店等。

（五）中俄版权贸易

中俄之间的图书版权往来也有着悠久的历史，鲁迅先生就曾翻译过法捷耶夫的日文版《毁灭》，曹靖华先生翻译过绥拉菲莫维奇（时称"绥拉菲摩维支"）的《铁流》。1949 年中华人民共和国成立后，在经济、文化等方面都遭到一定程度的封锁，那时中国的对外版权活动主要就限制在苏联和东欧的一些社会主义国家之间。作为社会主义阵营中的一员，中国与上述国家之间存在着大量互相使用彼此作品的情况。就图书来讲，一般在使用时，不签约也不付酬，但事先要通报选题，出版后赠送样书。那时，中国曾出版过大量苏联作品，苏联也出版了少数的中国作品。

作为超级大国的苏联，在心理学、航天、生物学、艺术等领域都曾处于世界领先地位，各类图书品种齐全，再加上俄罗斯文学在世界文坛上也一直有着自己独特的地位，20 世纪 50 年代到 1991 年解体，苏联所出版的图书品种和数量都保持世界首位。

因为历史和意识形态的问题，中俄间的版权贸易最具有特殊性，版权贸易数量的波动也比较大。1989 年中国出版苏联图书 387 种，仅次于美国和日本，占出版外国图书总数的 11%。但中俄图书版权贸易的正式开始应从 1992、1993 年起，因为中国是在 1992 年加入两个国际版权保护公约，俄罗斯在 1993 年才加入《伯尔尼公约》。在中国从俄罗斯所引进的作品中，文艺作品占了绝大多数。由于历史的缘故，苏联时期的许多文学作品在中国有着极为广泛的影响，鼓舞和激励了几代中国人。

二、与亚洲主要国家的版权贸易

（一）中日版权贸易

中国版权贸易伙伴（下）

日本属于版权贸易逆差国，与欧美和亚洲国家保持密切合作，美、英为其主要版权引进国家，亚洲近邻为其主要版权输出国家。版权输出方面，日本漫画为主打产品，东学西渐中图画可避开语言障碍。

日本是出版物进出口贸易的逆差大国。从 1994 年开始，日本在对国外出版物贸易中开始出现大幅的逆差，其后的八年中，逆差逐步加大，在某些阶段甚至达到了 10∶1 的水平。造成日本目前这种出版物进出口巨额逆差的原因有两个，首先是国家经济状况问题，版权贸易的发展与国家的经济实力有很大的关系。出版物的进出口顺差逆差对比可以说明国家间存在的比较优势问题。日本经济在东南亚经济危机后一直低迷不振,甚至出现连续数年的零增长和负增长。连续八年版权逆差的逐步扩大从一个侧面反映了日本经济的逆向发展趋势。

其次,缺乏创新型人才。除经济原因外,版权贸易的巨大逆差也说明了日本出版业缺乏创新性的问题。版权贸易的一个核心部分其实是文化和科学技术的输出与输入,它体现了一个国家和一个行业的发展水平和创新能力。缺乏新思维、新技术的行业通常会成为输入行业。

但从局部来看,依我们对日本出版物进出口情况的考察,日本对我国的出版物,尤其是图书出版物的进出口是顺差状况。日本从我国输入的图书主要是医药类及饮食类,科技类图书几乎没有。在中国加入两个世界版权保护组织后,中国不但从日本引进图书种类数量多,在引进日本图书版权范围方面也十分广泛,除了一些文字类和漫画类图书外,电子信息、企业管理、财经、艺术、生活及语言类图书也占有很大比重。文学类的图书有大江健三郎、村上春树等人的作品;其他如《成败在此一役》《全维操作图解品牌运营 105 策》等则是热销中国的财经类图书。中国与日本来往比较密切的出版社有中央编译出版社、科学出版社、海燕出版社等。

中国对日本版权输出的种类在两国的输出总量中所占比例也非常大。就输出的种类讲,中国传统文化中的文学、历史、哲学与医药类图书的输出在对日本的版权输出中所占比例最大,此外日本还出版了有关中国当代政经类的图书。比如,有关中国当代的政治、经济和社会问题的图书。中国作家老舍、钱钟书、王蒙、苏童、莫言、冯骥才的作品在日本也很受欢迎。

(二)中韩版权贸易

就版权贸易来说,韩国是中国重要的贸易伙伴,既是中国版权贸易的重要引进地,也是重要的输出地。韩国最老牌的版权代理公司信元公司投资建立了北京代表处。信元公司与中国的业务开始于 2001 年,但它所代理的作品中国读者很多都耳熟能详,比如韩剧小说《蓝色生死恋》《冬季恋歌》《我的野蛮女友》《情定大饭店》等。此外该公司刊行过很多财经、漫画、美容、健康等实用书,在各大书店畅销书榜上居高不下的《那小子真帅》也是信元公司所代理的作品。

就我国出版物输出状况而言,我国向韩国输出图书种类及数量要远远大于对日出口。中国对韩国输出的图书从内容上看,主要集中在有关传统文化艺术及语言等类别上,如《中国哲学史大纲》、"十二生肖系列童话"、《中国药膳大辞典》等。与韩国联系密切的出版社有世界知识出版社、作家出版社、生活·读书·新知三联书店、长江文艺出版社等 40 余家。

超级链接:韩国最大书店教保书店的中文图书专柜

韩国最大书店教保书店设有专门的中文图书专柜,图书种类比较多,既有纯粹的汉语文学作品,如《汉语文化大观》,也有不少其他门类图书,如《咏春拳》(广东科技出版社)。整个教保书店一年中约销售 1200 种中文图书,占韩国销售中文图书总量的约 60%。同

时,教保书店从中国引进图书主要是通过韩国的中间商,而不是我国的中国图书进出口总公司。

三、内地(大陆)与港澳台的版权贸易

因为历史和制度的原因,内地(大陆)与港澳台虽然同为中国人、同使用中文,但内地(大陆)与港澳台之间的版权贸易却是在我国实行改革开放政策后才正式开始的。20 世纪 80 年代,有关部门制定了一系列有利于内地(大陆)与港澳台之间版权贸易的具体政策,相继颁发了《关于清理港、澳、台作者稿酬的通知》《关于出版台湾同胞作品版权问题的暂行规定》等文件。1987 年 11 月 16 日,国家版权局发出《关于清理港、澳、台作者稿酬的通知》,通知中明确规定:各有关出版社、期刊社对 1980 年 7 月 1 日以后重印(包括改繁体字为简体字)、发表、转载或改编港、澳、台同胞作品的情况,立即进行一次清理,凡未支付稿酬的,应结算出稿酬,单列项目,予以保存,以备作者随时领取;有关单位还需将清理情况报国家版权局;从此时起,凡出版港澳作者作品,必须事先取得授权;未经授权,不得出版。以上种种规定,为内地(大陆)与港澳台之间的版权贸易奠定了基础。这时的香港既是内地版权贸易的对象,也是大陆与台湾版权贸易的中介地。大陆与台湾出版界的接触,开始一般是经过香港间接进行,逐渐才发展到直接对话。20 世纪 80 年代末期,大陆与台湾间的版权贸易发展非常迅猛,台湾的言情、武侠小说受到大陆读者的钟爱,大陆的一些文学、科技类作品在台湾也颇受欢迎。

20 世纪 90 年代,内地(大陆)与港澳台之间的版权交流进入了一个新的时期。首先是各地都有一些更有利于开展版权贸易的法规政策出现,为内地(大陆)与港澳台之间的版权贸易提供了更好的法律环境。其次是随着香港与澳门的回归,各地之间的交流途径更为通畅。这期间不但各地间的版权贸易更加活跃,交流也更加深入。

海峡两岸出版界交流的一个重要成果就是"华文出版联谊会"的举办。华文出版联谊会是中国内地(大陆)、香港和台湾三地的出版界于 1995 年开始共同举办的中文联谊活动。其目的是加强中文图书出版业的交流与合作,大力对外开拓中文图书市场,弘扬中华文化,增进中国与世界各地华人之间的了解和友谊。联谊会每年举办一次,由内地(大陆)、香港和台湾三地出版组织轮流承办。第一届华文出版联谊会于 1995 年 5 月 15、16 日在香港举行,中国出版工作者协会、香港出版总会和台湾图书出版事业协会 3 个机构 50 多名代表参加了会议。会议以"保护版权和交流"为主题,就如何保护版权、开展版权贸易及华文出版联谊会议以后的活动安排进行了探讨。2002 年 7 月,第七届华文出版联谊会议上决定自第八届会议起吸纳澳门作为正式成员。

华文出版联谊会的举办对于内地(大陆)和港澳台的版权合作和信息交流都具有重要的意义。另外一些各种形式和级别的图书展销会、版权贸易交流会等活动,也在很大程度上促进了海峡两岸暨香港、澳门的版权合作和中文出版的发展。

第三节　我国版权贸易历程

严格来讲,我国版权产业的发展是从 20 世纪 70 年代开始的,其发展步伐也是伴随着改革开放和经济发展的进程而逐步向前迈进的。

一、起点:对外合作

我国版权贸易的起点是与国外的对外合作,主要集中在 20 世纪 70 年代末至 80 年代中期。中国图书版权首次对外合作是在 1978 年 9 月与日本讲谈社商定中日合作出版《中国之旅》画册。在 1992 年中国加入《世界版权公约》之前,由于我们自身的原因和外国出版商对中国市场的顾虑,我国的版权贸易主要以输出为主。《中国之旅》就是这样一部版权贸易的开山之作。该画册分为东、西、南、北、中五卷,主题是反映当时现代中国的面貌,由人民美术出版社出面和日本讲谈社合作,讲谈社派摄影师和人民美术出版社的工作人员一起在中国各地采风拍摄,先以日文出版,后又出版英文版。1979 年,在南斯拉夫评论社召集的"莫托文集团"(由欧美几十家中小出版社组成)会议上,中国和"莫托文集团"谈成合作出版大型画册《中国》,该书由上海美术出版社和"莫托文集团"合作,以英、法、意、日等 7 种文字出版,海外发行 10 万册。

这一时期版权输出的另一重要事项,是 1984 年英国培格曼出版社(Pergamon Press)出版了《邓小平文集》的英文版,首次把邓小平的理论传播到西方乃至全世界。

版权引进方面的开山代表作之一,是 20 世纪 80 年代初期中国大百科全书出版社从美国引进版权,出版了《简明不列颠百科全书》。

这一阶段,我国尚未颁布《著作权法》,也没有加入《世界版权公约》,很多人还不知道版权为何物,版权贸易活动存在着诸多障碍:一是信息来源的局限,国内出版界对海外出版市场的信息缺乏了解,外国出版界也不了解中国;二是对外交流访问比较受限制,出国很困难;三是外汇限制,外汇少,管制严格,出版社付汇购买版权几乎不可能。

二、成长:以港台地区为主要合作对象

成长期为 20 世纪 80 年代中后期至 1992 年。这一时期的一个重要转折点是 1986 年首届北京国际图书博览会的举办。在当时中外出版界缺少联系的情况下,北京国际图书博览会搭建起一个让中外出版人直接对话的平台,把众多国际著名出版公司引到了中国出版人的家门口。博览会的功能从开始以原版进口图书订购为主,逐渐发展成以版权贸易和对外合作交流为主。每届博览会上成交或达成的版权贸易协议逐年增长,直接有力地推动了中国版权贸易事业的总体发展。

此时,中国的版权贸易仍是输出大于引进,合作伙伴也集中于亚洲国家和地区,与欧美的联系较少。特别是中国大陆和中国台湾之间的合作,在此期间正式大规模展开。以 1988 年 10 月第一届"海峡两岸图书展览"在上海举办为起点,标志着两岸出版合作正式

启动。

在后来与台湾的合作交流和版权贸易中,中国出版工作者协会下属的国际合作出版促进会起到了重要的组织和推动作用。1988 年 2 月 25 日,经中国出版工作者协会批准,"国际合作出版促进会"在北京成立。从 1989 年开始,促进会开始连续举办两岸的"合作出版洽谈会"。当时和台湾合作的重要项目《中国美术全集》的出版协议,就是在首届洽谈会上签署的。

和台湾的合作交流模式可以归纳为 3 种方式:

第一种是合作出书。由人民美术出版社牵头,联合文物出版社、中国建筑工业出版社、上海人民美术出版社和上海书画社等五家出版社,同台湾锦绣文化企业合作出版发行《中国美术全集》,共 60 卷。该全集在台湾销售了 3500 套。锦绣文化企业董事长许钟荣当时和大陆有许多版权合作项目,除《中国美术全集》外,还有 300 卷的《中国美术分类全集》、74 卷的《中国大百科全书》。另外,中国建筑工业出版社和台湾光复书局合作出版的《中国古建筑大系》10 卷本繁体版,共发行 2 万套。当时的合作主要是把大陆的图书输出到台湾,也从台湾购进少量版权,比如从台湾光复书局购买了 30 卷本《大美百科全书》的简体字中文版权。

第二种合作方式是两岸出版界人员互访。大陆出版界首次组团访台是在 1993 年 5 月,中国出版工作者协会下属国际合作出版促进会会长许力以,率商务印书馆总经理林尔蔚、人民文学出版社社长陈早春、人民美术出版社社长陈允鹤、中国建筑工业出版社社长周谊等一行 12 人访台。此次访台就扩大两岸出版交流达成五点共识:第一,两岸定期轮流举办出版学术交流研讨会;第二,定期互相举办书展;第三,组织双方编辑人员互相往来、培训;第四,双方互相提供图书出版信息;第五,互相提供印刷技术协助,并加强出版印刷交流。

1994 年 3 月,大陆的图书首次在台北展出,展览规模宏大,共展出大陆版图书 17 万多种,参展的大陆代表团成员近百人。

和台湾的第三种合作途径,是双方定期举行研讨会。为此,1994 年 9 月北京国际图书博览会期间,海峡两岸出版界商定设立"华文出版联谊会议",由内地(大陆)、香港、台湾每年轮流举办。1995 年 5 月,第一届"华文出版联谊会议"在香港举行。

这一阶段,许多对外合作输出的项目都取得了很好的社会反响和经济效益。如《中国长征》由中国出版对外贸易总公司、中国摄影出版社和澳大利亚的开文·威尔顿公司合作,于 1985 年底出版,在海外发行 4 万多册。1987 年,中国出版对外贸易总公司又和长城出版社合作,以 7 种外文出版了《俯瞰中国》,海外发行 7 万多册。新华出版社则因和瑞士尤尔根公司合作输出《熊猫》获益颇丰。当时的对外版权输出,一度为我国出版社带来很好的经济效益。这种设立重要项目、政府大力支持、集中力量策划出版的做法,某种程度上非常值得我们在今天推广中国图书"走出去"时予以借鉴。

在版权引进方面,为克服外汇缺乏对版权贸易的限制,商务印书馆巧妙地以"补偿贸易"的形式创新了当时的版权贸易模式。1986 年,商务印书馆出版了与英国牛津大学出版社合作的《精选英汉汉英词典》,由于当时不能付外汇,商务印书馆和牛津大学出版社达成协议,采取"补偿贸易"的形式,由商务印书馆把一定数量印刷好的书芯运送到香港,由对方在香港加上书封后直接在海外市场销售。就这样,我们的出版者克服当时的种种困难,从 20 世纪 80 年代中后期起,我们开始进入出书、培训、人员交往的快速成长期。

这一时期对外合作交流主要表现为以下 3 种模式:一是与国外合作出版了一些大型的出版物。二是建立起中外出版交流和相互培训的合作方式。如继《中国》合作项目之后,每年,日本以及西方国家都会派团和中国互访,从 1980 年开始,日本讲谈社每年都接收 20 位中国的编辑赴日本进修、培训。三是和海外出版界之间互相举办图书展览,并在展览期间组织讲座。积极参加德国法兰克福书展。改革开放初期只有中国国际书店一家代表中国出版界参展,后逐渐扩大到各出版社纷纷派员参展。

但是,当时大多数中国出版社的版权贸易工作仍处于被动等待阶段,缺乏计划性和主动性,随意性较强。在出版社内部管理和机构设置上,很少有像科学出版社那样在 20 世纪 80 年代初就成立专门的国际合作室。即使版权贸易工作起步较早、版权贸易数量较大的中国建筑工业出版社,也是在 20 世纪 80 年代中期才成立了版权贸易工作小组,开始由副总编辑分管,设专职人员具体负责,正式成立国际合作室则是在 1992 年。

这一时期,出版社彼此竞争也不明显,出版专业范畴不交叉,出版社之间相处融洽,版权贸易数量虽然不大,但都认真完成。版权贸易工作起步较早的出版社有科学出版社、中国大百科图书出版社、商务印书馆、中国建筑工业出版社、高等教育出版社、人民卫生出版社、外语教学与研究出版社等。

三、壮大:向数量型转移

1992 年我国版权贸易进入向规模数量型转移的时期,这种状况一直持续到 20 世纪末。1992 年 9 月 15 日,时任国家主席的江泽民在中南海会见世界知识产权组织总干事鲍格胥博士。鲍格胥说:"今天,伯尔尼联盟的人口有 25 亿,然而,当时钟指向 1992 年 10 月 15 日这一天的时候,伯尔尼联盟的人口将猛增至 37 亿到 38 亿,因为中国的人口在 12 亿到 13 亿之间,而《伯尔尼公约》于 1992 年 10 月 15 日在中国生效。"

对于中国出版界来说,1992 年的确是版权贸易工作的一个重要转折点,中国的版权贸易工作从此纳入了世界知识产权保护的法律体系,外国出版商开始放心地和中国做生意。时任中国建筑工业出版社副总编辑张惠珍将这一阶段定义为"中国的版权贸易从小打小闹向规模数量型转移的初级阶段"。

这一阶段出版社引进和输出图书的比例开始发生变化,引进版图书逐年增加,输出版图书则有所减少。根据国家版权局的统计,1992 年以前,版权输出数量大于引进,从 1992 年起,版权引进数量开始大于输出。

此时引进版图书的市场化倾向日益明显,国内出版社引进了一些畅销书。比如 1992 年上海译文出版社引进的《飘》的续集《斯佳丽》;1993 年外研社引进的《维克多英语》发行 25 万套,与麦克米伦公司推出的《走遍美国》发行数十万套。漓江出版社、译林出版社、作家出版社、少儿出版社、浙江少儿出版社等成为新兴的版权贸易生力军。

同时引进版图书的增加,推动了我国图书编辑印装质量的提升,引进版权的过程,也是中国出版社学习国外图书编辑制作优点的过程。比如,21 世纪出版社在引进英文《DK

百科全书》的过程中,就学习了图文关系的处理、版式设计的主题照应等。

1996年之后,引进版图书数量再次呈现大幅增长,输出则逐年递减。以建筑工业出版社为例,1992年引进版图书仅2种,输出版图书16种。1996年引进版图书30种,输出版图书20种。到2000年,引进版图书升至70种,输出版则下降到不足15种。

1996年之后,在版权引进数量猛增的同时,也出现了出版社购买版权一拥而上、重复出版、无序竞争的现象。当时版权贸易市场的无序竞争相当严重,国内一些出版社相互拆台、哄抬价格,使图书的税率由国际通行的6%～8%抬高到10%～12%;版税预付款由最初的30%(按国际惯例)竞相抬高到100%;专业图书的起印数从2000～3000册增至8000～10000册。版税提前全部付掉了,可是书没有全部卖掉等现象屡有发生,造成国家经济受损,外国出版商坐收渔翁之利。外商对国内这种无序竞争状况了如指掌,提出的条件越来越苛刻,他们将同一本书同时寄给多家出版社,让各出版社竞相报价、抬价。部分出版社购买版权盲目性很大,有时候先把版权抢下来囤积着,再找市场,造成很大浪费。

这一阶段,出版社在急切购进版权的同时,转让版权的意识越来越淡化,本土原创减少,外向型选题匮乏。不过,也有一些出版社仍然在对外合作输出中颇有收获,例如建筑工业出版社1995年与施普林格公司(Springer)合作出版的《20世纪世界建筑精品集锦》,采用在全球范围内组稿,自己编辑印刷中英文版的方式,获得近10倍于出售版权的利润。

四、增效:向质量型转移

从21世纪开始,中国版权贸易进入向优质高效型转移的新时代。2001年,中国加入世贸组织(WTO),成为中国出版业版权贸易事业和对外交流合作快速发展的又一契机。此时,各出版社在从事版权贸易时,开始追求质量取胜,强调精品意识。这一阶段可以描述为"从规模数量型向优质高效型转移",是我国版权贸易稳步推进、提升的阶段。

加入WTO之后,中国的出版资源、作者资源、图书市场都被摆到了全球化的背景之下,此时,一些中国出版社在对外合作交流方面,以国际化的发展定位取代了单纯的版权贸易。以科学出版社为例,国际化是该出版社发展定位的一个方面,他们给自己的定位就是成为国内优秀科技成果的发布中心和国外优良出版资源的引进平台,原创和引进相结合,不是一时的权宜之计,而是长久的发展战略。科学出版社和国外出版商的每一个合作项目,都是多方位的合作,除了版权贸易,还包括有计划地输出科学出版社的业务主力到国外出版公司培训进修。

科学出版社与20多个国家和地区的200多家出版公司建立了长期的良好合作关系,并在设立美国、日本全资子公司的基础上,于2019年完成了对法国EDP Sciences 100%股权的收购,完善了其全球业务布局。特别是和爱思唯尔(Elsevier)、施普林格这样全球领先的科技出版商建立了紧密的战略合作伙伴关系。科学出版社与这两家公司合作出版了《中国科学》和《科学通报》的英文版,连同科学出版社其他一些学术期刊内容,放到爱思唯尔和施普林格的在线网络平台之上,提升了中国学者在国际学术界的影响力,同时也扩大了科学出版社在国际科技出版领域的影响。

2002年,中国政府开始采取相应扶植措施鼓励中国图书"走出去"。2005年原国家新闻出版总署出台的《关于深化出版发行体质改革工作实施方案》提出要重点培养一批兼具国际视野与业务能力的出版企业作为出版走出去的排头兵,推动图书版权向外输出。2006 年公布的《新闻出版业"十一五"发展规划》指出要进一步推广中华文化,推动中国出版走出国门,扩发中华文化的海外影响力。2011 年发布的《新闻出版业"十二五"时期走出去发展规划》和 2012 年出台的《关于加快我国出版业走出去的若干意见》均表示要积极推动出版走出去,推动中国图书的海外传播等,在不同程度上强调了中国图书版权输出的迫切性。除此之外,原国家新闻出版总署等部门在政府政策的指导下同时启动了多项工程项目支持出版"走出去",具体包括 2004 年中法图书沙龙背景下的"中国图书对外推广计划"、2009 年针对海外需求所推出的"经典中国国际出版工程"、2014 年作为"一带一路"标志性资助工程的"丝路书香出版工程",此外还有"中国出版物国际营销渠道拓展工程""中国学术名著系列""跨国网络书店培育计划""国家社科基金中华学术外译项目""中外图书互译计划""国家走出去基础书目库"等等,为中国图书的版权输出活动提供全方位、多层次、宽领域的支持与帮助。

课后习题

1.查阅最新公布的中国版权贸易数据,分析中国版权交易品种、交易国和交易特点。

2.21 世纪初,中国与西方发达国家的版权贸易逆差进一步缩小,请查阅相关文献,分析这一现象。

实 践 篇

第八章　版权信息获取

第一节　了解作品市场信息的渠道

一、书展和影展

丰富多样的书展和影展等,都为版权贸易代理人和作者提供了了解版权市场的窗口。

作品信息的
获取渠道(上)

(一)国际书展

在现代出版业中,连接国内市场和国际市场的直接形式就是国际书展、国际图书博览会以及现代互联网。国际书展已演变为促进图书市场全球化的主要形式。

版权贸易历来是国际书展的主要目的之一,而书展在现实中也已成为版权贸易的重要场所。参加书展,我们不仅可以探测世界出版气候、沟通出版信息、开发图书贸易市场、了解出版界的最新行业动态以及预测国际出版趋势,而且还可以获得丰富的出版与版权贸易信息。国际书展为版权贸易从业者提供了解各种出版物信息的机会,并可首先目睹其出版物。各类国际书展的规模与范围是不同的,比如,法兰克福书展是全球规模最大的书展,博洛尼亚国际童书展是世界上最大的童书展。

书展作为展示宣传书籍的重要平台,为不同行业和不同国家地区的人们构建起相互沟通与宣传推广的重要桥梁。世界上有四大书展,分别是法兰克福书展、伦敦书展、美国书展和博洛尼亚国际童书展。

1.法兰克福书展(Frankfurt Book Fair)

法兰克福书展是德国举办的国际性图书展览。展览宗旨:允许世界上任何出版公司展出任何图书。参展者的主要活动是展示图书、洽谈版权交易、洽谈合作出版业务。1988年之前每两年确定一个主题,1988年后每年确定一个主题。确定主题,是为了了解各国出版该主题图书的情况。每年选择一个国家作为特别嘉宾国(主宾国)。书展为来自世界各国的出版商、代理商以及图书馆人员提供一个洽谈版权交易、出版业务及展书订书的场所。

2. 伦敦书展（The London Book Fair，LBF）

伦敦书展于 1971 年创办，每年举办一次。时间在每年的三四月份，由英国工业与贸易博览会公司主办，最初的参加者以英联邦国家为多，发展到现在每年有全世界 2.5 万多名出版专业人士参加。目前已经成为仅次于法兰克福书展的世界第二大国际图书版权交易会，也是每年欧洲春季最重要的出版界盛会。伦敦国际书展主要属于版权型博览会，被众多业内人士认为是版权交易的最重要的春季国际书展，是各国出版商进行版权洽谈的重要活动场所。展览以业内人士为主，资深人士主持的专题讲座、多种学术交流活动、最新论题的研讨会等更强化了其专业氛围。伦敦书展为图书经销商、版权商、出版商和印刷商提供了一个完美的贸易平台，并使每位参展人员获得尽可能多的信息资源。

3. 美国书展（Book Exposition of American，BEA）

美国书展是全美最大的年度书展，其前身是 1947 年创办的美国书商协会会议与贸易展销会，1996 年更名为美国书展，由美国书商联合会及美国出版商联合会主办，励德展览公司承办，是全美最大的年度书展。原仅为美国出版社对全美书商的一项采购性书展，后发展为所有英语国家共同参与，进而演变成具有版权洽购及图书订购双重功能的书展，其功能主要为版权贸易或零售。书展于每年五六月间举办，地点不定，为期 4 天。美国书展是美国图书界最为盛大的一项活动，同时也是全球最重要的版权、图书贸易盛会之一。有业内人士说，这里的编辑虽没有法兰克福书展的多，但能拍板版权的人都在这里。

书展期间除了书刊展示外，还安排有各种专题会议、专题展览、论文发表会、座谈会、同业聚会、文艺沙龙及颁奖典礼等活动。同时，每天一个主题，如书商日、独立出版日、作家日等。由于其主要对象是书店，所以展商一般会带书店、图书馆可能感兴趣的图书来参展。因此，本书展被称为北美地区最大的图书博览会及全球最大的英文出版商集会。

4. 博洛尼亚国际童书展（Bologna Children's Book Fair，BCBF）

博洛尼亚国际童书展全称是意大利博洛尼亚国际儿童图书博览会，自 1964 年开始举办，每年一次，为期 4 天。它最初只是意大利出版界进行儿童图书贸易的场所，后来逐步发展成为国际性的儿童图书版权贸易场所，并最终成为目前国际上最有影响力的国际儿童图书展。目前每届书展均有来自世界上 100 多个国家和地区的出版商参展。它也是几个最大的国际书展之一，有春季的法兰克福书展之称。

目前的博洛尼亚国际童书展以语言和专题分类，展览规模越来越大。书展期间举办的几项活动在国际少儿出版界也有非常大的影响。这些活动包括安徒生奖、博洛尼亚童书展最佳童书奖评选，以及儿童图书插画展等。此外还有联合国的国际儿童图书委员会的会议举行。书展每年的 3 月底 4 月初举办，设至少 10 个展馆，展馆面积超过 2 万平方米。书展共分儿童及青少年图书、教科书、电子多媒体产品和国际插图作品展四大部分。博洛尼亚国际童书展是全世界最大的专业少儿书展，以国际版权贸易和国际出版合作为主，同时努力发掘和推介优秀的儿童读物作家和插图画家。不少的代理商、发行商、印刷商和图书馆工作人员每年都参加这一书展。可以说每年的博洛尼亚书展是全世界与儿童读物有关的出版商、作家、插图画家、代理商、印刷商、发行商、图书馆工作者进行商业联系和国际合作交流的一个大舞台，是国际少儿出版界的一个盛会。参加书展的出版商不仅有华纳兄弟、迪士尼、贝塔斯曼、西蒙·舒斯特等世界著名的大出版机构,也有规模仅 10 人左右,以出版特色图书为主的家庭社、夫妻社。

博洛尼亚国际童书展以高度的专业性著称,并以展示业界最新动态以及全面俯瞰出版业产品而吸引着世界各地的出版商。专业性从分类的周到可以看出:展方、译者、插画作者乃至游客都有不同的日程和场地安排;文学经纪人中心是国际出版商之间洽谈业务的重要场所。

一年一度的博洛尼亚国际童书展期间的博洛尼亚童书展最佳童书奖,成为人们了解世界童书出版的风向标。该奖项创立于 1966 年,现已发展成为全球少儿出版领域最负盛名、最具权威性的国际奖项之一,旨在表彰全球范围内体现杰出图书设计与编辑水准的最优质童书作品。聚焦全球出版界的目光,为广大图书作者和插画家们提供了一个展示自身才华,快速提升国际知名度的绝佳平台。博洛尼亚童书展最佳童书奖不仅仅是一项出版界奖项,更是国际化的版权贸易平台。荣获这项大奖或特别提名,都将极大地提升获奖图书在整个业界的知名度,带动图书在众多海外新市场的版权输出业务。获奖图书封面上的童书大奖标志代表了少儿出版行业的最高荣誉与广泛的国际认可。

博洛尼亚国际童书展最佳童书奖分为 3 个类别:小说奖(Fiction)、非虚构作品奖(Non-Fiction)和新人奖(Opera Prima,颁发给首次参选的作者和插画家)。由国际专家组成的评委团来确定获奖名单,评委们还需要颁发一个特别的"新视野奖"(New Horizons),奖励那些特别具有创新精神的图书。

5. 北京国际图书博览会(Beijing International Book Fair,BIBF)

北京国际图书博览会经国务院正式批准创办,中国图书进出口(集团)总公司于 1986 年 9 月举办了第一届 BIBF,此后每两年举办一届。从 1996 年第六届 BIBF 开始,逐步改由新闻出版总署(国家版权局)、国务院新闻办公室、教育部、科学技术部、文化部、北京市人民政府、中国出版工作者协会联合主办,中国出版集团中图公司、环球新闻出版发展有限公司承办。2002 年开始,其由两年一届的办展周期缩短为一年一届。

北京国际图书博览会坚守"把世界优秀图书引进中国,让中国图书走向世界,以促进国际科技文化交流,增强各国人民的相互了解和友谊,扩大中外合作出版和版权贸易,发展图书进出口贸易"的宗旨。2019 年第 26 届来自 95 个国家和地区的 2600 余家展商参加书展,其中海外出版机构达 1600 多家,国际展商比例达 61.5%。博览会已经发展为集图书贸易、合作出版、版权贸易为一体的大型国际文化交流活动,是海内外出版界、书业界、图书馆界在北京的一次重大盛会。

北京国际图书博览会是我国目前唯一得到海内外出版业普遍认同并积极参与交流与合作的国际书展,成为具有权威性和影响力、得到国际出版业关注、认同并积极参与的国际图书综合交易平台,成为促进中外出版业交流合作、推动中国图书"走出去"的重要载体。

上述大型国际书展的一个重要功能或主要功能就是开展版权贸易,所以,通过书展取得授权是常用的手段之一。但通过书展开展版权贸易也要注意几个问题。第一是书展的选择,有些国际书展是以版权贸易为主要功能的,但也有一些书展并不具备这一功能,或此功能很低。所以, 拓展资源 8-1

参加书展一定要先仔细了解其功能。第一是在参加书展前,就要与相关出版公司约定好会面的时间,确定好要谈的内容。第二,如果在书展上只是签订了意向,或得到了授权书,回来之后,一定要尽快补签合同。

(二)国际影视节

1.电影节

就像奥运会一样,电影也是一个竞争激烈的领域,世界上很多国家都有着丰富的电影制作经验,在电影节的时候,会选出一些优秀的电影作品进行评选,然后颁奖给那些优秀的电影工作人员。在国际电影节上获奖的作品往往成为大家竞相引进的标的。

戛纳国际电影节为电影演员和新兴导演提供了机会,很多世界著名的电影导演都曾在这个电影节上亮相,对于世界各地的年轻导演来说,他们的梦想就是在戛纳电影节上放映他们的一部影片。

威尼斯国际电影节是世界上第一个国际电影节,也是世界电影史上最重要的电影节之一。在电影黄金时代的时候,威尼斯国际电影节是诸多电影大师的摇篮。

柏林国际电影节创办于1951年,这个电影节原本是每年六七月份举行,之后为对抗戛纳国际电影节,而选择每年2月举行,独特的地理位置使得这个电影节吸引了很多名人参加。

洛迦诺国际电影节是一个艺术电影爱好者的天堂,每年七八月的时候会在瑞士的一个小城市洛迦诺的大广场上举办,该电影节是世界上历史较长的电影节之一。

在西班牙举办的圣塞巴斯蒂安国际电影节,是世界上历史最悠久、影响力最大的电影节日之一,墨西哥、阿根廷和智利的电影在这个电影节上都有相当大的曝光率,好莱坞、欧洲和亚洲的一些艺术电影也是如此。

在捷克斯洛伐克举办的卡罗维发利国际电影节是世界上最老的电影节之一,其创办于1946年。中国从1950年起参加并多次获奖。这是中国最早参加的一个电影节。1988年中国影片《芙蓉镇》在第26届卡罗维发利国际电影节上获大奖。

加拿大多伦多国际电影节同样是北美最重要的电影节之一,于每年9月举行。在举行的时候会有大量的名人出席电影节,以增加他们的首映电影的曝光率,大部分奥斯卡提名影片在提名前就已经在多伦多电影节放映。

加拿大蒙特利尔世界电影节是由加拿大魁北克蒙特利尔所举办的竞赛性国际A类电影节,这个电影节每年8月举行,在电影节的选集上非常多样化和全球化,世界各地的电影在这个电影节上享有同样的认可。

釜山国际电影节是韩国乃至亚洲最重要的电影节之一,是亚洲最具影响力的国际电影节。釜山国际电影节每次举办的时候,都会吸引来自世界各地的电影人的目光,入选的电影作品也会受到极大的关注。

作为专门为独立电影人而设的美国犹他州圣丹斯电影节是北美最负盛名的电影节之一,这是由好莱坞演员兼导演罗伯特·雷德福创立的,旨在鼓励低成本、独立制作的影片,许多参加圣丹斯电影节的电影,特别是那些赢得最高奖项的电影,都能在美国和世界其他地方享受着发行的机会。

2.电视节

阿拉伯广播电视节(Arab Radio and TV Festival)由阿拉伯广播联盟和突尼斯广播电视台联合主办。一般在首年10月举行，为期1周左右。由叙利亚、伊拉克、突尼斯、阿尔及利亚、阿拉伯联合酋长国、科威特、摩洛哥等10多个阿拉伯国家参加。主要目的是增进阿拉伯国家电视工作者的团结与合作，为阿拉伯国家电视观众创作出更多更好的、具有阿拉伯传统和特色的优秀电视剧而努力工作。根据规定：阿拉伯国家国营或私营的电视公司制作的各种类型的电视剧均可参加，参加电视剧的数量一般不限，但须经电视剧节组织者的审查通过。主要的活动：放映各国电视台或电视公司选送的电视片；请各国电视台或电视公司的代表参加会议，共商阿拉伯国家电视剧面临的重要问题，开拓电视剧市场，为各国电视工作者商谈贸易业务或交换电视节目提供方便条件。

爱尔兰国际金竖琴奖电视节(Ireland Golden Harp TV Festival)于1966年由爱尔兰广播电视局创办，每年5月举行，为期5天左右。原先在爱尔兰的都柏林市举行。1984年，电视节评委会做出决定：将爱尔兰的戈尔韦市定为"国际金竖琴奖电视节之家"。从此以后，每年改在戈尔韦市举行。主要目的是鼓励欧洲各国广播电视组织发展各自的民族文化艺术，创作出更多的具有民族特色的优秀电视节目，并促进各国电视工作者的友好往来与相互合作。根据规定：参加比赛的电视节目必须是以民间为题材的电视故事片、电视音乐片、电视纪录片。每年有20多个欧洲国家的广播电视组织参加比赛。近年来，美洲和亚洲一些国家的广播电视机构也应邀参加比赛或活动。主要奖项有金竖琴奖(一等奖)、银竖琴奖(二等奖)和铜竖琴奖(三等奖)。

埃及国际电视节(Egypt International Television Festival)于1962年由埃及电视台主办，得到埃及政府的大力支持。每年8月或9月在埃及的亚历山大举行，为期10天左右。主要目的是加强世界各地电视台的友好联系、互相了解、交换信息，促使外国电视工作者对埃及电视事业的成就和活动有所了解，通过电视节目的展播，使埃及人民有机会观摩世界各地优秀电视节目，以开阔他们的眼界。主要活动：分别举行艺术、新闻、科教等节目的比赛；举行非比赛性的电视节目展播，举行阿拉伯国家电视论坛会奖项有：一等奖(全质莲花奖)、二等奖(银质莲花奖)、三等奖(铜质莲花奖)。我国从60年代就开始参加，1963年我国电视片《木偶》获二等奖。

班夫国际电视节(Banff World Television Festival)由加拿大电视界创办，于1980年设立，得到美国和英国一些广播电视机构的支持。原来每年9月至10月之间在班夫举行，现在改为5月至6月之间举行。每年有多个国家的电视台、电视公司、电视制作者、电视发行商聚集在这里交流电视节目，为发展和繁荣各国电视艺术和技术做出积极的贡献。这是一个比赛性的电视盛会，设有评奖委员会。主要活动：分别举行电视故事片、娱乐片、儿童片、美术片、喜剧片、纪录片、连续剧的比赛评奖工作，请影视界工作者、评论家、艺术家参加座谈会，举行非比赛性的电视观摩活动，结合电视节开展旅游活动。奖项有"落基山脉奖"。

布拉迪斯拉发儿童电视节(Bratislava Children's TV Festival)于1971年由捷克斯洛伐克国营电视台创办。由于奖项以多瑙河命名，因此这个电视节又称"多瑙奖"。每两年举行一次，一般在9月举行，为期1周左右。这个电视节是以青少年为主题，主要目的在于提高青少年电视节目的质量,促使电视工作者制作更多的内容健康的青少年电视作品,对青少年进行有益的教育。根据规定:只有以青少年为对象的电视节目才能参加比赛或会外播出,否则不予接受。参赛或播出的电视节目可包括戏剧、纪实、音乐、舞蹈等作品。主要活动:分别举行青少年电视节的比赛与非比赛性的展播,召开有关青少年教育问题研究会、电视艺术评论会、电视事业前景展望会等,开展商业性电视节目推销活动。主要奖项有"多瑙奖",另外还有"评论奖""市长奖"等。

金色布拉格国际电视节(Golden Prague International Television Festival)于1964年由国际广播电视组织倡议创办,1965年起由捷克斯洛伐克国营电视台主办。每年6月在布拉格举行,为期10天左右。根据规定:凡是符合本电视节要求的各种类型的电视节目均可报名参加,数量与题材均不限。不参赛的电视节目可在会外观摩播出。主要活动:举行娱乐性节目和戏剧性节目的比赛评奖,举行观摩性的会外播出;召开评论家和观众代表参加的评论会,推销电视节目,召开经验交流会、记者招待会等。主要奖项有娱乐节目奖、剧情节目奖、布拉格城市奖、评论家奖、艺术家奖、电视观众奖等

海湾国家电视节(Gulf Television Festival)由科威特主办,每两年举行一次,为期5天左右。主要目的是鼓励并促进海湾国家影视事业的繁荣,加强这一地区影视工作者的联系与合作,希望他们制作出数量众多的具有民族特色和传统的电视作品。根据规定:只有科威特、沙特阿拉伯、卡塔尔、阿拉伯联合酋长国、伊拉克、巴林、阿曼苏丹国等海湾国家的电视节目才能参加比赛,其他阿拉伯国家和地区的电视节目可参加电视市场的播出和交易。主要活动:举行上述海湾国家电视节目的比赛,举行其他国家和地区电视节目的市场观摩播出,召开海湾国家电视界人士的座谈会,以协调他们之间的关系。开办影视市场,为与会者提供交易场所。奖品有"金马奖"。

戛纳国际电视节(Cannes MIP-TV Festival或Cannes MIP-TV Market)亦称"国际电视市场"或"国际电视节目交流会",由法国民间团体创办。每年4月或5月在戛纳举行,为期1周左右。这是世界上规模最大、最有影响力的国际电视节之一,也是法国最重要的电视节。历年来,为了扩大影响、增强竞争力和提高工作效率,电视节场地内部装有先进技术设备、提供各种优质服务和大量的宣传资料。因此,电视节规模不断扩大,活动项目逐年增加。如今有100多个国家和地区的电视台、电视公司、电影公司派出代表前去参加,参加者达数千人,展出数百个电视节目。该电视节以"独立自主、不受政府影响"为宗旨,通过观摩、展销大量电视节目,促进世界各地电视工作者友好往来、公平贸易、交流经验、互换信息。根据规定:参加者可以自由地进行贸易谈判,商讨共同关心的问题,出售各种电视技术设备。近年来,在电视节期间,还放映了大量影片、录像带,供参加者选购或交换。法国政府官员也经常出席重要活动。我国从20世纪70年代开始选送电视片或影片参展。

卡塔尼亚国际视听节(Catania International Audio Visual Festival)于1983年11月在意大利西西里岛创办。主要内容包括:举行意大利本国电影、电视、录像、广播等节目的播出,主要目的是促进意大利本国电影、电视、录像、广播等事业的发展;举行欧洲其他国家电影、电视、录像、广播等节目的播出,主要目的是加强意大利与欧洲各国之间的友好与合作。此外,还分别召开电影、电视、录像、广播等4个方面的专业座谈会,讨论当前欧洲电影、电视、录像、广播等试听节目的制作、发行等问题。与此同时,还召开与会者的经验

交流会,畅谈电影、电视、录像、广播之间的关系。

伦敦国际综合传播媒介市场(London Multi-Media Market),简称"伦敦电视节",是当前英国一个传播媒介的盛会,创办于 1982 年。每年 9 月或 10 月在伦敦举行,为期 1 周左右。其宗旨是为世界各地电视台、电视公司、电影公司、录像公司、广播公司间贸易或交换电影、电视、录像、广播等节目提供方便条件。参加者可以在这个综合性传播媒介市场里自由往来,交流信息。根据规定:世界各地国营或私营的企业制作的电影、电视、录像、广播等各种节目均可在这里展销或播出。题材和品种十分广泛,其中包括电影(故事片和纪录片)、电视、戏剧、音乐、舞蹈、体育、科教、美术等。主要活动有:各种播出会和展销会,信息交流会等。

艾美奖(American Emmy Awards)是美国电视界的最高奖项,地位如同奥斯卡奖于电影界和格莱美奖于音乐界一样重要。黄金时段艾美奖(Primetime Emmy Awards)由电视艺术与科学学院(ATAS)颁发。日间艾美奖(Daytime Emmy Awards)由国家电视艺术与科学学院(NATAS)颁发。国际艾美奖由国际电视艺术与科学学院(IATAS)颁发。艾美奖由洛杉矶和纽约共同举办。在电视发展的最初时期,一系列著名的节目都在纽约制作,但是从 20 世纪 60 年代重心开始转向洛杉矶,艾美奖重点也随同转移。1955 年,著名喜剧演员和脱口秀主持人爱德-萨利文(Ed Sullivan)看到艾美奖的成功后决定在纽约建立一个以东海岸电视人为主要成员的学会,之后洛杉矶学会和纽约学会合并。1957 年萨利文出任合并后的全国电视艺术与科学学会(National Academy of Television Arts & Sciences)第一任主席。此后,纽约和洛杉矶电视学会的成员轮流担任主席。1955 年至 1970 年艾美奖在东、西两岸两处甚至 3 处都设有会场。1969 年,国际电视艺术与科学学院(IATAS)成立,总部位于纽约。1973 年,首届国际艾美奖颁发。国际艾美奖的宗旨是:不管在什么地方制作或播映,高质量电视节目都应该得到全行业认可。每年都有包括中国在内的不少亚洲国家节目入选。被提名国际艾美奖的电视节目长度不得少于 30 分钟,分为电视剧、纪录片、艺术纪录片、流行艺术、艺术演出、儿童和青少年节目六大类。每个国家必须在每种类型的电视节目中选择两部最好的提名节目。电视艺术与科学学院的会员按照不同的领域被分为 26 个功能组别,包括:动画、艺术指导、选角、舞蹈、摄影、商业、服装设计、导演、电子摄影技术、工程发展、发型设计、照明指导、标题设计、后期制作、音乐、告示、表演、画面编辑、节目编排、混音、声音编辑、特殊视觉效果、技术指导、录像、声音表演、编剧等。各个会员分属自己职业特征归属的领域。在此之外,还设有大量节目组别的奖项,如"喜剧系列剧最佳导演奖""戏剧节目最佳女主角奖"等,所有会员都能对节目组别进行投票。功能组别的获奖人常说自己很荣幸被同行所认可,这话一点都不过分,因为他是由自己所属组别的会员投票选出,而其他组别无权对该奖投票,这样的投票具有绝对专业权威性。

蒙特卡洛国际电视节(Monte-Carlo TV Festival)于 1961 年由摩纳哥公国雷尼埃三世创办,一般每年 2 月举行。其宗旨是促进国际友好和电视艺术交流。评奖内容有:电视新闻(不超过 10 分钟);电视报道,包括访问记、关于事件的报道和背景介绍等(不超过 52 分钟);电视剧,最优秀作品和电视剧的编剧、导演、最佳男女演员授予金仙女奖。另外对参加比赛的属于环境保护内容的新闻和电视剧作品,授予特别奖。此外还有国际评论家

奖等。1975年原法国广播公司撤销后，戛纳国际电视新闻报道节目比赛从1976年起同蒙特卡洛国际电视节合并举行。

蒙特勒国际电视节（Montreux International TV Festival）于1961年起由瑞士电视台和国际电信联盟共同主办，得到欧洲广播联盟的支持。每年4月至5月之间在瑞士的蒙特勒市举行，为期1周左右。本电视节欢迎世界各地的优秀电视节目参加展映，其目的在于促进世界各地电视工作者的合作与交往，为发展国际电视事业做出应有的贡献。根据规定：世界各地不同类型和题材的优秀电视节目均可参加展映，数量一般不限。主要奖项有金质玫瑰奖（一等奖）、银质玫瑰奖（二等奖）、铜质玫瑰奖（三等奖）。另外，蒙特勒市和一些国际性机构以及瑞士的广播电视等组织也颁发些奖品。

莫斯科国际电视节（Moscow International TV Festival）也称"国际民间艺术电视节"。1976年由苏联电视广播委员会创办，苏联中央电视台主办。每两年在莫斯科举行一次。每届有几十个国家的电视机构参加。主要目的是促进世界各地保持并发扬各自的民族和民间文化传统，创作出题材新颖、风格各异的优秀电视节目。为此，各国参赛或播出的必须是以民族或民间风土人情和生活情况为题材的电视节目，否则不得参加。主要活动：分别举行电视节目比赛或观摩播出；召开各种专题讨论会，开展商业性活动。最高奖为圣乔治奖。由3个评委会分别对故事片、儿童片、短片进行评奖。

慕尼黑国际青少年电视节（Munich International Youth Prize Festival）简称"慕尼黑电视节"。1964年由联邦德国的巴伐利亚州政府、巴伐利亚广播公司联合基金会、慕尼黑市政府等单位联合创办。每两年5月至6月在巴伐利亚州首府慕尼黑市举行。主要目的是通过比赛和展映，加强对各国青少年生活的了解和研究。根据规定：凡参加比赛的电视节目必须以青少年为对象，非参赛的电视节目可作为观摩展映。主要活动有：电视节目的评奖比赛和观摩展映，关于青少年问题的讨论会，影视界艺术家、评论家、新闻记者、青少年工作者的研讨会。奖项有青少年奖、评委会特别奖、荣誉奖等。

除了上述电视节外，世界上比较知名的电视节还有纽约世界电视节（New York World Television Festival）、普罗夫迪夫"金匣子"国际电视剧联欢节（Plodiv "Golden Casket" International Television Drama Festival）、上海国际友好城市电视节（Shanghai International Friendly Cities TV Festival）、太平洋国际传播媒介节（Pacific International Media Market）、柏林未来奖电视节（Berlin TV Prix Futura）、意大利广播电视节（Brodcast Television Festival）。

作品信息的
获取渠道（中）

二、书评和影评

作品的翻译出版并不意味着大功告成，还需要借助目的语国家书评家和影评家以及报刊、互联网的力量，为作品进入目的语国家铺平道路。

（一）书评

Goodreads是美国的一家读书社交网站，号称美国版"豆瓣"。据说，现已成为世界上最大的在线读书俱乐部，或者可称作最大的独立书商。公司把网站管理完美地融合到了读者的个人阅读体验中,呈现了一种极好的阅读氛围,就像是一个派对主持人为志趣相投的朋友进行介绍,并激发彼此进行讨论,这也是 Goodreads 吸引用户的原因之一。读者可以在这里分享书评、记录读书进度、推荐书籍等等。当用户创建一个账号后,网站就会为你显示朋友的最新活动列表,包括朋友撰写的书评、发布的回复、他们想要读的书。

从 2009 年起,每年年末,Goodreads 都会举办一届"读者选择奖"(Goodreads Choice Awards)。有别于其他网站、媒体的年度书单,这个书单完全由读者投票产生,参与人数达 300 多万,每个图书类别仅设一个获奖名额。

在国外,书评被视为一种最有效的畅销书营销手段,据称,美国书评至少可以使一种书多销售 2000 册。美国的书评历史悠久,已经有 100 多年历史。不管是全国性还是地方性的报刊,大都设有专门的书评栏目。

1896 年《纽约时报》"星期六书评版"刊载书评,创办《纽约时报书评》。每年 16 位编辑选评 2000 种图书,由于书评公正,所以在读者中有较高威信,经其评论的图书销量往往直线上升,成为美国相当部分畅销书的起飞基地。现在美国人已经养成了先看书评再买书、读书的习惯。《纽约时报书评》挑选书籍很严格,主要选的是社会科学类书籍,且面对的是广大普通读者,而非专业人士。据悉,它上面的文章决不参与炒作,主要是从文化、学术的高度对书籍进行评论,并介绍一些新的思想和学术动向,使读者能挑选到好的书来阅读。因此,我们认为,在版权引进时多注意参考一下国外的这些知名书评,对我们的引进是有一定的参考、引导和借鉴价值的。

超级链接:其他重要书评

《纽约时报书评》博客:http://artsbeat.blogs.nytimes.com/category/books/,登载作家轶事、介绍、资讯类文章。

《纽约书评》是一本在美国纽约市发行的半月刊,内容权威,有分量,多涉及文学、文化以及时事。创刊于 1963 年,《纽约书评》发表的专稿中,主要汇集了曾为刊物撰稿的当代美国知名作家、学者的文章。杂志由罗伯特·希尔维斯和芭芭拉·爱泼斯坦在 1963 年的纽约出版界罢工中创办,杂志的出发点是:对重要书籍的讨论本身就是不可或缺的文学活动。《纽约书评》在政治激进主义的边缘徘徊,1970 年发表了诺姆·乔姆斯基的一些政治作品。21 世纪初,杂志又开始担当批评美国总统小布什的角色。《纽约书评》有时候会挑选一些文章重印成带有"NYRB"印记的小册子。

《纽约书评》与《纽约时报书评》有相当的不同。《纽约时报书评》有商业性,因要拉出版商的广告,登载的书评无所不包,甚至有流行通俗小说、侦探小说、科幻小说之类的评介;每篇文章不长,每期可多载几篇;写书评的虽是高级知识分子,但不一定是头流人物。而《纽约书评》则全部由美国东部文学圈人士包办,有些瞧不起别人的高傲姿态。它所刊文章着重分析,不作一般简介,有时文章长得要命,从一本书敷衍开去,书评竟成了讨论某一个问题的专论。

它的第二个特点是有不少书评作家是所谓"新左派",强调时代趋向,因此书评也偏重于当前时局有关的主题。例如在黑人人权运动蓬勃开展之时,该刊发表了不少对黑人激进派如黑豹党表同情的书评。越战激烈时,著名女小说家玛丽·麦卡锡等就借书评(当时有不少有关越战的书籍出版)为名,写了长篇大论的批评美国政策的文章。这是 20 世纪 60 年代美国社会中影响最大的两个问题,当时激进派流行一时,英语中甚至有了专门的词汇,叫作 radical chic(激进派时髦)。有的百万富翁不甘"落后",与文艺界巨子联合开派对,请黑豹党人等激进派参加。凡此种种,《纽约书评》不是没有影响的。

对于中国,该刊也相当关心。例如,在邓小平 1979 年 1 月 28 日—2 月 5 日访美之后,该刊 3 月 8 日的一期首篇长文就是著名汉学家费正清所写,一口气评了 9 本有关中国的新书。

亚马逊评论包括亚马逊产品评论和亚马逊店铺评论,顾名思义,亚马逊产品评论就是顾客对产品的满意程度的评论,亚马逊店铺评论就是顾客对店铺服务的满意度评论。两套评论体系使得亚马逊购物平台良好运行。二者都比较重要。一般来说新的产品下多了很多亚马逊评论,可以提高产品转化率,简单的理解就是,同样是十个人看到某款产品,有亚马逊评论的,这款产品将会有更多的人购买。那为什么会因为有亚马逊产品评论就会有更多的人购买呢?在流量一定的情况下,产品展示中拥有更多的产品评论,消费者会更加相信这款产品,买家其实都有一种从众的心理,大家都买的,肯定不会差到哪里去对吧。反之亦然,要是你的产品没有亚马逊评论,肯定转化率不会太高,试问谁愿意做小白鼠做实验呢?某个亚马逊评论中的店铺评论就是店铺反馈,店铺评论的作用也是很大的,比方说顾客进入店铺,光秃秃的没有评论,大家会怀疑该店铺产品的,另外还有一点,某个店铺需要创建站外促销的时候,国外大型促销网站就需要该店铺的反馈意见数量,亚马逊店铺评价的数量能反映出店铺经营时间,有没有诚信,产品质量服务好不好,所以在做亚马逊评论的同时,也要注重店铺评价。

拓展资料 8-2

《伦敦书评》创刊于 1979 年,创刊之时英国正处于经济大萧条期,在起初的半年里,《伦敦书评》一直是作为《纽约书评》内的插页随之发行,内容主要是传统的英语随笔和评论。

1980 年 5 月,《伦敦书评》独立出版的第一期上市。

(二)影评

互联网电影资料库(IMDb)是一个关于电影、电视节目和视频游戏等相关信息的在线数据库。该资料库包括了演员、摄制组人员、视觉娱乐媒体虚构的人物等信息资料。它是最流行的在线娱乐网站,每月拥有超过 100 万的独立用户。

Yahoo! Movies 是一家雅虎旗下的电影频道网站,前身为 Upcoming Movies。它收集大量的电影、预告片、剪辑、票房信息、放映时间和电影院等资料信息。它还包括好莱坞演员走红地毯照、演员画廊和剧照。

Fandango 是一家可以通过电话和互联网销售电影票的美国票务网站。它提供独家电影片段、电影预告片、名人访谈、用户评论、电影介绍和一些网页游戏。总部位于加利福尼亚州洛杉矶市。2007 年 4 月 11 日,康卡斯特收购了 Fandango。

Rotten Tomatoes 是美国一个网站,也称烂番茄,以提供电影相关评论、资讯和新闻力主该网站于 1998 年 5 月由加州大学伯克利分校(UC Berkeley)的三位在校学生杨生(音译)、帕特里克·李、斯蒂芬·王创建。该网站已经成为电影消费者和影迷的首选网站，每天独立访问 IP 大概有 200 万。网站的名称是因轻歌舞剧（vaudeville）上演时期观众会因演出不佳时往舞台上扔掷番茄和其他蔬果而来。好的评价用新鲜的红番茄表示，坏的评价用腐烂的绿番茄表示。烂番茄对一部影片的评价是基于所有网站认证影评人的评价得出，网站会根据影评人的评价认定是好（新鲜番茄）还是不好（烂番茄），工作人员使用整体表现资料（aggregate data）来决定评论是正面（"新鲜"fresh，以一个鲜红的番茄作为标记）或负面（"腐烂"rotten，以一个绿色被砸烂的番茄作为标记）。网站会追踪所有的评论内容，以及正面评价的比例。若正面的评论超过 60％，该部作品将会被认为是"新鲜"。相反的，若一部作品的正面评价低于 60％，则该作品会被标示为"腐烂"。目前烂番茄也有了认证新鲜（certificated fresh）标示，其中认证新鲜的电影新鲜度需至少达到 75％。目前网站上评价最高的电影，即"新鲜"比例达到 100％的电影。相反的，有超过 200 部电影的"新鲜"评价为 0。电影评价分为两种，普通影评人评价和专业影评人（top critics）评价，烂番茄也专门为专业影评人开放独立评价得分。烂番茄网站会对收录的评价达到一定数量的影片，根据所有影评人的评价总结出影评人评价概括（critics consensus）。评价概括一般由一句话组成，但也有例外，比如《表情奇幻大冒险》，只有一个表示无的 emoji。2011年 5 月，它被华纳兄弟公司收购，华纳兄弟公司还收购了美国社交电影网站 Flixster。

Moviefone 是一家美国电影信息网站。电影观众可以从该网站获得当地电影放映时间、影院信息、电影评论、购票信息。其拥有者为美国在线。

CinemaBlend 是一家美国娱乐网站，该网站提供最新的娱乐新闻、电影预告片、电影评论、娱乐讨论和意见。

Moviepilot 是一个提供电影和电视信息的网站。它是世界上增长最快的影迷社区，拥有超过 1300 万狂热的美国电影迷和电视迷。它曾与美国和世界各地的电影工作室，如与二十世纪福克斯、环球、迪士尼和派拉蒙合作过。其姊妹网站 Moviepilot.de 于 2007 年在德国推出，拥有 25 万注册用户。

Box Office Mojo 是一个利用其复杂的算法方式来跟踪票房收入的网站。它于 1998年由布兰顿·格雷创办。2002 年，布兰顿·格雷和肖恩·索尔斯伯里合伙一起把该网站发展到了拥有 200 万独立浏览者的规模。2008 年 7 月，它购买了亚马逊的附属公司——互联网电影资料库。

Movies 是美国一家提供电影相关信息的网站，该网站是由康卡斯特经营。迪士尼在2008 年 6 月收购了该公司。该网站拥有：最新电影、电影预告片、电影时报、电影评论、电影放映时间和门票、影院信息。

ComingSoon 是一家电影和电视网站。它包括了影院、电影预告片、电影零售发行日期、电影评论和新闻信息。

Flixster 是一家美国社交电影网站。它提供电影预告片，以及即将上映的电影和票房信息。总部位于美国加利福尼亚州旧金山市，由乔·格林斯坦和萨兰沙里于 2007 年创办。

MovieWeb 是一个涵盖电影和电视节目的娱乐网站，于 1995 年创建，总部位于拉斯维加斯，拥有者为 WATCHR Media，Inc.。由于与视频租赁行业公司合作，所以它提供整合本地视频租借和在线业务服务。MovieWeb 提供电影预告片和电影和工作室的网站链

接和论坛讨论。它是 hulu① 的分销合作伙伴,为用户提供 hulu 流媒体视频服务。

MovieTickets 是一个在线电影票务网站,它于 2000 年由 AMC 影院和好莱坞媒体公司创建。现在,它是一个合资企业,资方包括好莱坞媒体公司、AMC 娱乐公司、国家娱乐、美国际影城娱乐、马库斯剧院、维亚康姆和时代华纳。

SlashFilm 是一个涵盖电影新闻、电影评论、电影访谈和电影预告片的博客,由彼得·西雷塔在 2005 年 8 月 23 日创建。它侧重于讨论最近上映的电影,以及当前电影新闻和其他相关的娱乐话题。

Hollywood 是美国一家全球电影及娱乐网站,该网站内容涵盖全球流行文化,包括电影、电视和名人,并提供娱乐新闻、新电影资讯、电视新闻、名人访谈、娱乐照片,以及最新的电影片段和预告片。本网站所发布的评论、新闻文章和论坛帖子都是由读者提供的。网站资金来自广告和电影票销售。

(三)期刊

英国权威电影月刊杂志《视与听》(*Sight&Sound*)每隔 10 年便会召集知名导演与影评人进行票选,评选影史十大影片。评选的目标就是要排除掉影迷品味波动的可能性,让电影人自己去解释电影的伟大性。评选出的影片排名是将影评人和导演两组各自的投票数相加后的结果,按照得票数顺序排列。美国著名影评人罗杰·伊伯特说:"《视与听》的十大的票选榜单通常被认为是影史上最权威的电影榜单。"

《银幕国际》(*Film Journal International*)是一本关注电影工业流程的电影杂志,相对于《帝国》《今日电影》《首映》这类纯影迷杂志及《电影手册》这样的小众文艺电影杂志,《国际银幕》更像是一个业内人员的导读。它关心的是整个电影工业的动态与发展,它的影评是把电影放在工业上去考量的,具有一言九鼎的功力。因为从市场的观点去考量和观众角度去评价,其实都殊途同归。

《电影评论》(*Film Comment*)杂志是纽约林肯中心电影协会出版的电影双月刊杂志,刊中有评论家对影片的评分、影片评论、电影人的介绍和访谈和各国电影节等内容。

作为美国娱乐界两大报刊之一,《好莱坞报道》的报道和评价通常代表着终极权威之声。作为好莱坞娱乐产业的风向标,其对欧美明星圈有着巨大的影响力,拥有丰富而顶级的采访资源,是北美娱乐资讯及重量级娱乐颁奖典礼报道最权威的媒体之一。已经有 80 多年历史的《好莱坞报道》公司总部设在洛杉矶,获得过 2015 年国家杂志奖的"优秀杂志奖"。它的产品与服务通过多平台发布:周刊杂志、双月专题报道、季报、网站、PDF 版每日新闻。2010 年,《好莱坞报道》全面改版,一跃成为娱乐资讯多媒体发布品牌。

《帝国杂志》(*Empire*)是英国著名电影月刊,1989 年 7 月开始发行,现由鲍尔媒体集团(Bauer Media Group)出版,是英国最受欢迎的电影杂志之一,在美国、澳大利亚、俄罗斯等国亦有发行。杂志设有《帝国杂志》电影奖,2008 年评选过 100 部改变世界的电影,

---

① hulu 是美国的一个视频网站。该网站由美国国家广播环球公司和福克斯于 2007 年 3 月共同注册成立。

《帝国》的评审是专业及广受认可的。

1950 年,电影理论家与影评家安德烈-巴赞(1918—1958)创办《电影手册》(*Les Cahiers du cinéma*),并在创刊伊始就定下了这份杂志的办刊基调。除了 20 世纪 70 年代以外,从 20 世纪 50 年代到现在的每一年都会评选当年的十佳电影(分为编辑评选和读者评选,投票选出),并且每 10 年都会有一个十年十佳的评选。毫无疑问,《电影手册》任何形式的电影评选在影评界都是万众瞩目级别的。它的选片类型堪称诡异,口味难以捉摸,角度飘忽不定,标准极度不统一:极度小众的葡萄牙电影《骨未成灰》和世界大卖的《泰坦尼克号》可以出现在同一个榜单上;M·奈特·沙马兰被人疯踩的《水中女妖》《神秘村》两部片全部入榜。但就其传统来说,《电影手册》更愿意表彰那些他们认为优秀的导演:有的时候即使该导演拍出再差的作品都能入榜,而那些他们看不上的导演拍出再好的作品都不会入他们的法眼。这种明目张胆的偏执是《电影手册》最奇怪、最矛盾,但也是最富有魅力的地方。

日本《电影旬报》是创刊于 1919 年 7 月的电影杂志。电影旬报奖最开始时是在 1924 年(大正十三年)由编辑们统计票数,选出年度十大佳片,最初是分为"最佳艺术片"与"最佳娱乐片"两个部分来评选十大佳片,但都是外国电影。从 1926 年开始,日本国内电影水平提高后,便成了现行的"日本电影"与"外国电影"两个部分来评选十大佳片。日本电影旬报奖是日本电影最具权威的奖项以及最高荣誉。

《综艺》是美国历史最悠久的好莱坞专业杂志,内容涉及电影、电视、音乐等方方面面,在普通读者和业内订户中极具影响力,是既快又准的好莱坞信息通道。世界上很多演员都把《综艺》周刊当作最权威的行业杂志。其读者定位为娱乐业顶级的专业人士,力争成为流通最广的娱乐行业杂志。

三、出版名录与行业期刊

(一)出版名录

出版业总信息的主要来源是出版名录。世界上两大主要文学名录是《文学市场》(*Literary Market*,包括美国和加拿大的出版商)和《国际文学市场》(*International Literary Market*,包括世界其余出版商)。二者皆由今日信息公司每年出版,可以从英国的 Bowker 有限公司订购,其地址为 Windsor Court, East Grinstead House, East Grinstead, West Sussex RH19 1XA,United Kingdom。名录中依次列出各个国家出版社的名称、地址、联系电话、传真号码、主要人员的姓名及其出版方向。大多数情况下,还标明该出版公司成立的时间和上一年度的出版数量,它们为鉴别、选择适当的外国出版社提供了良好的起点。

必须说明的是,名录中关于西方出版商的信息总体上是完善的,但是对于积极寻求联系中国市场的西方出版商而言,作用不大。中国出版社可以免费将自己出版社的信息纳入到名录中,这样该条目就会每年更新。要将信息提交给《国际文学市场》可联系 The International Literary Marketplace, 630 CentralAvenue, New Providence, NJO7974,USA。

出版名录中也包括英联邦国家的出版商的信息,每年由国际统一出版集团有限公司出版,其地址为 The Tower Building,11 York Road,London. SE1 7NX,United Kingdom。

其他一些书目信息也是出版社不可忽视的版权信息源,如《美国在版书目》《英国在版书目》《德国在版图书书目》以及《国际复制出版物目录》等。中国图书进出口总公司、中国教育图书进出口总公司等从事原版图书进出口贸易的公司提供的进口图书出版信息较为全面,它们编发的新书征订目录也应是重要的版权贸易信息参考资料。此外,国外出版社发行图书时编制的新书目录,以及由国外同行寄赠的书刊目录,也是直接获取图书出版信息的较好渠道。《全国新书目》是中国新闻出版署主管、新闻出版署信息中心主办的一份书目检索类期刊,该刊创刊于 1951 年 8 月,每月出版一期,全面介绍当月的新书出版信息。设有"书业观察""特别推荐""新书评介""书评文摘""畅销书摘""精品书廊""新书书目"等栏目。其中"新书书目"使用了国际标准图书分类法,读者可以简便快捷地检索到所需内容。全刊信息丰富而重点突出,多样却有条有理。

不少国家都充分发挥互联网的作用,或者创办英文杂志,及时向外界介绍本国文学出版动态和作品翻译情况等,如比利时政府在网上提供佛莱芒语文学作品的详尽数据,并且明确公布资助翻译的条件和计划;斯洛文尼亚也在互联网上列出了外译本国作品的详细目录;荷、德、法等国的相关网站不仅信息量大,而且内容更新及时;在伦敦出版的英文杂志《德语新书目》(*New Books in German*)面向全球发行,每期印数 3000 册;荷兰也每年两次用英语出版荷兰非小说作品和儿童文学作品书目。

(二)行业期刊

《出版商周刊》是美国的贸易周刊,美国出版界的喉舌,主要报道出版商、书商与图书馆感兴趣的消息与动向,是了解美国出版界的重要读物。其网址为 www. publishers-weekly. com. 贸易期刊通常包括出版商自己加入的主要新选题的广告,诸如儿童书、宗教书等出版领域定期的编辑专题文章,畅销书每周排行榜,图书贸易和个别图书书评的新专题报道。《出版商周刊》每年还对 750 多种图书、有声读物和电子书展开评论。由于其权威性,它的评语经常被用于各种图书特别是畅销书的封面介绍。如果某个出版社要让《出版商周刊》评论它的图书,必须在出版之前 3 个月就将图书的长条校样提供给周刊,因为它不评论已出版的图书。此外,周刊每年还出版春秋两季的儿童图书专刊、宗教书专刊、美国书商协会(ABA)会前专刊、秋季国际图书专刊等。

《书商》(*Bookseller*)杂志是一家英国杂志,报道出版业的新闻,主要提供英国书刊的出版、发行和销售等方面的信息以及图书评论,1858 年由乔纳森·惠特克父子公司创办。这本仅限订阅的杂志在 90 多个国家每周约有 3 万人在阅读,其中包含来自出版和图书销售领域的最新消息、深入分析、出版前预订和作者访谈等。这是第一本在英国发布官方每周畅销书排行榜的出版物,它还创造了第一个基于英国的电子书销售排名。该网站每月有 16 万名独立用户访问。每年评选出最古怪的选题奖。《书商》杂志有以下固定栏目,分别是 feature(专栏)、special feature(特色专栏)、news(新闻)、book track(畅销书排行榜)、opinion(视点)、book news(作家作品)、publications of the week(本周新书)、career focus(招聘信息)、classified advertising(分类广告)。该杂志还每年出版大约十几个特刊,包括年度图书和 4 本"买家指南"。《书商》还在伦敦书展、博洛尼亚国际童书展和法兰克福书展上发布 3 份日报。除贸易出版之外,还为其他一些出版物提供篇幅较长的图书书评。其他国际期刊有法国的《图书周报》、日本的《出版月报》、德国的《德国图书报》等。

四、排行榜

在国内,每年出版的引进版权书品种大约是图书出版品种总数的5%,相对而言,引进版权书在市场上的分量不是很重,但在读者中却有着很大的影响,这种影响很多时候是通过畅销书排行榜体现出来的。

作品信息的获取渠道(下)

图书排行榜在业内业外都具有一定的影响力,特别是近些年网络的兴起,使得排行榜不但传播面更广,速度也更快,影响读者的作用也越来越大。虽然受各种因素限制,各个书店的排行榜彼此之间有较大的差别,但引进版权书一直是排行榜上的常客。

2017 年 5 月 18 日,亚马逊上线"亚马逊排行榜"(Amazon Charts)——一个全新的每周图书排行榜。这是亚马逊继实体书店后,在图书行业的又一大动作,引起了行业内的"围观"和媒体的大量报道。图书排行榜并不是新鲜事,亚马逊排行榜之所以引爆话题,在于其榜单的三大特点。首先,增补传统"畅销榜"。亚马逊排行榜对传统的"销量最高"(most sold)榜单进行了补充。周畅销前 20 强不仅包括每周在亚马逊网站(Amazon.com)、亚马逊旗下的有声书网站(Audible.com)和亚马逊实体书店(Amazon Books Stores)已售出和已被预定的书,还包括用户通过诸如亚马逊电子书包月服务、Audible.com 和亚马逊会员免费阅读计划借出的书。换句话说,这份畅销榜单不仅包括了预定、借出等状态,还囊括了亚马逊各平台能够提供的所有阅读形式的数据。其次,带来全新"阅读榜"体验。亚马逊排行榜最吸引人的创新在于其提供了一个全新的参考思路——"阅读最多"(most read)榜,这可能是比销量更可靠的指标。很多人都有过"买书如山倒,看书如抽丝"的经历。还有人明明不喜欢某本书,为了显示自己能读懂或者有品位却假意叫好。还有一些书,长期以来都是买者众读者少,如霍金的《时间简史》。因此,针对销量和阅读不对等的状况,亚马逊利用其大数据优势,通过记录读者在 Kindle 和 Audible 的阅听数据,挖掘读者反馈,呈现人们实际阅读和投入一本书的时间。再次,提供特色"备注信息"。除出版社、代理商、上榜周数等,上榜书的下方(前三名)或右侧(第四名至第二十名)还提供了一些额外备注。①

《纽约时报》畅销书榜(The New York Times Best Seller List)是《纽约时报》的图书专栏,开设了畅销书排行榜,每周 1 次,主要分精装版小说、精装版非小说、精装版咨询书、儿童图书、平装版小说、平装版非小说和平装版咨询书七大类。每类括号内前一个数字为强烈推荐的品种,后面的数据表示销售也不错的品种。这个排行榜基本反映了美国 400 家书店,以及批发商给的其他 500 家零售商(如礼品店、百货商店、新闻报摊、超市等)的图书销售情况,经过加权后统计得出排行。

---

① 谭小荷.读者导向与数据至上:亚马逊图书排行榜的现实问题与价值隐忧[J].编辑之友,2018(4):44-49.

《纽约时报书评》最佳畅销书目自 1942 年 4 月 9 日开始,一直刊载至今。它按照每周向美国各地大书店征集来的数字的多寡对图书进行排列。越是能列入这一书目,越有可能引人注意,图书的销路也就越大。

《纽约时报书评》最佳畅销书目分类比较细致,如表 8-1 所示。

表 8-1　《纽约时报书评》最佳畅销书目分类

主类别	支类别
精装版	小说
	非小说
平装版	一般平装版小说
	大众市场平装版小说
	非小说
励志·工具及其他类图书	小说
	非小说
儿童图书	图画书
	章节书
	平装书
	系列书
绘图书	精装版
	平装版漫画

每年的 11 月末 12 月初,《纽约时报书评》都会评选"年度 100 本值得注意的图书",其中包括小说类和非小说类作品各 50 本。这份榜单的评选不再以图书的销量为指标,也不看作者名气大小,只要是好书,有特色,曾经受到书评副刊评介都符合榜单的入围资格。从这 100 本书中,编辑部再评选出"年度值得注意的图书"刊载在显著醒目的版面上。这份图书榜单通常由书评副刊的编辑提名初选,编辑部投票决定最后名单。整个评选过程由书评副刊的编辑部独立完成,没有邀请专家,也没有设置评委会。同时,由于上榜好书的数量并没有硬性指标,因此,每年的"年度值得注意的图书"榜单的图书数目往往有所不同。

总而言之,《纽约时报书评》通过这两份只围绕"好书"开展的年度榜单来提醒读者:阅读可供人们休闲娱乐,但阅读不只是快餐文化,不要因为只关注销量而错过好书。

五、奖项

(一)与出版相关的奖项

诺贝尔文学奖:诺贝尔在 1895 年 11 月 27 日写下遗嘱,捐献财产 3122 万余瑞典克朗设立基金,每年把利息作为奖金,授予"一年来对人类做出最大贡献的人"。根据他的遗嘱,瑞典政府于同年建立"诺贝尔基金会",负责把基金的年利息按五等分授予 5 个奖项,文学奖就是其中之一。

国际安徒生奖是儿童文学的最高荣誉,被誉为"儿童文学的诺贝尔奖"。由国际少年儿童读物联盟于 1956 年设立,丹麦女王玛格丽特二世给予赞助,以童话大师安徒生的名字命名,每两年评选一次。国际安徒生奖为作家奖,一生只能获得一次,表彰的是该作家一生的文学造诣和建树。2016 年曹文轩成为第一个获得该奖的中国作家。

纽伯瑞儿童文学奖(Newbery Medal):1922 年,由美国图书馆学会(American Library Association,ALA)的分支机构——美国图书馆儿童服务学会(Association for Library Service to Children,ALSC)创设了纽伯瑞儿童文学奖(The Newbery Medal for Best Children's Book)。每年颁发一次,专门奖励上一年度出版的英语儿童文学优秀作品。

卡内基奖章(Carnegie Medal)被称为"英国最古老和最有声望的儿童图书奖",于 1936 年设立,以美国慈善家安德鲁·卡内基命名。每年都会颁发给一本为儿童或青年写的优秀新书。自 1956 年以来,卡内基奖章有了一个姊妹奖:凯特·格林纳威奖(Kate Greenaway Medal)。该奖项由英国图书馆协会设立,主要是为了纪念 19 世纪伟大的童书插画家凯特·格林纳威女士,是世界插画界最重要的奖项之一。

在一年一度的博洛尼亚国际童书展期间的博洛尼亚国际童书展最佳童书奖成为人们了解世界童书出版的风向标。该奖项创立于 1966 年,现已发展成为全球少儿出版领域最负盛名、最具权威性的国际奖项之一,旨在表彰全球范围内体现杰出图书设计与编辑水准的最优质童书作品。聚焦全球出版界的目光,为广大图书作者和插画家们提供了一个展示自身才华,快速提升国际知名度的绝佳平台。博洛尼亚国际童书展最佳童书奖不仅仅是一项出版界奖项,更是国际化的版权贸易平台。荣获这项大奖或特别提名,都将极大地提升获奖图书在整个业界的知名度,带动图书在众多海外新市场的版权输出业务。获奖图书封面上的童书大奖标志代表了少儿出版行业的最高荣誉与广泛的国际认可。博洛尼亚国际童书展最佳童书奖分为 3 个类别:小说奖、非虚构作品奖和新人奖(颁发给首次参选的作者和插画家)。由国际专家组成的评委团来确定获奖名单,评委们还需要颁发一个特别的"新视野奖",奖励那些特别具有创新精神的图书。

普利策文学奖不是一个独立的奖项,而是美国普利策奖众多分枝中的一个。约瑟夫·普利策在去世前第 7 年——1904 年,立下遗嘱,将自己的财产捐献给美国哥伦比亚大学,由他们建立一个新闻学院。这笔高达 200 万美元的款项中,有四分之一被用来设立奖项,后来这笔钱成了普利策奖的基金。1917 年,该奖的第一届颁奖仪式举行,此后每年颁发一次。普利策文学奖的标新立异之处在于它与大众口味的背道而驰,畅销的文学作品从不受它的垂青,即便大作家的作品也不例外。

雨果奖是"世界科幻协会"(World Science Fiction Society,WSFS)所颁发的奖项,自 1953 年起每年在世界科幻大会(World SF Convention)上颁发,正式名称为"科幻成就奖"(The Science Fiction Achievement Award),为纪念"科幻杂志之父"雨果·根斯巴克(Hugo Gernsback),命名为雨果奖。自设立以来,雨果奖的奖项已有很大变化,目前除了传统的最佳长篇、最佳中长篇、最佳中篇和最佳短篇奖之外,还设有最佳编辑奖、最佳美术奖以及专门针对科幻迷的"最佳科幻迷作家奖"和"最佳科幻迷美术奖"等等。它的评奖范围是前一年内出版的科幻或奇幻作品,由世界科幻大会(WSFC)的会员进行提名并评选,每个奖项一般只有一个获奖作品,但一个作家可以多次获奖。本奖无奖金,是纯粹的荣誉奖。获雨果奖的作家及其作品构成了世界科幻艺术金字塔的塔尖。但自从第 11 届颁奖礼开始,有人设计了一个带鳍状翼的火箭奖杯,两年后又有人设计了另一个造型,只是底座形状不同,于是从那时起该奖就有了个不成文的规定:奖杯底座每年会更换为不同的造型。

美国国家图书奖是由美国出版商协会、美国书商协会和图书制造商协会于 1950 年 3 月 16 日联合设立的,只颁给美国公民。美国国家图书奖与普利策小说奖被视为美国最重要的两个文学奖项,它是美国文学界最重要的奖项,也是出版界的盛典。美国国家图书奖评奖主要分为小说、非小说、诗歌和青年文学四大类作品。每类作品由一个小组负责评选,每个小组由 5 人组成,其中包括一位主席,由国家图书基金会选出。每类作品将选取最佳的 5 本入围最后的决赛选拔。而每种类型中,最终的获奖者将得到 1 万美元的奖金和一尊铜像,其他 16 位获得提名者也将各获得 1000 美元的奖金和一枚奖章。美国国家图书奖在 1979 年曾一度代之以美国图书奖。1964 年后,美国图书奖非小说奖进一步划分为文艺、历史与传记、科学、哲学与宗教类最佳作品奖。1965 年增加了翻译作品奖。1969 年又增设了儿童文学奖。1972 年开始颁发当代事务、当代思想、当前热点等最佳作品奖。1980 年曾进一步区分小说的精装本及平装本最佳作品奖,同时为了鼓励新人增设了处女作小说奖。从 1984 年奖项骤然减少,到目前为止,基本固定为小说、非小说、诗歌和青年文学四类奖。1989 年的春天,该奖项的理事会高层意识到各年龄层和不同文化背景的人在读书、写作方面的重要性,以及文化人与非文化读者之间存在着巨大差异性,于是做出了一个设立美国国家图书基金的重大决定,用以扩大该奖项在文学领域的认同范围以及影响力,从而提高全国人民对优秀作品的文学鉴赏力与文化修养。

英国皇家学会(Royal Society)成立于 1660 年,是由来自世界各个领域如科学、工程、医学等的杰出科学家组成的自治团体,皇家学会下设多类科学奖项,包括各种奖励(Awards)、奖章(Medals)、获奖演说(Prize Lectures)等,数量上达到 32 种之多。其中科普图书类奖项包含青少年图书奖(Young People's Book Prize)与温顿科学图书奖(Winton Prize for Science Books)两种。皇家学会于 1988 年开始授予青少年图书奖(最初英文名:Junior Book Prize),该奖项每年一次,在于奖励为青少年(14 岁以下)创作的优秀科学传播类书籍。1988—1989 年该奖项被称为"科学图书奖青少年奖"(Science Books Prize Junior Prize),1990—2000 年被称为"罗纳普朗克青少年科学图书奖"(Rhone-Poulenc Prize for Science Books Junior Prize),2001—2006 年期间被称为"安内特青少年科学图书奖"(Aventis Prize for Science Books Junior Prize),2007—2008 年期间被称为"皇家学会青少年科学图书奖"(Royal Society Prize for Science Books Junior Prize),2009—2010 年期间该奖项停止颁发,2011 年复又开始颁发。该奖项评委会由成人组与青少年组构成,由皇家学会任命。成人组每年有四五位成员,通过往届的评委信息可了解到成人组评委主要由科学家、大学教授专家、科学机构研究者、学校工作者、作家、编辑、科学类节目主持人、科学传播者等与科学密切相关的工作者构成。青少年组成员由 14 岁以下的青少年学生组成,他们分别来自英国各地的学校、图书馆、科学中心、青年团体的图书评审委员会。

(二)影视奖项

奥斯卡金像奖(Academy Awards)的正式名称是"电影艺术与科学学院奖",于 1927 年设立,每年由美国电影艺术与科学学院组织与颁发,旨在鼓励优秀电影的创作与发展,不仅是美国电影业界年度最重要的活动,在世界也享有盛誉。奥斯卡金像奖自 1929 年设立以来每年都在加州洛杉矶举行颁奖典礼,而自 2002 年第 75 届开始,洛杉矶好莱坞的杜比剧院成为颁奖典礼永久举行地。奥斯卡金像奖有 20 多个不同的奖项,囊括了各种电影类型。作为全世界最有影响力的电影奖项,其每年的颁奖典礼都会在超过 100 个国家进行电视直播。此外,该奖项也是世界上历史最悠久的媒体奖项,其在美国电影界的地位与针对音乐的格莱美奖、针对电视的艾美奖、针对戏剧的托尼奖相当,而这些奖也都是以它为榜样而建立的。奥斯卡金像奖的奖杯由纯金打造,重约 3.8 千克。

英国电影学院奖(British Academy of Film and Television Arts)建立于 1947 年,原来主要是针对英国电影电视及由英国演员出演的外国电影而颁发的奖项,现在只要是在英国上映的影片均可获得提名,相当于美国的奥斯卡金像奖,于 1949 年首次颁发,该奖项自 2008 年起,每年在英国伦敦 Covent Garden 的皇家歌剧院举行颁奖仪式。英国电影学院奖的奖杯是一面置于大理石基座上的黄铜面具,重约 3.7 千克。

金球奖(Golden Globe Awards)是美国的一个电影与电视奖项,以正式晚宴的方式举行,举办方是好莱坞外国记者协会。此奖从 1944 年起,每年举办一次。一般认为此奖是美国影视界第三重要的奖项:第一是电影界的奥斯卡金像奖,第二是电视界的艾美奖。

金棕榈奖(Golden Palm)是法国戛纳电影节的最高奖项,相当于奥斯卡金像奖中的最佳影片奖,于 1955 年开始颁发,前身为金鸭奖,因戛纳为法国南部海滨城市,沙滩两边到处都是高大的棕榈树,故把奖杯设计为一片金制的棕榈叶,称金棕榈奖。戛纳电影节是当今世界最具影响力的电影节,与柏林国际电影节、威尼斯国际电影节并称欧洲三大电影节,于每年 5 月中在戛纳举行。

印度电影观众奖(Filmfare Awards)始于 1954 年,是由英国广播公司与华纳唱片公司合资兴办的杂志《印度电影观众》颁发的年度大奖,该杂志每年靠读者投票评选印度电影观众奖和南方印度电影观众奖,其中印度电影观众奖主要奖励杰出的印地语电影及导演、演员;而南方印度电影观众奖则是奖励杰出的泰米尔语、泰卢固语、卡纳达语、马拉雅拉姆语电影及导演、演员,相当于美国的奥斯卡金像奖。

欧洲电影奖(European Film Awards)创办于 1988 年,由欧洲电影学会每年举办一次,只有在欧洲上映的电影、欧洲制片、欧洲导演与演员才有资格参与,颁奖地点主要在柏林,进入 20 世纪 90 年代后期,才逐渐在欧洲各国举办。

国际印度电影学院奖(Whistling Woods International)由国际印度电影学院颁发,旨在表彰那些为印度电影做出卓越贡献的电影人,每年在全球各地举办颁奖典礼,首次颁奖礼于 2000 年在英国伦敦的千年穹顶举行,现已成为国际上极为知名的印度宝莱坞大奖。

MTV 电影大奖(MTV Movie Awards)是由全球音乐电视网(MTV)举办的年度国际性电影颁奖典礼,由 MTV 独家提供提名名单,由普通观众在 MTV 官网上投票来决定奖项的归属,于 1992 年首次颁发,2007 年之前颁奖礼并不是直播,而是提前录制而成,2007

年首次在洛杉矶由 MTV 进行现场直播。

亚洲电影大奖(The Asian Film Awards)由香港国际电影节主办,于 2007 年在香港会议展览中心首次颁发,旨在表彰为亚洲电影做出杰出贡献的亚洲电影人,为首个亚洲电影颁奖礼,是亚洲电影界最高殊荣。亚洲电影奖奖杯开始为黑白色,后改为金色。

英国独立电影奖(British Independent Film Awards)创建于 1998 年,隶属于英国瑞丹斯独立电影节,每年 11 月末或 12 月初在伦敦颁奖。该奖旨在表彰英国独立电影中的佼佼者,并鼓励更多的创新型及非主流型的电影人进行电影创作。该奖共有 12 个奖项,包括最佳英国独立电影及最佳国际独立电影,最高奖项为英国金狮奖。

艾美奖(Emmy Awards)是美国电视界的最高奖项,地位如同奥斯卡奖于电影界和格莱美奖于音乐界一样重要。黄金时段艾美奖(Primetime Emmy Awards)由电视艺术与科学学院(ATAS)颁发,日间艾美奖(Daytime Emmy Awards)由国家电视艺术与科学学院(NATAS)颁发,国际艾美奖由国际电视艺术与科学学院(IATAS)颁发。

(三)音乐奖

格莱美奖(Grammy Awards),美国录音界与世界音乐界至高奖项。每年 1 月底或 2 月初由美国国家录音艺术与科学学院(National Academy of Recording Arts and Sciences,NARAS)颁发。学院由录音业的专业人士所组成,目的在于奖励过去一年中业界出色的成就。格莱美奖是美国 4 个主要音乐奖之一(另 3 个为公告牌音乐奖、全美音乐奖和摇滚名人堂收录典礼)。格莱美之所以能够为世界音乐人津津乐道,除了美国一直是全球流行音乐的中心、代表了流行音乐最高水平外,还有以下 3 个原因:权威性(authority)、公正性(justice)、广泛的影响性(influence)。格莱美颁奖仪式走向世界,为格莱美音乐奖成为全世界音乐人广泛接受的一个奖项立下了汗马功劳。

世界音乐奖(World Music Awards,缩写 WMAs 或 WMA)创立于 1989 年,是一个以奖励全球最高销量歌手为宗旨的国际奖项,该奖项得到国际唱片业协会(IFPI)的认可。世界音乐大奖奖项包括:世界最佳流行女艺人、世界最佳流行男艺人、世界最佳摇滚女艺人、世界最佳摇滚男艺人、世界最佳摇滚乐队、世界最佳歌手、世界最佳新人、世界最佳嘻哈说唱歌手、世界最畅销艺人等重量级奖项。

全美音乐奖(American Music Awards,AMA),是美国最负盛名的音乐颁奖礼之一,由迪克·克拉克创办于 1973 年,与格莱美奖、公告牌音乐奖一起被称为美国三大颁奖礼。由于评审方式的特殊性,它被认为是最能代表主流音乐的商业指标。全美音乐奖提名依据的是公告牌杂志和公告牌网站中统计出的综合数据,其中包括专辑和数字单曲销量、电台点播量、网络流量、社交媒体活跃度以及巡回演出票房。

MTV 音乐录影带大奖(MTV Video Music Awards,VMA)是美国的音乐奖项之一,创办于 1984 年夏末,其目的是表彰那些最受人喜爱的 MV。VMA 每年举办一次并通过 MTV 现场直播。迄今,举办过 VMA 的地点包括纽约、洛杉矶、迈阿密和拉斯维加斯,而 2008 年的颁奖典礼更是选在了派拉蒙电影制片厂举行。VMA 于每年的 7 月 1 日开始资格审查,8 月末到 9 月中旬之间颁奖,而奖杯是宇航员在月球上的雕像。

金曲奖(Golden Melody Awards)是华语乐坛规模最大、最具影响力的音乐奖项。

1990 年起开始举办，由台湾"文化部"影视及流行音乐产业局主办，每届颁奖典礼约于每年五六月前举行。台湾金曲奖、台湾电视金钟奖和台湾电影金马奖并称台湾年度三大奖。金曲奖是台湾为促进华语音乐事业，对优良华语歌手以及优秀工作者所提供的一项竞赛奖励，奖励了许多优良华语歌手及优秀的音乐工作者，成为华语歌坛最崇高的荣誉指标，对华语音乐的发展有很大的帮助和鼓励。

第二节　接近版权控制者的方式

一、直接与作者联系

接近版权控制者的方式

这是一个比较简捷，也是引进版权最直接的方式。在引进版权过程中，如果能找到作者（或继承人）的地址，直接向作者取得授权是最好的。这可以解决一系列问题，如对作品本身的处理、增加中文版序言、最佳版本的选定等等，都可获得较快解决。这种方式较适宜引进日、德、法等大陆法系国家的图书。这些国家的版权法一般都不鼓励卖断版权，作品的版权一般多在作者手里。如引进大江健三郎或川端康成的作品，就可以直接与作者或其继承人联络；引进毕加索、卡夫卡的作品，则可以从以他们名字命名的基金会取得授权。

但问题是要直接找到作者往往并不易，因为我们手中拿到的图书绝大多数情况下不会注明作者的联络方式。况且在英美等国，作品版权又常不在作者手中，所以，这种方式对许多出版社来讲是有难度的。

二、通过外国出版公司

当要引进一本书的版权时，按照版权上的地址，直接与书籍出版者联系授权是一种常用的方式。这对美、英等国尤其适用。因为在这些国家版权是可以卖断的，出版公司往往即是所出作品的版权人。我国的台湾也是如此。比如张爱玲的作品，不仅由皇冠出版公司出版，版权也在其手里。大陆出版社要出版张爱玲的作品就只能向皇冠取得授权，而不是找张爱玲的亲朋。武侠小说作家梁羽生作品的版权是在香港天地图书公司，也不在作者手中。

在出版英美国家作者的作品时，即使已同作者取得联系并得到作者的授权，我们也还是要慎重对待，最好是请作者出示其与出版社签订的合同副本。因为许多情况下，版权并不在作者手中，但作者却会忽视这一点。

通过出版公司取得授权，可通过信函、传真、电话、出国专访或参加国际书展等方式。在向外国出版公司发出授权申请时，申请函至少要包括印数、计划中的出版时间、拟预付的版税等重要信息。

三、通过版权代理机构

如果作者、出版者都找不到，那么还可通过代理机构取得授权，版权代理机构一般都与众多作者、出版者保持着联系，一些代理机构还经常拥有一些作品在某一地区授权的优先权。因此，通过代理机构常常会很快解决授权问题。在美、英等发达国家，版权代理极为普遍，一般作者要出版自己的作品，都要经版权代理人，否则，出版公司不接受。在西班牙及南美等地区，版权代理同样重要。一些著名作家都有自己的版权代理人，如要出加西亚·马尔克斯的书，就不是去找他本人，而应去找他的版权代理人（Cannen Balcells）。

除外国代理公司外，我国经国家版权局批准成立的版权代理机构现已达 30 家。这些代理公司中，有些已代理了许多业务，具备了一定的功能，如中华版权代理总公司、上海版权代理公司与广西万达版权代理公司等。此外，还有我国港台地区的版权代理公司。

学会利用中外版权代理机构，是开展好版权贸易的一个重要因素。这对于多数无力经常参加国际书展的出版社尤为重要。

当然，在通过版权代理公司寻求授权时，也要注意授权的可靠性，一般要求代理公司出示著作权人的授权书复本，在签订合同时，也要注意写明有关免责条款。

超级链接：《青铜葵花》英国版版权是如何推广成功的[①]

北京大学教授曹文轩的畅销小说《青铜葵花》英国英文版推介活动日前在上海儿童书展举行。作为该书英国英文版的代理人，我应邀参加，感慨万分。就像英国沃克尔出版社的代表所言，中国小说翻译成英文在英国出版，一年也就是很少的几本。然而，就是这"很少"的几本当中，我推荐的《青铜葵花》居然占有一席之地，而且销售还不错。

据该书英国代理人转发沃克尔出版社的统计数据，截止到 2015 年 10 月底，这本书在出版后的半年中销售已经达到 1600 多部。从我的版权销售经验来看，这个数字十分令人鼓舞。

《青铜葵花》英国英文版版权推广是从 2011 年 9 月开始的。那年在顺义举行的北京国际书展上，我去江苏少儿出版社的展台拜访朋友，看到了这本书。正好这家出版社的版权经理也向我推荐了这本书，希望我能促成这本书英文版的版权销售。此前这本书的法文版、越南文版、韩文版的版权已经售出，唯独英国、美国英文版的推广工作不很顺利，困难重重。

接受委托后，我从头到尾认真阅读原文，感觉很好。阅读完毕之后，我还请我妻子阅读，妻子读了之后不禁潸然泪下，很受感动，希望我尽力把这样一本令人激动的好书介绍出去。有了妻子的鼓励，加上我对这部作品的判断，我决定代理这本书的英国、美国英文版的版权输出。

我与江苏少儿出版社版权经理联系，索要作者曹文轩以及《青铜葵花》的所有资料，特

---

① 姜汉忠.《青铜葵花》英国版版权是如何推广成功的［EB/OL］.（2015-11-16）［2018-12-10］. http://blog.sina.com.cn/s/blog_3f5f4ee30102wtri.html.

别是有关这本书的版权销售情况。不仅了解数据和事实,还收集相关的封面。信息收集完成后,我开始用英文撰写作者及其作品介绍,与此同时寻找合适的人翻译这本书中的精彩章节。北京有一家由美国人创办的公司,专门从事中国文学的翻译与推荐工作。我与这家公司联系,希望对方能承接这本书的样章翻译,结果被告知,江苏少儿出版社与他们联系过,但是他们没有时间接受委托。我只好发动朋友为我物色翻译。在杭州一位朋友的引荐下,我认识了一位英国翻译协会的朋友。有了译者,还有费用问题。经与江苏少儿出版社接洽,他们同意支付章节翻译费,每千字好几百元——尽管如此,比北京那家公司要价还是低很多。拿到译文之后,我联系美国一家版权代理公司,美国代理公司希望看到这本书的法文版,我又跟江苏少儿出版社索要这本书的法文版,扫描了其中的十几页给对方发过去,结果对方还是拒绝了这本书。我判断这家美国公司可能是没有做儿童书的经验。

我决定放弃美国版的推广,集中精力推广英国英文版,可是我跟英国代理商并不熟悉,只好去法兰克福参展商名录去寻找合适的版权代理公司。找到几家,一一发信询问是否对代理中国儿童小说有兴趣,其中有一家给我反馈,说对儿童小说当然有兴趣,于是双方进一步接触。我将相关资料发给对方,对方没有什么积极反映。就在这时,我拿出了翻译好的篇章仔细阅读,发现所选的章节并不是该书的精彩部分,于是与出版社联系,要求按照我选定的章节,请英国那位译者重新翻译。过了一段时间,译文搞完了,这回我可不敢怠慢,拿起来一看,发现还有问题。所选的章节的确是我指定的,但是由于缺乏相关的背景介绍,只看这个译文根本看不出什么名堂。由于时间的关系,我只好自己动手撰写相关背景,接着与此前翻译好的章节合在一起,发给了英国代理人。英国代理人看了,似乎还是不太满意,但是也看不出太多的问题。根据他的经验,用现在这个译文和相关资料去打动出版社还是有很大的困难。他决定找一位旅居英国的中国作家从头到尾阅读一遍,然而令人遗憾的是这位作家太忙,过了很久也没能拿出时间来阅读这本书。英国代理人又联系了一位在大学学习文学且精通中文的英国人来阅读。过了一段时间,英国人给我发来了一份阅读报告,大概有 A4 纸的一页半左右。英国代理人便用这一页半的评价展开推广攻势,前后联系了九家出版社。这时,时间到了 2012 年 4 月。英国代理人利用伦敦书展进行了地毯式推广。到了这年 4 月下旬,英国人告诉我有出版社对该书有兴趣,版权推广成功的可能性很大。他信心十足,当然我信心也很充分。到了 2012 年 7 月,英国代理发来了邮件,告诉我英国沃克尔儿童书出版社决定购买该书英国英文版版权。

不过,英国沃克尔出版社提出了一些条件,经与江苏少儿出版社协商,条件可以答应。就这样双方开始磋商合同条款。合同条款包含很多附属权利的授权,我一一与江苏少儿出版社协商。在讨论合同的过程中,中英出版理念发生了碰撞,比如英国人喜欢比较长的授权期,尤其是中国儿童小说,英国读者不熟悉,需要较长时间来培育市场,可是中国的合同期一般是 5 年。于是双方只好不断地讨论,最后终于达成一致。

就在签约前夕,英国代理人提出一个问题,能否给他 20% 的代理费。他说这本书的推广费了他很多心血和金钱,10% 的代理费让他入不敷出。我告诉对方,代理费标准此前双方已经议定,中途修改比较困难,对方表示理解,同意按照此前的协议继续合作。与此

同时,我还与我国国务院新闻办公室"中国图书对外推广办公室"负责人接洽,看有无可能给予资助,以便减轻英国出版商的负担,接下来我又就资助的具体事项与江苏少儿出版社和英国代理不断磋商,最后达成一致,由江苏少儿出版社负责资助申请和支付事项。合同签署的时候,我要求英国代理人将合同快递给我,英国人说,"不,不,我已经赔钱了,只能用挂号邮寄方式寄送合同"。

合同签署之后,双方履行各自的义务,中国这一边将资助申请下来之后,我还与江苏少儿出版社协商支付方式问题,经过多轮磋商,这个问题顺利解决。2014 年 4 月我去伦敦书展,与英国代理人以及沃克尔出版社策划编辑共进午餐,进一步磋商相关细节。今年四五月间,该书英国版终于问世。英国人把样书寄到我这里,我按照资助合同,将样书快递到推广办公室。代理工作就此告一段落,接下来都是常规事项的接洽与跟进。

这是我按照国际图书版权交易规律向英国推广的第一部文学作品,至于有无来者则很难说。即便只有这一部,我依然感到骄傲,因为我毕竟为中国文学走向世界做出了贡献。

四、通过有关学者

我们欲引进的书籍,有许多是由不同学科的学者提出的,一些学者原本就与书籍的作者或其家属有联系。所以,请与书籍有关的学者帮助联系授权也是一条途径。像中国社科院外文所的一些学者就曾帮助出版社解决过授权难题。由于学者的非商业身份,还使得一些作品的引进费用有可能较常规低些。当然,采用这种方式时,我们的出版社要以诚相待,以免为一时的小利而失去长远合作的机会。出版社能得到学者帮助取得授权的前提,往往是此类学者(作者)与出版社有非常密切的关系。

五、通过外国使馆

外国驻华使馆中,一般都有文化官员,他们对本国的文艺、科技、出版界较为了解。如能取得他们的支持,也是解决授权问题的一条途径。像法国驻外使馆,肩负着"推销"法语文化的使命,对外国引进法国作品版权的"忙"常常乐于帮助。再比如,曾任希腊驻华使馆文化处官员的埃琳娜·埃弗拉米多,利用她北京大学历史系教师的身份,在各高校开展希腊畅销书作家的讲座,如在上海外国语大学举办"卡赞扎基斯眼中的中国",在北京国际图书博览会上宣讲希腊图书,促进包括尼科斯·卡赞扎基斯在内的希腊畅销书作家在中国的认知和版权的推广。

六、通过驻外机构

在中国驻外机构中,有相当一部分人员熟悉所在国的文化、科技乃至于出版界的情况,这些人主要分布在使领馆、新华社分社、图书进出口总公司海外分部等机构,如能与他们建立联系,也会为引进版权带来一定的便利。

七、通过香港、台湾出版社

我国香港、台湾的一些出版公司因实力雄厚等原因,常能较顺利地取得外国作品的全球或全中国的中文版权。与外国出版公司相比,我们内地(大陆)的出版社与我国香港和台湾的出版公司打交道要容易得多。因此,学会通过香港、台湾出版公司引进版权(在大陆出中文简体字版)也是一条可行之路。

八、通过集体管理组织

集体管理组织的活动范围传统上按照地域原则而限于其被创立的国家之内。大多数集体管理组织都与外国代理同样类型的权利人的同类组织订立有相互代理协议,任何一个国家的集体管理组织既能代表本国权利人,也能代表外国权利人,未来的使用者可从其国内集体管理组织处获得全世界曲库的使用许可,权利所有人也可以从其作品的世界范围内的使用获得版税。

集体管理

集体管理机构之间的跨境合作在很大程度上受国际组织协调,在个人许可被证明是不可能的领域内,集体管理组织可使为数众多的各方当事人用于谈判、监督和收取版税的经济开销大为降低,显著地扩大了公众选择获得作品的机会。国际上知名的集体管理组织有国际作者作曲者协会联合会(CISAC)、国际影画乐曲复制权协理联会(BIEM)和国际复制权组织联合会(IFRRO)。中国有几大版权集体管理组织,分别是中国文字著作权协会、中国音乐著作权协会、中国音像著作权集体管理协会、中国电影著作权协会、中国摄影著作权协会,它们与国外的著作权集体管理机构签订相互代表协议,与海外同类组织签约,可代为管理和行使海外作品在中国大陆地区的著作权。

超级链接:集体管理领域与管理形式

集体管理主要发生在那些个人许可发挥作用而许可费用十分高昂的领域。

1. 小权利

常见的大权利指戏剧—音乐创造的表演,如戏剧或芭蕾舞。大权利或多或少是单独进行许可的,因为所涉及作品被使用的频率很低并且其表演也很容易被监控。而小权利指非戏剧形式的音乐作品,只有小权利是在充分集体基础上进行管理的。

2. 录音制品的复制权(机械表演权)

音乐作品表演权还伴有所谓的"机械表演权",即涉及以录音形式复制作品。在许多国家,机械表演权与表演权由集体机构管理。

拓展资源 8-3

3. 有线和卫星广播节目

广播节目的电缆传播和卫星转播等商业利用形式也适合于集体管理,以确保许可自由使用其作品的作者获得公平补偿。

集体管理有 3 种形式,分别是传统型、代理型和"一站"式商店型。所谓传统型集体管理,是指集体机构代表单独权利所有人谈判许可,不进行单独许可;所谓代理型集体管理,是指集体机构只谈总的框架协议,许可仍可以由作者单独授予使用者;所谓"一站"式商店

型集体管理,是指集体机构联合起来对一部作品中不同权利人的各种权利授予许可。

九、通过合作出版

鉴于一些出版社一时尚无法或无力引进版权,借助海外出版公司的力量开展合作出版从而解决版权问题,也不失为一条途径。这类合作可分几种方式。第一,由海外公司负责取得外国作品中文版权,支付版权报酬,由我方出版社在国内出版发行,获利按投入比例分成。第二,直接与拥有版权的外国出版公司搞合作出版。如同意其将(我方应付的)版权转让费作为投资,同时允许其另拿资金做部分出版投资,然后获利分成。这种方式对解决目前一些美、英出版公司因嫌单纯转让中文版权给我出版社利少事繁,而造成的引进难问题有一定的帮助。上述方式,都已有出版社做过尝试,并取得了一定的效果。

第三节　了解资助和补助

有时国外选题的版权可以通过有资助的翻译或当地影印项目来获得。一些国家开展资助项目以鼓励他们的图书在其他一些国家翻译,否则引进版权的出版社可能无法承担出版这些版本的成本。这些项目的组织因国家而异,符合资助条件的图书种类也不同。

一、北美的资助项目

(一)美国的资助项目

版权资助
信息的获取

美国新闻处项目在美国新闻署管理之下,对获得一系列美国选题的翻译权和低价英语影印权提供帮助,旨在促进对美国文化的理解。资助提供给诸如哲学、政治、社会学、历史和媒体研究领域的选题。信息可以从美国各使馆公共事务办公室获得,或者直接与美国新闻署图书项目处联系,地址为 Book Program Division,USIA,Washington,DC 20547,USA。

(二)加拿大的资助项目

由加拿大遗产部资助的加拿大图书出口协会(后更名为 Livres Canada Books)成立于1972 年,是加拿大出版业的行业协会组织,其宗旨是大力扶持加拿大出版商开发国际市场。它以资金投放、提供国际图书市场知识与经验、宣传推广以及后勤运输服务等作为手段,协助加拿大出版商开发国际市场,向海外销售图书与版权。

加拿大图书出口协会主要有出口营销援助计划(Export Marketing Assistance Program,EMAP)和国外版权营销计划(Foreign Rights Marketing Assistance Program,FRMAP)两项资助。出口营销援助计划通过出口补贴的形式,为本国图书出版商提供开拓国际市场的直接资金;国外版权营销计划为已经或打算参加各种国际图书博览会的本国图书出版商,或为图书出口相关的差旅提供资金保障。同时,加拿大图书出口协会还持续制作加拿大出口图书的明细和介绍,并在全球范围内进行宣传和推广。

加拿大艺术理事会的亏损补助基金(Block Grants,支持常设出版社)和新出版商基金(Emerging Publisher Grants,支持出版企业创业)两个项目对于进行版权贸易的加拿大本国图书出版商进行补助。这些图书往往涵盖小说、诗歌、戏剧、画册、儿童读物、非科幻类文学作品(包括艺术、建筑、自传、历史、文学批判、哲学、自然、政治、体育和旅游)等诸多领域,并在推广加拿大文化方面发挥了举足轻重的作用。学术类图书出版商也可以向加拿大社会科学及人文研究委员会(Social Sciences and Humanities Research Council of Canada,SSHRC)的学术出版补助项目(Aid to Scholarly Publishing Program)提出资助的申请。一般来说,每本学术类图书可以获得 1 万加元的资助用于支付包括推广、排版、装订在内的诸多生产性开支。

二、欧洲的资助项目

(一)英国的资助项目

英国政府对出版业的资助主要体现在图书出口贸易方面。提供资助的政府部门包括:英国文化委员会、艺术委员会、海外贸易局、外交部、海外开发署等。资助的范围有:英国图书的海外推广,包括举办、参加国际书展;出版商参加国际书展的摊位补助和旅费补助;访问图书出口国的销售代表团的旅费和生活费补助;对负有图书进口使命的国外出版商提供资助;对开拓图书出口市场研究提供资助等。由英国海外开发署资助的海外低价书项目是目前英国在海外实施的最成功的图书项目。

英国艺术委员会是根据皇家宪章注册的慈善机构,实为政府设立的专事资助文化艺术事业的官方机构。英国文化委员会成立于 1942 年,是一家半官方机构,是英国政府负责向海外推广英国图书的重要机构。该委员会内设出版顾问委员会书刊和新闻司,在全球 90 多个国家和地区设有代表处。该委员会除了在国外举办英国书展、研讨会外,还资助英国出版商参加国际大型书展,提升英国图书在国际上的影响。其使命是促进国际英语教学,开展文化交流,扩大英国书刊的出版与出口。

(二)法国的资助项目

法国政府开展资助项目以帮助获得法国图书的翻译许可,这由法国文化与交流处管理,其联系地址为 Ministere de la culture et de la Communication, La Direction du Livre er de la Lecture, Bureau de la promotion due livre francais, 53 rue Verneuil, 753437 Paris Cedex 07, France,网址是 www. frenchbooknews. com。对于这个计划通常法国出版社要代表被许可方递交申请,如果资助被授予,必须用于支付实际的翻译费用,而不是与该翻译版本有关的其他费用。

傅雷计划又称"傅雷翻译奖",由法国大使馆文化教育合作处在 1990 年创立。其宗旨是通过资助翻译和出版最优秀法语图书的译者和其出版社,促进法国与中国的文化交流。该计划以中国著名法文翻译家傅雷先生的名字命名。对中国来说,傅雷计划是唯一一个由外国使馆设立的翻译奖。

1990 年,法国启动"傅雷计划",资助中国出版社出版法国图书的中文版。2009 年北京国际图书博览会上,102 本法国图书的中文版亮相,涵盖了社会、文学、青少、艺术和科技等领域。可以说,法国人用 10 年时间做了 100 多本精品图书。2004 年创建了"傅雷数据库"网站,上面详细登载了翻译出版法国作家作品的中国出版商的信息和法文译者的信息,以及 19 世纪以来被翻译成中文的法文作品和正在翻译的法文作品,还有中国的法国文学新闻及向出版和翻译者提供资助的信息。

1992—2000 年,"傅雷计划"资助的重点在版权方面:中法双方版权洽谈成功后,经申请可由法国外交部支付版权费。近年来中国的出版社发展很快,已经有能力承担版权费用,因此 2000 年以后"傅雷计划"的资助重点有所转移,从资助版权费过渡到资助出版和宣传活动上。

"傅雷计划"对资助图书的选择是相当挑剔的。首先是绝对不资助 19 世纪以前的著作。因为经典著作在中国已经有多个版本;畅销书也不在资助范围内。"傅雷计划"关注的是那些反映当代法国思想,优秀的"冷"销书——即使在法国国内出版后,发行量恐怕也只有三四千而已。除了内容上的挑剔,在技术上也要求严格。首先翻译质量一定要有保证。此外,凡是那些没有获得法国原出版商或作者授权的中译本图书,都没有资格参与"傅雷计划"。

除了资助图书出版之外,"傅雷计划"的另一个重要工作就是挖掘和培训青年翻译人才。从 2006 年起,每年定期在北京开办针对青年译者的短期培训班,并定期选拔优秀的青年译者赴法培训。①

(三)德国的资助项目

在德国,翻译资助项目由 Internationes 管理,其地址为 Internationes,Kennedyallee 91-103,D-53175 Bonn,Germany。德国小说、高质量的非小说、年轻人的图书和科学图书符合资助条件,申请表一般通过德国出版商提交。

歌德学院"翻译赞助项目"旨在对外国出版机构翻译出版德文图书提供赞助,将德国重要的科学著作、优秀纯文学书籍、少儿图书及有价值的通俗读物介绍给非德语区读者。该项目服务于文化政策,是德国政府调节对外文化与教育政策的一个重要工具。如果申请获得批准,外国出版机构将在译作发行之后获得翻译赞助资金。一般情况下歌德学院不对翻译费用进行全额赞助,译作的出版发行不在赞助之列。自 2009 年起至今,这一计划已经资助了当代人文和社科领域百余本著作在中国的出版。由歌德学院赞助出版的图书必须在版权页标明已获批准的资助津贴。

促进德语文学在中国的传播,歌德学院(中国)补充了一个全新的翻译资助计划。德国和中国相关领域的专家学者精选哲学、社会学、法律和文学等方面的精品德国图书推荐给中国出版社,对这些图书有兴趣的出版社可以申请资助并获得全额的翻译费。此外歌德学院还帮助出版社寻找资深译者。这些推荐书目受到中国出版社的青睐,大部分图书已经出版或正在制作当中。

---

① 刘洪东.法国全球推广和传播研究[M].济南:山东大学出版社,2014:210.

翻译出版后的图书由歌德学院和其他协办机构进行推广,采用的形式可以是由作者、插图画家及译者和出版机构共同参与的推介会,也可以是通过从事图书阅读促进的大众传媒和机构进行广告宣传。

(四)挪威的资助项目

挪威海外文学组织(Norwegian Literature Abroad,www.norla.no)也赞助作者在海外推广被资助出版的图书,并像其他资助基金一样进行传统的翻译资助。挪威海外文学组织创建于1978年,是欧洲最早的翻译资助项目之一,资助出版的图书超过1000种。兰登书屋曾经接受该组织的资助在英国出版了挪威犯罪文学作家卡林·佛苏姆和乔·尼斯博的小说。在美国,哈考特出版了佛苏姆的《拿着蜡烛的恶魔》(*Devil Holds the Candle*),Vintage公司推出了尼斯博的《魔鬼之星》(*The Devil's Star*)。挪威海外文学组织还资助提交给外国出版商的样本翻译以及图书概述和各种图书基本要素的翻译。

(五)荷兰的资助项目

成立于1991年的"荷语文学创作和翻译基金会"(Foundation for the Production and Translation of Dutch Literature)常年为出版荷语文学译作的国外出版机构提供资助,符合条件的作品可以获得70%的翻译费用支持。

(六)丹麦的资助项目

丹麦文学艺术委员会对翻译本国作品的资助额度通常只有3500美元到8500美元,虽然根本不足以支付整个翻译费用,但作者还可以参加丹麦艺术委员会的出访团,出席在国外举办的图书首发式和图书巡回宣传。Nan A. Talese/Doubleday公司曾经在丹麦文学中心的帮助下,从丹麦文学艺术委员会申请到一项资助,翻译出版丹麦作家克里斯蒂安·君格森所著的心理惊悚小说《例外》(*The Exception*),该书在丹麦畅销书排行榜的上榜时间长达1年半。

(七)俄罗斯的资助项目

"阅读俄罗斯"文学翻译奖由非营利组织——俄罗斯翻译学院于2011年设立,每两年颁发一次,设以下4个奖项:诗歌、19世纪俄罗斯文学、20世纪俄罗斯文学、当代俄罗斯文学。每个奖项只有1位获奖者。

"中俄经典与现当代文学作品互译出版项目"于2013年5月启动,是近年来两国新闻出版主管部门再次成功合作的典范。该项目由中国国家新闻出版广电总局和俄罗斯出版与大众传媒署主持,由中国文字著作权协会和俄罗斯翻译学院组织实施,是中国驻俄罗斯大使馆和莫斯科中国文化中心近年来积极倡议和推动的中俄重大人文合作项目。按照中俄双方的工作计划,"中俄经典与现当代文学作品互译出版项目"总计100种图书,6年内完成。2015年6月,中国国家新闻出版广电总局和俄罗斯出版与大众传媒署决定将原计划书目增加一倍。

超级链接：以书为媒，推动中俄人文交流与合作①

中俄两国文化历史悠久，两国人民友谊源远流长。俄罗斯的很多文学经典作品在中国广为流传，比如《青年近卫军》《这里的黎明静悄悄》《卓娅和舒拉的故事》《钢铁是怎样炼成的》《静静的顿河》，影响了几代中国人。《钢铁是怎样炼成的》主人公保尔·柯察金的那段至理名言，催人奋进，很多中国读者至今耳熟能详。俄罗斯很多经典歌曲如《红莓花儿开》《喀秋莎》《莫斯科郊外的晚上》《三套车》广泛传唱，俄罗斯经典话剧《办公室的故事》《我可怜的马拉特》等经中国文字著作权协会代理引进后，在全国巡演非常成功，获得观众和专业人士的好评。《这里的黎明静悄悄》的电影和电视剧在我国都很有市场。苏联著名儿童文学作家比安基的动物小说《森林报》等图书在我国也有很大的读者群。俄罗斯现当代的经典儿童文学作品正逐渐被中国儿童青少年读者和家长所喜爱。

与此同时，中国传统文化、儒家思想、中医中药、武术等在俄罗斯有广泛的影响，俄罗斯也有很多人学习汉语，关注、研究中国，很多中国作家的作品在俄罗斯翻译出版，鲁迅、巴金、茅盾、郭沫若、老舍、曹禺、王蒙、莫言、余华、阿城、张贤亮、刘震云、曹文轩等中国现当代作家的作品很早就被俄罗斯翻译出版，为俄罗斯读者所喜爱。

2006—2007年，在中俄互办"国家年"框架下，原新闻出版总署和俄罗斯出版与大众传媒署成功合作，举办了北京国际图书博览会"俄罗斯主宾国"和莫斯科国际书展"中国主宾国"系列活动，产生良好反响。后来举办的"语言年""旅游年""媒体交流年"等国家年活动，都进一步推动了两国在文化人文和版权领域的交流与合作。

俄文版《巴金作品选》和中文版《爱情守恒定律》《莫佳阿姨》已经出版。俄罗斯当代著名作家安东·乌特金也来参加了北京国际图书博览会，他的两部作品《环舞》和《自学成才的人们》入选"中俄互译出版项目"，已由北京大学出版社出版。另一位入选作家米哈伊尔·波波夫的作品《伊杰娅》和《莫斯科佬》由华东师范大学出版社推出，另一部作品《火红色的猴子》也即将出版。俄罗斯翻译出版的中国作家麦家的《暗算》和余华的《兄弟》都曾被改编成电影或电视剧，非常受欢迎。另外，麦家的另一部作品《解密》和盛可以的《北妹》在几年前被列入企鹅出版集团"企鹅经典文库"，出版了英文版，全球发行，产生良好反响。

"中俄经典与现当代文学作品互译出版项目"实施3年来，双方总计已经翻译出版图书44部，其中，中方翻译出版俄罗斯作品26部，俄方翻译出版中国作品18部。两国政府主管部门均认为，"中俄经典与现当代文学作品互译出版项目"是目前进展最顺利、成果最多、影响最大的中外互译出版项目，对于中俄两国分别与其他国家开展互译出版项目具有很好的借鉴意义。

三、亚洲的资助项目

（一）日本

在亚洲，一些资助项目诸如日本文学出版计划（Japanese Literature Publishing Project,

---

① 张洪波.以书为媒，推动中俄人文交流与合作[N].文艺报,2016-09-05(7).

www. jlpp. jp)意识到,他们需要向世界推广其文学和文化,而不仅仅是提供本国图书的翻译资助。日本文学出版计划的做法是代理翻译推广书目中的书稿,之后将完整的译稿交给指定的出版商。在图书翻译版本出版后,它再出钱购买 2000 册免费分发给世界各地的公共图书馆和教育机构。此外,它还会分担译作的出版成本。

(二)韩国

跟日本一样,韩国也意识到向世界推广其文学和文化的重要性,而不仅仅是提供本国图书的翻译资助。韩国文学翻译学会则根据要翻译出版的韩国古典文学或当代文学作品的长度和翻译难度,提供最高为大约 1.66 万美元的翻译资助,并提供上限为 3000 美元的营销费用用于在目标国家展开推广。

(三)中国的资助项目

1. 经典中国国际出版工程

经典中国国际出版工程重点支持国内出版单位向世界主要国家和地区输出经典作品,向国际市场推广中华文化,展示当代中国形象。经典中国国际出版工程优先对国内出版单位与国际知名出版机构签署版权输出或合作出版的项目立项,立项语种侧重英语。刘慈欣的《三体》曾得到该工程的资助。

2. 丝路书香工程重点翻译资助项目

丝路书香工程重点翻译资助项目着力推动中国优秀图书在周边国家和“一带一路”沿线国家翻译出版,促进民心相通。丝路书香工程优先对国内出版单位与周边国家和“一带一路”沿线国家重要出版机构签署版权输出或合作出版的项目立项,立项语种侧重周边国家语种、“一带一路”沿线国家主要语种。

3. 中国当代作品翻译工程

中国当代作品翻译工程精选具有代表性的中国当代文学作品,对其翻译出版和海外推广进行资助。

4. 中国图书对外推广计划

“中国图书对外推广计划”起源于 2004 年中法文化年。当年 3 月中国作为主宾国参加了第 24 届法国图书沙龙。由我国国务院新闻办公室提供资助,法国出版机构翻译出版的 70 种法文版中国图书,在沙龙上展出并销售,受到法国公众的热烈欢迎。在短短 6 天中,被译为法文的中国图书约有三分之一售出。这是法国出版机构首次大规模地翻译出版中国图书,并进入主流销售渠道销售。资助活动表明了中国政府以图书为媒介向世界介绍中国的积极态度,拓宽了外国了解中国的渠道和视野。

基于上述资助模式的成功,2004 年下半年国务院新闻办公室与新闻出版总署在此基础上启动了“中国图书对外推广计划”。2006 年 1 月国务院新闻办公室与新闻出版总署在京联合成立了“中国图书对外推广计划”工作小组,工作小组设组长、副组长,由国务院新闻办公室、新闻出版总署的相关领导担任。工作小组下设办公室,负责工作小组的日常事务。

“中国图书对外推广计划”以“向世界说明中国,让世界各国人民更完整、更真实地了

解中国"为宗旨,以资助出版中国的图书和向国外图书馆赠送图书为手段,力图打造图书版权贸易出口和实物出口两个平台,实现连通中国与世界的目标。

"中国图书对外推广计划"工作小组拥有包括中国出版集团、中国国际出版集团、中国科学出版集团、北京出版社出版集团、上海世纪出版集团、重庆出版集团、凤凰出版传媒集团、浙江出版联合集团、广东出版集团有限公司、四川出版集团、外语教学与研究出版社、北京语言大学出版社、北京大学出版社、清华大学出版社、五洲传播出版社等国内知名出版机构在内的多家成员单位。工作小组实行综合考核制度。每年对各成员单位的图书版权输出、推介等"走出去工作"实行综合考评,对表现优异的出版机构进行表彰。

为推动"中国图书对外推广计划"的顺利实施,工作小组目前已经聘请了 40 余名国外著名出版集团的主席或首席执行官、资深出版人、汉学家等作为"推广计划"的外国专家,并在北京国际图书博览会前夕召开"中国图书对外推广计划"外国专家座谈会,会议期间由中外出版人围绕不同主题展开讨论,为中国出版走出去建言献策。

工作小组开设"中国图书对外推广网",负责工作小组及各成员单位的重要信息发布、对外图书推介和日常信息服务工作。"中国图书对外推广计划"网站的网址为 http://www.chinabookinternational.org/。

5. 中国文化著作翻译出版工程

2009 年推出的"中国文化著作翻译出版工程"被称为"中国图书对外推广计划"的加强版。对外仍然称"推广计划",使用原 LOGO。"中国图书对外推广计划"侧重普及读物的推广,注重资助翻译费用,以调动国外出版机构购买版权出版中国图书的积极性。"中国文化著作翻译出版工程"则侧重于文化、文学、科技、国情等领域系列产品,不仅资助翻译费用,还资助出版发行及推广费用。两者在共同的框架下,互为补充,相得益彰,更好地发挥政府在对外文化传播中的主导作用和企业的主体作用,提高中国出版业的国际化水平和国际竞争力。同时,通过企业的体制和机制创新,在充分利用中国的文化资源、出版资源的基础上,采取政府扶持资助、联合翻译出版、商业推广发行等方式,发挥中外热心传播中国文化的专家、学者、出版界人士的力量和优势,把中国优秀的文化作品传播到世界各地,让更多的人共享中华文明的成果。

6. 中华学术外译工程项目

中华学术外译工程项目由国家社科规划办资助,主要资助代表中国学术水准、体现中华文化精髓、反映中国学术前沿的学术精品,以外文形式在国外权威出版机构出版并进入国外主流发行传播渠道,旨在深化中外学术交流与对话,增进世界了解中国和中国学术,增强中国学术国际影响力和国际话语权,不断提升国家文化软实力。为提高外译项目实施的针对性和有效性,外译项目采取选题推荐制,每年由国内有关出版机构报送,并经全国哲学社会科学工作办公室组织专家评审,公布新一期项目推荐选题目录,供申请人参考执行。

此外,国家新闻出版广电总局还推行中外图书互译计划、中国出版物国际营销渠道拓展工程、重点新闻出版企业海外发展扶持计划、边疆新闻出版业"走出去"扶持计划和图书版权输出普遍奖励计划。

第九章　版权价值评估与版权谈判

第一节　版权价值评估

一、影响版权价值评估因素

（一）作品因素

评估作品的版权价值，作品的内容价值是最基本也是最重要的因素。作品内容的科学性如何？作品内容的时效性如何？作品的读者群是否广泛？这些要素对于作品版权价值有很大的影响。很显然，作品内容的科学性越高，经得起时间的长久检验，则版权价值越高；作品内容的时效性越低，越不容易过时，则版权价值越高；作品的读者群越广泛，受到广大读者的青睐，版权价值也会越大。

版权价值
影响因素

作品的寿命，既包括经济寿命，也包括法律寿命。一方面，评估者要考虑作品的经济寿命，即作品成为产品的生命周期，该周期一般分为引入期、成长期、成熟期以及衰退期四个阶段。显然，处于成长期或者衰退期的作品，其版权价值往往低于其在成熟期的版权价值。另一方面，我们还要考量作品的法律寿命。我国著作权法规定，图书版权中的著作财产权保护期通常截止于作者死亡后第50年的12月31日；如果是合作作品，则截止于最后死亡的作者死亡后第50年的12月31日。因此，越接近版权保护期限，作品的未来收益相应会减少，因而版权价值越低。反之亦然。这集中体现了收益法的运用。对于以转让或者许可为目的而进行的版权评估来讲，还要考虑转让或许可的权利种类、期限以及地域等因素。种类越多、期限越长、地域越宽广，则版权价值相对更高。

（二）作者因素

不同的作者具有不同的市场号召力，作者的知名度正是市场号召力的集中体现。虽然，即使是同一作者的不同作品也不可能取得完全一致的市场反应，但是，由于作者的知名度往往源于一定的读者群体，具有相对的稳定性与保障度，它能够为我们评估同一作者不同作品的版权价值，或者评估那些虽然作品相似甚至相同，但作者知名度完全不相当的版权作品的价值，提供一个相对可靠的参照物。

在中国作家版权输出的名单中,余华位列前茅。有记者问一位日本翻译家饭塚容,他道出了判断版权价值的要素,即作者和作品的地位:"我们选择作品的第一个标准是其在文学史上的地位。20世纪80年代'先锋派'无论是追求思想自由方面,还是在语言表达、叙述方式上都有突破和创新。余华是先锋派作家中作品比较高产的作家,所以,我选择他的作品向日本读者介绍。"

同样,莫言、格非、韩少功的作品也受到海外出版社的青睐,这是因为他们的小说在中国文学史上的独特性,比如莫言的短篇小说代表着中国魔幻现实主义文学,格非和余华的小说代表中国的先锋文学,韩少功的小说则代表中国的寻根文学。

(三)品牌因素

出版品牌是一种口碑与荣誉,反映着出版物或者出版机构在读者心目中的良好形象,代表着其优秀的出版品质与广泛的出版号召力;出版品牌也是一种出版生产力,是作者选择出版机构、读者选购出版物的一个非常重要的考量因素。在出版同质化现象严重、出版市场竞争已然白热化的今天,出版品牌的生产力特征无疑更加凸显。可以说,未来的出版竞争就是出版品牌的竞争。出版品牌的建立并非一朝一夕之功,出版品牌的维护也是丝毫不容懈怠。因此,具有良好出版品牌的图书,其版权价值相应会高一些。例如,商务印书馆出版的字典词典等工具书,由于具有百年商务的出版品牌与良好口碑,其版权价值相应会比一般的要高。《乔布斯传》中文简体版的翻译权花落中信出版社,与该社的品牌因素有相当大的关系。

超级链接:《乔布斯传》中文版授权始末①

《史蒂夫·乔布斯传》中文版从2011年10月24日如潮水般涌向全国各大书店、网店,瞬间被"果粉"抢购一空。殊不知,这本书在中国出版发行的经历,正如乔布斯本人一样充满神秘色彩。《乔布斯传》作者经纪人如何挑选中国出版社?这本书的翻译出版有哪些幕后故事?这一切,都要追溯回一年前的2010年10月24日。

一封大洋彼岸的"简短来信"

2010年10月24日,一封电子邮件悄无声息地从中信出版社国际合作部发出,跨越太平洋,最终到达《乔布斯传》作者经纪人那里。而在此前三天,乔布斯在苹果公司总部举行的名为"Back to the Mac"的发布会上,意气风发地向外界推介新版MacBook Air电脑。那时谁也不会想到,一年后的今天,"果粉"们却只能通过自传来回忆他的音容笑貌。

"我们当时已经从国外的媒体得知乔布斯在找人撰写自己的传记。"长期的市场敏锐感让中信出版社的副总编辑闫向东和他的同事们意识到机遇所在。闫向东向记者表示,在邮件发出的当天,《乔布斯传》作者的经纪人用黑莓回复确有其事,但细节无可奉告。

闫向东并没沮丧,经验告诉他,这本书的中文版还没有售出,还有戏!然而此后的半年时间,对方再无音信。直到2011年3月初,对方突然告知中信出版社,《乔布斯传》作者

---

① 古永锵.《乔布斯传》中文版授权始末[N].北京商报,2011-10-31(A05).

经纪人已经开始在全球选择最优秀的出版社,而在中国有超过 10 家出版社共同竞争这本书的中文版权,竞争几近残酷。

闫向东和他的同事们开始忙碌起来,对于如此激烈的竞争,他并没有过于担心,中信出版社超过 10 年的海外版权引进经验让他胸有成竹。最终,结果完全不出所料,一份大洋彼岸的"简短来信"让这场没有硝烟的"战争"尘埃落定。

"恭喜你,作者同意接受贵社的方案,决定将这本书的简体中文版的独家权利授予贵社。"简单的两句话,一如苹果所有产品的简捷化理念,让这本书的中文版花落中信。

三易日期引发"全社戒备"

2012 年 3 月 6 日,这是原本确定的《乔布斯传》推出时间。然而一切的风平浪静在 2011 年 8 月 25 日被打破,乔布斯宣布辞职。随即作者的经纪人立刻通知全球 35 家出版社,本书上市时间提前至 2011 年 11 月 21 日,这让中文版的推出时间一下子紧张起来。

"原本还对拿到版权有点兴奋,如今全部被风险和压力所代替。"闫向东回忆道,拿到版权的中信,几乎对本书一无所知。这本书多少页,写的是什么,什么时候最终完稿……一概不知,唯一只得到国外经纪人一句话:"这是史蒂夫·乔布斯唯一一部授权创作的传记。"

突如其来的压力迫使中信加快出版节奏,但当时此书作者 9 月 15 日才写完最后一部分书稿,5 天后的 9 月 20 日才邮到中信出版社。书稿自始至终都是通过联邦快递,以纸质的形式邮递,和乔布斯的风格一样,严格保密。看着分 3 批到来的 600 多页书稿,闫向东压力倍增,"在邮递回来的纸质书稿上,还残留着作者修改的痕迹,那种感觉就像要一触即发"。

10 月 6 日,乔布斯逝世的消息涌来。随即来自美国的出版方通知全球 35 家授权出版社,本书的美国版正式上市时间从 11 月 21 日提前至 10 月 24 日。提前一个月!这让正在为图书出版加班赶点的闫向东和他的同事们几近疯狂。

闫向东清楚地记得这一天,中信出版社几乎"全社戒备",自己的手机被各种询问图书进展的电话瞬间打爆。有位负责本书策划的女孩当天正好结婚,这位"倒霉的新娘"被来自书店、媒体的电话完全包围,举行了一场印象深刻的"婚礼"。而本书的封面设计师,一位法国人,当时正和自己的中国太太在西班牙休假,当他们听到乔布斯逝世的消息时,对着夕阳沉默很久,随后立刻飞回中国,开工干活。

争分夺秒全成"拼命三郎"

乔布斯的逝世让中信出版社负责本书的所有员工调整到"连轴转"状态。原本制定的截稿日期不得不提前至 10 月 11 日。为节省时间,图书印刷的时间也被强行压缩,提前了 20 天。

"当时所有人都在拼命。"闫向东表示,通宵熬夜、整周不回家已经是常态。有的编辑干脆就睡在办公室沙发,为了提高效率,出版社在附近宾馆为员工开了几个房间,谁有空就去睡一会,洗个澡。闫向东甚至调侃,晚上的效率更高一些,因为没人打扰。

所有工作都按部就班,最让闫向东揪心的是书稿校审。"因为作者发给我们的是纸稿。这就相当浪费时间。"闫向东解释,例如一个人名从头到尾会出现很多次,如果用电脑,几秒钟就能查询人名是否和前面的一致,但纸稿必须得一遍遍地翻阅,费时费力,还容易出错。

此外,书名和封面设计都经过了无数轮的"头脑风暴"。有个小插曲,编辑团队为书名应该是叫《史蒂夫·乔布斯》还是《史蒂夫·乔布斯传》讨论了很多遍,力求做到精益求精、完美无缺。

10月11日凌晨,两眼熬得通红的闫向东看着总编辑在最终的书稿上签完字,亲自带着两个编辑奔赴通州的印刷厂。凌晨6点,第一版"清样"送到了闫向东手里,仔细翻阅了每一页之后,他终于长舒一口气,此刻他已经24个小时没有合眼。

"我看着通州的天慢慢亮起来,拿到清样的一刹那,那股激动难以形容。"闫向东笑道。10月24日,《史蒂夫·乔布斯传》中文版铺向了全国所有书店、网店,引发一波阅读浪潮。10月底,统计显示,《史蒂夫·乔布斯传》销量已经突破百万。

《乔布斯传》翻译展现汉语之美

乔布斯生前唯一授权的传记《史蒂夫·乔布斯传》全球首发,引发关注热潮。随即对于本书的翻译,网友也展开诸多讨论。10月24日,创新工场董事长兼首席执行官李开复通过微博发布了"乔布斯给妻子的诀别情书中英文版对照",引发微博网友相继翻译跟帖,出现七言诗、古赋文、典雅白话等多种版本。

为此,闫向东向记者表示,网友从《史蒂夫·乔布斯传》出发,对一封情书进行形式多样的翻译是件好事。但对于这本书的翻译者而言,他们要根据乔布斯个人的语言风格、整本图书的翻译效果去综合把握。"作为翻译者,我们希望用客观、简单、明了的语言,去实实在在地还原一个真实的乔布斯。我们之前在译言网和东西网发布过译者招募,图书出版后很多专业的翻译者也提供了中肯、客观的建议和意见,我们会及时改进,为'果粉'最大可能地提供最准确的乔布斯传记。"闫向东表示。

(四)权利要素

一方面,版权能否单独行使。原创作品的版权由于可以单独行使,因而其价值一般要高于演绎作品的版权。另一方面,作品的版权是否存在瑕疵。对于已经进行了版权登记的作品来说,其版权不存在瑕疵,因而不存在诉讼成本和其他风险,版权维护成本也很低。版权如有瑕疵,一旦遭遇侵权,还要承担相应的诉讼成本及其他风险。这体现了成本法的运用。当然,这里的成本主要是指作品的版权维护成本,而不是作品的创作成本,因为,其创作成本跟版权的价值没有必然的关系。那些斥巨资创作出来的版权产品,未必就能盈利,而低成本创作出来的版权作品,只要顺应了市场的潮流,也有可能创造出惊人的奇迹。

(五)市场要素

市场对于作品的推动力是巨大的,1978年十一届三中全会以来,中国实行对外开放政策,引发了学习和借鉴国外经济学理论和管理学知识的客观需求。当时,市场经济对中国来说是全新的,但在发达国家已经运行了几百年,而且形成了较为成熟的经济学理论体系。"它山之石,可以攻玉",显然,学习和借鉴发达国家先进的经济学理论知识,解决中国经济改革与发展中的各种问题,是当时中国的迫切需要。在满足这种需要的责任感和使命感的引导下,中国人民大学出版社第一套引进版教材"经济科学译丛"与读者见面,并立刻引起经济学界、出版界和教育界的轰动。这套丛书由欧美著名高等学校 20 世纪 90 年代最权威最流行的经济学通用教材组成,涵盖了经济学的所有重要领域。通过这套丛书,国内的广大读者可以了解到西方经济学在 20 世纪 90 年代达到的发展水平,以及近几年来的最新进展。该套译丛所选书目,是经过经济学界著名经济学家反复论证以及旅美经济学会的青年学者反复比较之后,从数百种国外优秀经济学著作中精心筛选出来的。因此,可以说它们代表了西方经济学各个领域的最高水平。第一批推出的译著包括:J. 斯蒂格利茨的《经济学》、R. 平狄克和 D. 鲁宾费尔德的《微观经济学》、R. 多恩布什和 S. 费希尔等人的《宏观经济学》、J 泰勒尔的《产业组织理论》、P. 克鲁格曼等人的《国际经济学》、M. 吉利斯和 D. 波金斯等人的《发展经济学》、F. S. 米什金的《货币金融学》、高山晟的《经济学中的分析方法》等。该套译丛的主编是我国学贯中西的著名学者、北京大学的陈岱孙教授。之后,中国人民大学出版社又响应中国改革开放对能够在国际市场上搏击的中国企业家和谙熟国际市场规则的职业经理人的呼唤,以更大的规模和勇气,组织翻译和引进"工商管理经典译丛",一经推出,立即受到国内管理学界和企业界读者的一致好评和普遍欢迎,连续畅销数年。两套优秀图书的成功引进使中国人民大学出版社成为经济、管理学科领域引进版图书的重要品牌。

(六)文化因素

出版的本义在于传播人文精神和思想文化。版权引进工作要时刻坚持这种理念,敢于超越当下和流行,直面出版文化的精髓,以敏锐的眼光和超前的策划意识,将对知识和文化的理解适时转化成经济资源,获得成功。

作品中的普世价值是跨文化沟通中受众能产生共鸣的基础。余华的作品《活着》之所以能在多个国家输出版权,就是因为该作品反映的是全人类共有的情感和问题。它的译文版的译者饭塚容说,它虽然是一个很"中国"的故事,但是,却具有普遍意义,就像他在该书的"译后记"中说的那样:"福贵这个老人的形象就是在苦难中逆来顺受却又坚强不屈的中国人的化身。同时,我们完全可以排除时代背景的要素而单纯地把它当作一部反映亲情和爱情的作品来读。尽管这部作品是一个发生在中国农村的故事,但是,它所描绘的家人之间的羁绊是生活在任何一个时代、任何一个国家的人都可以产生共鸣的。我想,这篇小说之所以拥有众多的读者,其原因就在这里。"再比如曹文轩的《青铜葵花》的多种语种版权的成功输出,跟曹文轩以悲悯、高雅的情怀,对在特殊岁月、特殊境遇下一对苏北农村少男少女刻骨铭心的至纯至爱的描写有很大关系。永恒的人性光辉与睿智的审美表达,面对苦难的顽强抗争以及对温润灵魂的美的追求,使《青铜葵花》成为高扬"以善为美"美学旗帜的优秀之作。

(七)社会要素

版权的经济价值固然耀眼,版权作品本身所具有的艺术价值也不容忽视,基于版权作品的使用与传播所产生的社会价值也同样精彩。在图书出版领域,经济效益为零甚至为负、社会影响力却很高的版权作品屡见不鲜。按照某些评估方法计算,显然,这类版权作品是没有任何经济价值的,但是,在现实生活中,这样的版权作品对于文化传承与知识传

播具有非常重要的意义,往往也能够很好地改善出版单位的形象,为其赢得更多的读者。

(八)翻译要素

2004年,《狼图腾》由长江文艺出版社出版。2005年,世界上最大的出版商之一英国企鹅出版集团以10%的版税和10万美元预付款买下《狼图腾》的全球英文版权,这是中国图书按照市场规则第一次成功进入欧美主流图书市场,创下了中国图书单本书版权输出一次性收入和版权贸易版税收入的最高纪录。此后,《狼图腾》版权接连输出到法国、德国、日本、意大利、西班牙、荷兰、土耳其、希腊、匈牙利、韩国、泰国、越南等国家,有近30种语言的译本。西方主流媒体,如美国《纽约时报》《时代周刊》、英国《泰晤士报》、德国《德意志报》、法国《世界报》、意大利《意大利邮报》等对此相继做了报道,并发表了大量评论。《狼图腾》版权贸易成交总金额已达110万美元,它的总产值(包括电影)据估计将达到56亿美元。

促成《狼图腾》的成功因素是非常多的,其中一个不可忽略的因素是翻译因素。外国翻译家在中国当代文学对外翻译出版中起着重要的作用。国人往往对自己译出的文学作品评价过高,与国外人士的评价存在差异,这是当前中国文学走出去遭遇困境的一个原因。孔慧怡认为,我们学第二语言靠眼睛,对节奏很不敏感,这是先天不足。文学的跨国界传播非常复杂,决定中国当代文学译介效果的因素有很多,包括译入语国家的意识形态、道德观念、社会因素、居于主导地位的文学观念、读者对翻译家的认可程度等等。因此,要想让中国当代文学成功地走向世界,仅靠我们自己翻译出版是不行的。推介到国外的中国文学作品,应该由译入国的汉学家、翻译家来翻译,因为他们通晓自己的母语,了解本国读者的阅读期待、审美趣味,与中国的翻译家相比具有明显的优势。有些翻译家在国内得到普遍认可,可是其译作的接受程度远远不及母语译者的译作。《狼图腾》的英译者葛浩文为这部中国当代长篇小说在海外的成功传播立下了汗马功劳。刘再复称赞葛浩文是"把中国现当代文学作品翻译成英文最积极、最有成就的翻译家"。美国作家厄普代克写道:"在美国,中国当代小说翻译差不多成了一个人的天下,这个人就是葛浩文。"夏志清则称他是"中国现当代文学的首席翻译家"。葛浩文在30年间翻译了莫言、贾平凹、苏童、张洁、冯骥才、阿来等20多位中国作家的40余部小说,获得"中华图书特殊贡献奖",《狼图腾》葛浩文英译本荣获曼氏亚洲文学奖。葛浩文在翻译中追求准确性、可读性与可接受性,他的译文流畅、自然,对原文有较多改写,很像是创作,符合英语读者的阅读习惯,可读性较强。在翻译《狼图腾》的过程中,葛浩文删除了原文中涉及中国历史与文学典故较多的部分,又增补了相关背景信息来帮助读者接受。

二、版权价值评估方法

版权价值评估方法(上)

所谓版权价值评估,是指"按照一定的估价标准,采用适当的评估方法,通过分析各种相关因素的影响,计算确定版权资产在某一评估基准日现时价值的工作"。传统上版权价值的评估方法有成本法、收益法和市场法。现代评估方法有评等法、现金流量折现法、权利金节省法、经验法、拍卖法、选择权法、多元回归法、层次分析法和德尔菲法,如表9-1所示。

表 9-1 版权价值评估方法

评估方法		定 义	特点与适用条件
传统评估方法	成本法	成本法又称重置成本法,指的是用现行市场条件下重置被评估版权作品的成本减去各种贬值和损耗因素来确定版权价值的方法	以成本为着眼点,既考虑到了现行的重置价格,也考虑到了版权作品存在的各种贬值与损耗因素,按照成本定价,有其一定的合理性。但是,成本法具有一定的局限性,因为版权作品的成本大小与价值高低并不一定总是成正比,像软件等版权作品不适用
	收益法	通过估算资产的未来预期收益并折算成现值,借以确定被评估的资产价格的一种常用评估方法	评估对象能在未来相当长的时间内取得一定收益;能用货币衡量评估对象的未来收益和评估对象的所有者所承担的风险。收益法的三大参数是可见预期收益额、未来收益期、折现率
	市场法	根据无形资产替代品的市场最低价计算评估对象的无形资产现时价值的方法	比较能体现无形资产的实际价格,因为在充分的市场条件下经过充分的市场竞争,市场价格一般能反映出商品的真实价格
现代评估方法	评等法	将版权、竞争性版权及其市场状况加以分析,找出关键影响因素予以排序评等,使其成一矩阵,再将两者加以结合,计算权利金或收益的方法	易于对投资人或股东说明为何该版权有如此价值,同时企业本身也可借由评等结果来对其内部未来的研发作重点决策与管理,以增加所拥有的版权之未来价值或减少其开发上的风险
	现金流量折现法	对企业未来的现金流量及其风险进行预期,然后选择合理的折现率,将未来的现金流量折合成现值的方法	预期企业未来存续期各年度的现金流量;要找到一个合理的公允的折现率,折现率的大小取决于取得的未来现金流量的风险,风险越大,要求的折现率就越高,反之则低
	权利金节省法	将拥有版权后所节省的权利金支出视为版权的价值,是一种间接收益评估法	同收益法
	经验法	通过错误尝试来发现问题与解决问题的评估方法	适用于无法量化评估的情形
	拍卖法	以公开竞价的方式,将特定的物品或财产权利转让给最高应价者的买卖方式,是一个集体(拍卖群体)决定价格及其分配的过程	渴望获得理想价格的情形下使用
	选择权法	为版权所有者和购买者提供一种权利,在到期日时以事先约定好的价格买或卖一定数量标的的资产,但这种选择不是义务的,持有者可以放弃该权利而选择不履行买进或卖出行为,以损失权利金作为补偿	在不确定因素比较多的情形下使用
	多元回归法	综合多种变量预测结果的方法	影响评估的变量较多的情况下使用
	层次分析法	对各类因素进行层次化的分析的方法	适用于同时进行定量和定性分析
	德尔菲法	多次反复调查专家意见的方法	需要专业化程度高的评估项目,且评估时间宽松

考虑到版权产业的特殊性,除了上表几种主要评估方法外,还应辅以以下两种措施。

版权价值
评估方法(下)

第一,建设版权交易平台。文化产业链的管理,首先要注意文化影响产业链的关键要素:资金。国家要完善文化产业投融资体系,建立文化产品评估、交易体系。在这一体系中,对于文化企业的版权评估和交易是重要一环。文化版权(产权)交易是以诚信为核心的,因此,文化版权(产权)交易平台品牌建设要以诚信建设为重点,以创新产品研发为中心,以市场为导向,与"接地气"优势资本对接,促进版权业的创新沉淀和交易增值。

第二,完善版权价值评估制度。一方面评估组人员的确定要合理。评估组人员构成要具有多样性,包括著作权领域专家学者、文化产业领域业界代表、资产评估师、律师、会计师等。另一方面,评估人员确定后要建立严格的责任制度。另外要建立贷款风险补偿基金,风险补偿基金应由政府部门专项拨款,降低下放贷款的银行所承担的风险。对提供知识产权质押贷款的银行给予一定的风险补偿,在确认贷款无法偿还或者全部回收时,弥补银行的部分损失。

第二节　版权谈判

一、谈判前的准备

版权贸易
谈判(上)

卖方看重有关的经济条件;买方要具备专业能力,准确理解拟引进作品,更重要的,是要恰当地展示本出版单位在翻译、出版国内外作者的同类作品方面的专业背景、专业水平和专业能力,有时还要提出令人信服的宣传和营销方案。

进行版权贸易谈判使用英语的情况较多。使用对方熟练掌握的语言进行谈判,更能增强双方的亲密感。

在谈判前要做好如下经济准备:首先,清楚版权贸易中需要取得的权利内容;其次,清楚初版印数和远期(合同有效期内)的总销量;再次,了解估计定价;最后,计算出该出版项目的总投入产出的数据,并在设定合理的利润水平或盈亏平衡点后,测算出所能够承担的版税率,版税的计算、支付的方式。

谈判前要明确双方利益诉求。在谈判中,双方希望保护或提升各自的某些利益。某些利益不是指具体的目标,它与宏观的最基本的问题相关。所达成的协议都不应该伤害己方利益或置己方利益于风险之下。例如,在销售产品的谈判中,可能存在的利益包括:公司的利润;从销售的产品上获得理想的价格;从长远的角度,与客户建立良好的关系。如果是购买某种产品,相关利益包括:保证物有所值;与供应商建立良好的关系。

正确理解"利益"与"地位"之间的不同非常重要。利益是要关注基本问题,认真研究各自的利益,核实与对方可能存在的共同点;地位是在考虑自身利益之后采取的态度。有经验的谈判者将注意力集中在利益而不是地位上面。

二、谈判技巧与策略

(一)谈判技巧

1.通过邮件先沟通

可以通过传统书信、传真、电邮甚至电话进行，也可以在互访或参加国际书展时当面进行。

我们假设出版社是确定谁享有版权的第一站。申请版权的信函可以寄送到版权经理或者出版社，如果在版权页上找不到这些版权公司和出版社的联系邮箱，可以采取两种方式找到，一是查阅相关出版名录，如《文学市场》和《国际文学市场》，上面列出了出版社的关键版权人员的联系方式以及该出版总公司的地址和传真。另外，版权代理公司和出版社均有网站，上面提供申请版权的信息，或者版权代理人的链接。许多大型出版社在香港设有办事处，或在北京设有跨国大公司办事处，或许会在当地任命人员处理中国出版社最初的版权申请，但其明智之举是审查每一家出版社与总部版权人员达成的优惠许可条件。只有总部版权人员知道版权所有的信息，如每一选题目前的版权状况，该选题是否存在大量由第三方享有著作权的资料。倘若这些情况存在，则许可有可能不成立。

2.以精心准备的材料打动对方

用"材料"表达真诚往往最能打动人心。如果面对的是从来没有合作过的对象，那么表达真诚往往可以通过准备详尽的材料来体现。材料中，所涉及具体的图书和合作方信息，应实事求是，避免吹嘘，要充分传达这样一个积极信号：你是个用心的人，你有真诚的合作愿望，跟你合作是可信可靠的。

3.创造见面机会

见面是最有效的方式。见上一面极有可能比打半年电话还有效，尤其是在饭桌上的见面。近年，国外出版社也逐渐适应中国的这种生意方式。可以说，这是极为有效的一招。客户关系的日常维护，也是版权贸易谈判中一个非常基本而又往往能产生超常效果的方法。平时有什么新鲜发现，或国际上发生什么大事，都可以作为联络的理由。节假日寄送明信片或礼物等，都是很好的联络感情和维护关系的方法。随着友谊的不断发展和深厚，一切将水到渠成。

4.注意礼节

寻找共鸣。在刚接洽阶段，一些例行的问候是非常有必要的，但谈话内容往往仅限于项目本身。洽谈进行几个回合后，大家稍微熟络起来，无论是电话还是书信，都可以稍微放宽话题，谈些跟工作和生活相关的话题，可以增加轻松的氛围，寻找共同语言，较快地拉近双方的关系。

5.控制好节奏

版权贸易谈判在确定没有其他对手竞争的情况下，可以利用心理战术。由于通信技术发达，很多时候不需要面对面谈判，而通过电子邮件往来即可。邮件的一来一回，可以

通过控制时间和节奏感来表现态度。如果对方回复后,你回复太快,会无意中透露你急切合作的心情。但如果回复太晚,又让对方觉得你效率不高或不够认真、不够重视。控制谈判的节奏也就能争取到更多的主动。

6.适当妥协,实现双赢

版权贸易谈判过程中既要坚持自己的立场和原则,也要有灵活性,要站在双方的立场考虑问题,适时变通。如果是优秀的选题,在某些条款甚至版税率上做些适当的妥协,则能以退为进,不仅能营造一种愉快合作的氛围,还能为今后带来更多的合作机会。而且,因小失大的做法是不可取的,优秀的选题对于树立出版社品牌、确立板块甚至带来盈利的作用都不可小觑。因此,灵活掌握谈判尺度,有利于达成双赢。

(二)谈判的策略

1.卖方策略

第一,兜售"期权"。期权,是一种选择权,原指一种能在未来特定期限内以特定价格买入或卖出一定数量的某种特定商品的权利。期权的持有者可以在该项期权规定的期限内享有买或不买、卖或不卖的选择权利,他可以实施该权利,也可以放弃该权利,而期权的出卖者则只负有期权合约规定的义务。

在图书出版中,期权是指未完成的书稿、提纲甚至只有书名,利用作者的知名度或其类似作品能够畅销提出较高报价的权利。

影视领域,期权是指影视公司通过支付一笔"期权费用",获得在未来特定期限内独家开发拍摄该剧本的权利。制片公司在期权协议所规定的期限内,需要进行影片融资、雇佣导演及主要演员、开发剧本及其他拍摄的前期工作。在期权到期时,如果制片公司仍无法找到足够的投资或者已经失去拍摄的兴趣,那么制片公司可以选择放弃拍摄该作品的期权。此时,作品的电影权或电视权就回到了作品的权利人手里。若制片公司在期权到期时已经充分做好了所有的拍摄准备(包括融资、雇佣拍摄班底等),那么便可按照期权协议的规定行使购买权,支付全额的"购买价格"(purchase price),从而获得完整的作品的电影权或电视权。

影视版权是影视集团重要的无形资产,具有流动性差、变现时间长、更新换代速度较快等特点,在影片投入制作或发行上映之前,有些企业出售发行权、放映权,收取定金或"保底发行金",从国内外发行公司和放映公司募得大量资金,加快资金流转和回笼,甚至预售合同都能成为融资担保。有时一部影片通过预售金就能收回影片60%的制作费用。如电影《大腕》通过海外版权预售,获得了不菲的版权收入。《墨攻》则拓展了日本、韩国等市场。《赤壁》在还未开拍就完成了80%的海外版权预售,其中高达1亿多元人民币的版权预售是针对日本市场,创下华语电影在日本预售最高版权收入纪录。2008年,华谊兄弟就尚在制作中的影片《梅兰芳》,与日本和韩国签订销售协议,创下了当时中国本土电影海外版权销售的价格新高。华谊兄弟通过其资金运作和版权管理,获得银行的融资,为其他文化企业通过无形资产获得融资树立了榜样。

第二,突出畅销先例。代理人在谈判中强调作者先前作品的畅销情况,并以先前作品的畅销量作为计算依据,要求对下一部作品有一个较高的报价。

但这样也会给买方带来风险，原因在于：一是作品水准可能下降导致销量受阻，如果作者的创作已走入低谷，风险就会更大。二是文化差异因素。在一个国家或具有类似文化背景的区域内畅销的作品，不一定在语言文化背景差异较大的另一个国家或区域内也畅销。三是营销差异。即便作者的先前作品由原来的出版社出版后曾经创造销售的奇迹，如果宣传策划、营销手段有误，买方引进后不一定也能畅销。

第三，结合广播影视作品。许多出版单位或著作权代理人突出强调与电影和广播电视相结合的图书，并借此提高交易条件。有两种图书会畅销：一是先有图书，然后改编成广播剧、电影或电视。二是图书内容价值最为重要，广播剧或影视剧改编，不同于原书，其改编必须适应自身的叙述特点。

第四，利用重要人物和重大事件。因为关心重要人物和重大事件的公众数量较多，所以有关作品的销量往往就会多于其他一般作品。

第五，扬长避短。选择自己的优势区域进行版权贸易。第一种选择是依据中国的外交战略优先次序，外交优先的国家也是文化"走出去"优先的国家。第二种选择是依据与中国的地缘关系从周边走向较远处，先易后难。这是因为周边国家往往与我们在历史上文化交往频繁，"走出去"也较为便利，这种地缘距离原则往往也就是文化距离原则。与我国相邻的国家，同属东亚文化圈，文化接近，可以作为我国文化"走出去"首选目的地，非洲、拉美国家则作为我国文化"走出去"的第二级目的地。而我国与欧美等发达国家的文化交流应该放在文化展示、求同存异、增进理解上。[1] 以图书版权贸易为例，我国版权的输出地主要集中在汉文化圈的韩国、日本、新加坡，而版权引进的来源地主要集中在欧美国家和日本等，这也同时说明我国版权还未完全进入世界主流文化区，仍停留在传统汉文化影响巨大的地区。第三种选择是先走向发达国家再走向发展中国家。第四种选择是从发展中国家开始，再进入发达国家，这是主要考虑到中国与广大的亚非拉国家结有深厚的友谊，文化"走出去"容易受到对象国政府、民众的欢迎。[2]

不管是哪一种梯度，中国版权"走出去"是一个"长期发展、逐步积累"的过程，必须科学谋划，制定长期规划，有计划、有步骤、重点地开展文化传播和交流。

从"走出去"的行业来看，我国可以优先考虑动画电影电视和图书出版，分别针对不同的国家地区"走出去"。在动画电影电视行业，以韩国和中东为主要输出国家，美欧和日本为潜在输出国家。东南亚与我国文化相近，地理相邻，文化差异相对较小，是我国文化产品的传统市场。[3] 美国、欧洲和日本是传统的动画产品消费地，观众欣赏动画产品的品味高，这些市场竞争激烈，是世界各国动画产业的必争之地。2008—2011年我国动画电视片对美、欧和日本的出口波动较大，说明我国尚未在这些市场建立稳定的市场地位。但是

---

① 苏颖.我国文化产业发展存在的问题及对策[J].商业文化,2012(A03):189-190.

② 陈杰.中国文化走出去战略"落地"研究——以阿拉伯社会为例[M].银川:宁夏人民出版社,2013:59.

③ 根据国家版权局公布的2003—2012年的统计数据,亚洲地区的输出地主要集中在韩国、日本、新加坡以及我国港澳台地区。10年中,我国对这6个国家和地区的版权输出数量达17420种,占总数的52.92%。转引自:中央文化企业国有资产监督管理领导小组办公室,中国社会科学院文化研究中心.中国对外文化贸易报告(2011)[M].北京:社会科学文献出版社,2014:13.

从长远看,这些国家是我国动画电视片出口主力市场。例如,对美国市场的电视剧出口额和电视节目出口额都居于我国这两类电视产品出口的首位。中国动画电影的主要出口市场为韩国和中东国家,与动画电视片市场类似。

图书出版行业,从亚洲开始推进,拓展至欧美。2005—2015年,我国版权输出量增长5.9倍,主要输出地已经从东亚逐渐扩展至欧美。从国家版权局公布的统计数据来看,我国对亚洲主要输出地为韩国、日本、新加坡三国,欧美输出地集中在美国、英国、德国、法国、加拿大、俄罗斯等六国。我国内地的图书版权输出正从华人核心文化圈向东亚文化圈乃至西方主流文化圈拓展。

2. 买方策略

(1) 眼见为实。争取审读原书或原稿,必要时请专家审读。如曹文轩的《青铜葵花》英文版的输出,在一定程度上得益于英国版权经纪人对该作品英文翻译片段的理解,从而坚定了他代理此书的决心。

(2) 捆绑谈判。巧用"挡箭牌"。"肥肉型"选题往往会有好几家出版社参与竞争,大家实力相当或者甚至有些出版社实力更胜一筹,这时,如何能在竞争中脱颖而出呢?以多胜少,捆绑谈判不失为一个好方法。在别人都谈一个选题的情况下,我们一次性洽谈两三个甚至更多选题,更容易吸引对手的目光。虽然最后极有可能我们的目标其实只有一个,其他都是"挡箭牌"。这是一种麻痹手段,是沿用产品薄利多销的促销手段。对方也希望能同时把多个选题卖给同一个出版社,因为这是一种更为合适的合作方式。

(3) "货比三家"。确定著作权贸易方向后,从中选出性价比最高的作品,再列出可选作品的先后顺序,依次与卖方进行谈判。

(4) 凸显优势。介绍具有14亿读者大市场的深远意义。虽说十年间,中国与国外的版权贸易发展迅猛,但对于海外很多出版社而言,还不熟识中国版权市场。谈判中,如果是某些不以版权贸易为盈利目的的海外出版社,就有可能对合作持无所谓态度,或根本不愿意合作。这个时候,价格对他们来说往往是没有吸引力的,多少无所谓。而我们的工作就是灌输给他们此次合作可能带来的深远意义,包括拓展他们在中国的市场、形成有利影响等,用中国14亿人口来激发他们合作的激情。

(5) 避热就冷。热门作品的风险很大,因此要在冷门中发掘出热门,比如《指环王》《哈利·波特》等。在冷门中发掘出热门,是版权贸易中买家追求的最高境界。

(6) 果断出手。一是最好由能够拍板和承担责任的领导亲自参加谈判,领导即使不能亲自到现场,也必须能够遥控指挥。二是事先必须作好充分准备,对哪些该买,哪些不该买,以什么样的条件报价等有一个大致的原则和底线,便于"前方"人员随机应变,现场把握。

三、谈判要点

版权贸易
谈判(下)

如果我国出版社直接与外国出版社商谈许可合同的付款条件,而不是通过资助项目,控制版权的出版社或代理商会要求其提供基本信息,即首印数、估计定价和预计出版日期。根据这些信息出版社就能计算出授权的适当条件。

(一)外部版权由谁清理

对于潜在的被许可方非常重要的是明确外国出版社的报价是否全面。比如,如果所谈图书包含大量已经发表的作品的引文(如诗歌或故事选集,或包括许多引文的文艺评论),或者书中有许多插图,那么合同是否允许这些资料的再次使用? 通常情况下原出版社必须对自己作品中使用的资料获得许可并支付费用,被请求的许可(或实际授予的许可)或许已受到外界版权所有者的限制。比如,一家出版中学历史课本的英国出版社很可能已经获得授权,可以使用博物馆或商业图片代理公司的外部版权资料,但只用于自己的英语版本,也许只用于英联邦某一限定地域,或除美国之外的世界其他地区。如果这些资料以另一种语言或在原申请者之外的其他版本中使用,许多外部版权持有者都要求应"再次清理"版权。

这种有限的"再次清理"是合理的,因为外语版本不可能在这些市场之外销售;如果要清理世界所有语言的版权许可,包括转让许可权,将会使清理版权许可的成本翻倍。如果获得的是这种有限许可,外国出版社就无权许可他人再使用这些资料,而有必要再次清理许可并按外部版权持有者的要求支付额外费用。印在书上的对外部版权持有者的感谢是一种警告标志。

从时间和费用上说这种再次清理的成本是相当高的,有时会使翻译许可无法进行。如果要使许可继续进行,就需要决定是否由原出版社代表被许可方负责再次清理,然后再收取全部费用,包括少量管理费(约总费用的 10％～15％);或者,原出版社可以向被许可方提供相关版权持有人的名单和地址,从而使中国出版社能够进行"再次清理"。有些外国出版社也会愿意承担这份工作,并努力协商比初次清理还低的费用,因为中国出版社版权贸易的总收入是有限的,然而,由于许多版权持有者为博物馆和商业图片代理商,所以总是难以保证这一点的。

对于大众趣味的图画书,外国出版社可能特别为该书制作了照片与插图;这样,他们很可能享有完全版权。这在出版联合版本四色的出版社非常多见,如 Rorling Kindersley。即使原出版社不享有版权,那些期望许可多种语言版本的出版社也会从一开始就向外部版权者购买世界所有语言的版本,包括商谈将来获得再许可使用这些资料。这样就没有必要每次许可一个国外版本都"再次清理"版权,但出版社可能会向每个被授权方收取一定比例的许可费。

所有这些都说明任何一本含有外部资源的图书的版权情况必须被认真审查。版权编辑经常要问这样的问题:"在我的被许可版本中,你采用的付款条件是否包含了所有来自外部资源的正文和插图的费用,还是要进一步付款? 谁负责对必要的许可再次清理并付款?"

(二)生产资料怎么提供

复制软片和其他生产材料的价格是一个可能影响达成协议的关键因素,如果它们是必需的,例如一本多插图的书,或者以原语言影印的词典或语言课程方面的书——对含有彩色插图的书来说,材料几乎是必需的;对于只有黑白线条图画的书也许不是必需的,但

如果要求制作质量好,含有黑白照片的书仍需要,比如印有射线照片的医学书的生产材料的问题就应该在谈判的最初阶段讨论;如果软片无法提供或者贵得无法接受,最终可能就做不成交易。许可方必须提供精确的技术说明单,以便被许可方能对印刷材料获得准确的报价,许可方不应当明确说明报价的有效期。

许可方不愿意将自己的原版软片借给被许可方,一是担心在运输中丢失或损坏。二是当许可方需要重印自己的版本时,若软片不在自己手中,有一些出版社可能会对出借原版软片收取一定租金。因此多数许可方宁愿为被许可方生产软片副本。对于四色图书成本不菲,一些许可方在定制软片前会要求全额或部分预付款,特别是当他们和一个被许可方初次谈生意时。出版社也许会为提供电子文档收取高额费用,尤其是有很多插图的图书;收费表示对创作成本进行一定的分担。

是否购买软片和其他生产材料的问题必须在谈判的最初阶段澄清。如果报价超过被许可方的承受能力,他们可能愿意直接复制原书中的插图。如果许可方觉得复制品的质量不够高,他们会不同意被许可方这样做;一些许可方可能会在决定是否授权这样复制前,要求看一下复制的插图样本。

(三)支付采用哪种方式

在西方,许可方一般会明确以自己的货币付款,比如:英国出版社要英镑,美国出版社要美元,欧盟国家现在多用欧元,等等。然而,由于美元在中国是首选外币,所以合同约定以美元付款会比较容易。在谈判时就应该查明许可方是否是美国出版社。中国出版社可能会有硬通货账户,或有人民币账户可以为境外付款购买硬通货。如果像许可合同一样,每一笔付款都要求付款通知单,许可方应当在谈判时注意这点,以便能够提供适当的文件、银行账户信息等。

许可中付款条款的标准和付款结构是复杂的,特别当国外出版社或版权代理商对中国市场的出版环境不熟悉时。对国内作者和大多数西方国家出版社的许可,西方习惯的付款方式为合同签订时支付预付款,接着按图书全额定价的一个百分比或图书销售价的更高百分比来支付版税。不论何种情况,版税总是根据图书在一定时期内实际销售数量计算,而不是按印数;销售情况一般按一年一次或一年两次计算。这种体制已在西方国家沿用多年,依赖于出版商能够准确跟踪实际销售情况,包括由于图书被退货而不得不做的调整。大多数出版社自己仓储图书,使用稳定的发行系统和拥有计算机化的库存控制系统。

中国的库存和发行的整体问题发生了根本变化,一些出版社现在已能使用高效的库存控制系统,他们能够执行西方的预付款与定期按图书销售结算版税的体制。一些不熟悉中国市场的西方出版社和版权代理公司很担心延期付款,所以宁愿商谈按一定的印数一次性付款,可能一签合同就全部付清或分一两次付清。一般情况是,合同签订时支付一半,图书出版时支付另一半或另行约定最后日期。小心谨慎的国外出版社和代理商会将每一次付款期限都确定到具体日期。一次性付款是在被许可方对图书的估价、在一定版税百分比的基础上确定。如果总费用相对较少(如少于500美元),一次性付款就比较好,有助于将运行风险和银行转账费用最小化。

许多与西方许可方谈判的翻译许可是以终端消费者支付的全额定价为基础计算版税的(减去税收因素),最初的版税标准从5％(对一些儿童图书)到7.5％(小说或学术书)。版税率一般从一个约定的销售数量起逐渐升高,如果预计销量很大,版税率可以多次增加:如前5000册按7.5％,5001至10000册按9％,超过10000册按10％。英语影印许可的版税率可能比较高,因为被许可方没有翻译费——可能从10％起,然后增加到12％,重大选题甚至15％。如果就某一约定印数协商一次性付款,一些出版社会在他们的合同中加入"防止涨价"条款,考虑到如果图书的最终定价高出合同谈判时的估价,出版时要支付一定比例的补充费用。

许可中的付款条件由双方公开谈判。可能与一家新的被许可方首次交易时条件会比较严厉,可一旦被许可方证明自己是可信赖的合作伙伴,后来的交易条件就会比较宽松。另一方面,公认的国际畅销选题(如J.K.罗琳的《哈利·波特》)的版税率比标准的预付款和版税率高,这是正常的。重要的是记住,西方许可方已经在接受中国图书按很低定价付款,所以再要求低版税率可能不能被接受。

一些西方许可方和版权代理公司对中国市场抱有不切实际的期望,如果他们认为印数太少就拒绝交易。然而,不熟悉中国市场的出版社和代理商需要认识到,中国的出版社经常在一个与西方非常不同的环境中经营,以西方标准看起来很低的许可费可能对中国出版社是一笔相当大的投资。在西方许可方看来,即使比较少的预付款,也是贸易谈判中诚信的重要表示;大多数合同明确表示如果被许可方没有履行合同,预付款则不予退还,作为对作者和许可方的补偿。缺少最起码的预付款,许多许可方会拒绝许可,无法成交。

(四)条款细节

第一,附加权利。作为被许可方的中方出版社,除中文简体版出版的基本权利之外,如果还要求其他权利,这就要提到谈判桌上来,熟悉中国市场的国外出版社或代理商将大多数许可翻译合同限定为图书出版权。这就意味着转让中文版的附属权利被自动地排除在本合同外,如杂志或报纸摘录权,以及许可另一家我国出版社的诗歌集或故事选收录的权利。如果被许可方要获得这些权利并想以此获得收益,收益的一部分将分给许可方,这部分比例从50％到90％不等。

德国出版巨头贝塔斯曼集团,在许多西方国家都有图书俱乐部,曾经在上海也建立了图书俱乐部,与中国出版社合作。同样的书以两种不同的销售渠道和价格出现,中国出版社应该意识到这两种渠道的权利含义。如果一家中国出版社从国外许可方获得专有图书出版权,许可方就不可能再对中国图书俱乐部版本单独授权。如果该书适合用于图书俱乐部(图书俱乐部通常为其会员提供通俗小说或非小说读物),中国出版社应该要求合同中包括图书俱乐部权,以便将来与中国的图书俱乐部直接进行交易,中国出版社就能向图书俱乐部提供已印好的翻译版本。如果这些书以含版税的价格提供给图书俱乐部,那么约定的版税金额应支付给国外出版商,如果图书俱乐部向中国出版社单独支付版税,那么版税将按一定比例付给许可方(通常50％～80％)。

第二,授权地域。对于翻译或双语版权,中国出版社要求获得简体中文出版权。外国出版社被建议将销售范围限定在"仅限中华人民共和国大陆地区,不包括香港和澳门"。

香港、澳门、台湾都使用繁体中文,所以在与中国大陆出版社的许可合同中包括它们,或者授予"全球中文版权"没有意义,因为这些市场是可以完全分开授权的。

英语影印版本在我国的销售价格比原出版社要低得多,许可方特别关注这些版本不能出现在限定市场外,尤其是香港这个英美图书出口的大市场。

第三,许可期限。许可期限需要谈判。如前所述,合同可以约定一定印数,也可以通过原合同的补充协议规定任何重印事宜。然而,如果国外许可方准备在预付款与按实际销量计算版税的基础上,一年结算一两次,合同应明确说明许可期限。几乎没有国外出版商或代理商会将版权许可延续整个版权保护期,即使有条款规定当该翻译本脱销或被许可方违约时,翻译作品中的权利可以收回。

更普遍的做法是,合同有效期约定为几年,会有续约规定,主要是付款条件的重新谈判。许可期不少于签订合同之日起 3 年,这好像比较合理。

学术出版社可能不将许可期限定为一定年数,而是将许可仅限于当前版本。如果他们出版该书新版本,他们期待再谈判签订新合同。这样,如果我国出版社要求 5 年许可期,学术出版社可能会拒绝,因为在这个时期内原书的修订版也许会出版。

第三节　影印版和联合出版的谈判

一、同种语言影印版权许可特殊要点

在外语教学和词典的引进中,中国出版社希望获得与原语言版本一致的影印版权,以此来打造知名品牌产品,比如,我国图书市场上售卖的由牛津大学出版社出版的词典、朗文外语教学课本等等,一方面,影印版的图书比原语言版本的图书价格低很多,读者可以以较低的价格读到原版图书;另一方面,影印版图书能满足中国读者对于原汁原味国外图书阅读的需求,特别是知识更新非常迅速的领域,对于原版图书的影印版权的需求量较大,如计算机学科领域的大学教科书影印版权的需求不断增长。

然而,对于影印版权输出国的国外出版社而言,他们不大愿意将影印版授权给中国的出版社,这是他们考虑到被国外引进的影印版图书,虽然当地被许可版本在书中和封底都会清楚地注明销售区域限制,但是极有可能流回本国市场,特别是亚洲等国家的图书定价比较低,对国外原出版社而言,对他们的利益是比较大的冲击。如在美国高校曾出现售卖亚洲国家出版的影印版课本。另外,影印权的申请方往往针对的是优质图书选题,如果影印权先于翻译权授权给国外的出版社,那么意味着翻译版权的售卖会出现风险。更重要的是,如果是大型出版集团出让了影印版权,后来又在引进国建立了自己图书版本的发行渠道,向受让方提出撤销许可,费时费力。因此,不能保证所有的影印版权许可申请都会被授予。比如,中国拥有巨大的英语教材和教辅图书市场,但是美国、英国等英语国家的出版社能进入中国图书市场并以中国读者能接纳的价格定价的话,那么他们销售所得要比授权影印版版权所得多很多。

如果影印版权被许可,其版税率很可能总是高于翻译版权许可的版税率,因为被许可方不需要任何编辑或翻译成本而仅需复制。如果结算版税是依据图书销售价格而不是定价,版税率可能达到10％～15％。如果中国出版社希望与国外出版社联合出版,或者使用"牛津""剑桥""朗文"等品牌,这必须征得国外出版社同意,而且一些出版社会为其名称的使用单独收取费用。

需要强调的是,一旦签订许可合同,就要立即支付相应款项。如果被许可方已经签订了合同,但在支付第一笔款项前又决定不出版该许可版本,许可方一般坚持要求其付款,作为对这次交易失败的补偿,所以被许可方应该充分利用授予他的选择期,对选题的市场潜力、合适译者和商业利润做现实的评估;与许可方谈判、签约,紧接着又毁约,这会使许可方丧失与被许可方再次合作的热情,造成负面影响。

二、联合出版

谈判联合出版的付款条款(外国出版社根据被许可方提供的生产翻译版本)是复杂的,因为不同公司有不同的政策。配插图的儿童故事书和给儿童与成人的通俗非小说,这些有大量彩图的作品多采用联合出版的方式。其内容包括从艺术到烹饪、园艺、自己动手制作、大众健康、工艺品、旅游指南和说明书等。

出版此类图书的西方出版社将他们全部的业务集中在协调多种语言版本的同时印刷,这样大规模印刷可降低每个参与出版者的单位成本。此类出版社在销售前生产一些精致的资料,通常是包括几页样纸的"假书",设法将版权再多卖给几家出版社,使首次印刷有尽可能多的版本。其他国外版本和再订购的图书可能放到下一次印刷。这种图书的生产需要全球范围的多语种版本,以分担复杂的艺术作品或华丽的摄影图书所产生的高额成本。由于联合出版方式上的复杂性,这些出版社一般愿意直接与被许可方联系,而不通过当地副代理。

专门经营联合出版图书的出版社通常不愿国外出版社购买软片制作他们自己的版本,因为这将降低了联合出版潜在规模。然而,如果他们不能提出一个适合市场的单位成本,比如在中国图书价格比西方低很多,西方出版社坚持一个我方无法接受的高额图书价格几乎不现实。但是必须说明,这些西方出版社希望能控制印数,特别是当他们怀疑中国出版社会少报印数时。

如果联合出版可行,国外出版社需要知道应该印刷多少,我国出版社提供符合外国出版商规格说明的翻译文本的软片。为此,外国出版社将提供原版工作样书,或者提供每页排版格式。

外国出版社对要求印数采用单位价格,重要的是要清楚该价格是否包括版税、包装、保险和运输等费用。一些出版社考虑到为促销会免费赠送额外样书,样书不计版税。运输是特别重要的因素,可以采用工厂交货(exworks)价格(在印刷厂的每本单价,不含包装与运输费用),也可采用在印刷厂所在国家港口的离岸价格(FOB),其价格包括包装和到船舱的运输费用,当货物半越过船舷时,外国出版社的责任即终结,被许可方开始负责接下来的运输和保险。最常采用的价格是到被许可方所在国家港口的到岸价格(CIF)含成本、保险费和运费,如果被许可方所在国是陆地国家或者直接海运不方便,就运到最近国家的港口。最后的价格包括包装、保险和运输到指定港口,由被许可方负责卸货、报关和运送到库房的费用。几乎没有出版社愿意承担运到被许可方库房的费用,因为他们不熟悉当地进口手续和交通工具。出版社也不可能采用航空运输,因为它成本太高。

版税包含在联合出版版本价格中是为了方便双方管理,因为这些图书会被全部购买。对购买方不利的是他们不得不提前支付版税,即使该书销售得不顺利。对于定价比较高的书,一些出版社愿意将版税因素与图书本身定价分开,作为翻译作品实际销售数量的预付版税,但这种做法的前提是被许可方有足够的能力准确跟踪销售情况。若外国出版社认为当地市场不稳定或当地合作者是没有经验的,他们可能很难同意单独进行版税结算。

对清晰明了的许可,在谈判初期就应确定以何种货币计价。许多联合版本出版商不在自己国家印刷,比如,许多英国出版商在中国香港和新加坡印刷,目前在深圳印刷的也越来越多,而一些艺术图书多选在意大利或西班牙印刷。多家出版社的报价能规避由于汇率波动所引发的产品价格风险。如果中国出版社要求非美国出版社以美元计价,应该在谈判初期就与之进行商讨。出版社应该清楚地注明该价格在多长时期内有效。

何时付款问题对联合出版十分重要,应该在谈判初期进行讨论。许多专门出版此类图书的出版社要求,在联合出版版本第一次被订购时,至少支付一定比例的预付款。这不仅是交易进展的保证,而且也认可原出版社代表不同的联合出版社投入大笔资金、策划选题、购买纸张和负责印刷。不同的外国出版社对付款的确切时间要求不尽相同:一些出版社可能要求下订单时支付一半,余额在图书离岸时或在双方约定的某一日期付清;而有些出版社可能愿意当订单确定时支付总额的1/3,开始印刷时支付1/3,在装船之后某一约定日期付清余额。一些出版社可能要求付款应由他们本国大银行出具的不可撤销的信用证作担保,虽然这些做法有可能造成国外出版社对其不信任,但由于他们投资巨大,对一个新市场的信心和经验不足,这些小心翼翼的做法是可以理解的。

对于任何联合出版,期限都是至关重要的,因为国外出版社要为几家海外出版社协调订单。因此他们会为每一个被许可方制定严格的进度表,包括提供翻译文本的软片,校核清样,提供运输工具等每一个联合出版环节。如果一个联合出版社没能在最后期限内完成,整个印刷安排就会延误。一些联合版本出版商的合同中都规定了高额的惩罚条款以避免发生延误。

第十章 版权贸易合同撰写

版权引进实践中,翻译版权的贸易行为较为常见,因一次性付款的风险性较大,因此以预付款和版税形式出现的翻译版权许可最为常见。另外翻译版权的联合出版也是中国出版社常用的版权贸易形式,同种语言影印版权的贸易行为也在计算机等自然科学领域常见。故此,本节主要选择版权合同的文本加以分析。

第一节 一次性付款合同

一、合同要点

(一)主要内容

1. 有关法律规定

我国《著作权法》第二十四条规定了著作权许可使用合同的主要内容,第二十五条规定了著作权转让合同的主要内容。

2. 一般内容

(1)当事人身份:合同中列出双方当事人的名称、地址等。如果有一方是代理人或代理机构,应该予以说明,并注明委托其代理的委托人姓名。当事人的名称应当用正式全称,地址应当详尽,可以同时再列出联系电话、电子邮箱地址、卖方的银行账号信息等。

一次性付款翻译版权许可版权合同(上)

(2)所涉作品及其作者:写明所涉作品的正式名称;如果作品有副标题的,副标题也要写明。合同中必须同时写明所涉作品的作者姓名,标明出版年代和版本,必要时需标明国际标准书号。

(3)著作权承诺:卖方应该承诺拥有有关权利或有权就有关权利进行贸易,买方应该承诺按约定为原作者和原出版者署名、保护作品的完整性、遭受侵权时采取必要措施保护作品著作权。

(4)交易客体的性质和内容:必须明确说明该合同涉及的是哪一项或哪几项权利,这是对交易客体性质的约定。所有与交易客体相关的内容应该明确说明,包括:是相应著作

权所有权的转让还是使用权的许可;许可使用属于专有性还是非专有性等。

(5)经济条件:用货币结算时,应该就付酬形式、标准和支付方式做出明确约定。

(6)意识形态条款:设专门条款明确写明买方有权根据国情对涉及社会政治和意识形态的内容作相应的删改。

一次性付款翻译版
权许可版权合同(下)

(7)违约责任:约定任何一方没有履行合同约定的义务或不适当履行合同约定的有关义务时,依照法律规定或按照当事人的约定必须承担何种责任,其具体内容有哪些。

(8)争议解决条款:一般采用签署补充协议书作为原合同附件的方法予以明确解决纠纷。

(9)合同有效性条款:对合同有效期、生效条件、生效日期、合同文本和合同份数等内容的约定。

(10)相关权利和义务条款:以上没有包含而买卖双方一致认为需要在合同中写明的条款。

(二)履行合同需注意的事项

1.尊重和保护作者的著作权

买方应该充分尊重作者的著作权,对作品的使用不能超出合同所约定的条件和范围,对于合同中卖方没有明确授予的权利不能擅自行使;同时对于合同约定由买方负责打击侵权盗版的,应该采取有力措施,维护作者的著作权。买方还应当按照约定为作者署名,注明原出版者和原版本,并按约定标准及时支付报酬。

2.重合同,守信誉

洽谈和签订著作权贸易合同要严肃,签订后必须认真履行,尤其是版税结算必须如实。如实提交销售报告。

3.及时支付预付金

如果合同规定,只有当买方在规定时间内支付了版税预付金后合同才正式生效,买方就要对此约定高度重视,抓紧时间办理各项手续,争取按时支付版税预付金,保证合同能够生效。受客观条件限制无法在规定期限支付,买方要提前将情况如实说明,取得谅解和认可,尽快支付。

4.在约定期限内开始发行

买方要在谈判时就充分考虑到所需要的时间,争取留有余地,不要把开始发行的日期定得太局促;一旦合同已经确定了具体日期,就要制定周密的生产计划,排除各种困难,争取按时或提前完成。

图书出版后要尽快寄送样书给卖方。

5.确定是否续约

买方如果打算续约,在合同期满前就应该把意向通报对方,同时做好相应的谈判准备工作。如果不续约,也应该在合同有效期即将届满之前把此意见正式告诉对方,以便对方安排寻找其他买家的工作。

6. 妥善解决合同纠纷

违约或侵权的情况，如果系买方责任，买方应该勇于承担责任，及时提出解决问题的办法，力争将对方的损失降到最低。如系不可抗力引起，应当提供有关证据予以证明。

二、合同样本

Translation Licence：Lump Sum Agreement

MEMORANDUM OF AGREEMENT is made this _____ （day） of _____ （month） _____ （year） between：_____ （name and address of Chinese publisher） （hereinafter termed the Publishers） of the one part，and _____ （name and address of foreign publisher） （hereinafter termed the Proprietors） of the other part.

WHERE AS the Proprietors are the proprietors of a work by _____ （name of author）（hereinafter termed the Author） titled：

_____ （title of book）

_____ （number） Edition

（hereinafter termed the Work）.

NOW IT IS HEREBY MUTUALLY AGREED AS FOLLOWS

1. Subject to the terms detailed in this Agreement，the Proprietors hereby grant to the Publishers the exclusive licence to translate，produce and publish of _____ （number） copies only of the Work in hardback/paperback volume form in the Chinese language （simplified characters） under the Publishers' imprint （hereafter termed the Translation） for sale in the mainland territory of the People's Republic of China only，excluding Hong Kong and Macao. The Publishers shall not reproduce the Proprietors' jacket design of Work，nor make any use of the Proprietors' logo，brands or colophon without the prior written consent of the Proprietors. This Agreement does not grant any rights in respect of subsequent editions of the Work.

2. For the right to produce the aforesaid _____ （number） copies of the Translation，the Publishers shall pay to the Proprietors in accordance with the provisions of Clause 18 hereof a lump sum equivalent to a royalty of _____ percent calculated on the retail price of the Translation，which sum shall be made in the following manner，namely：

（a） The sum of £/ $ _____ shall be paid to the Proprietors on signature of this Agreement；

（b） The sum of £/ $ _____ shall be paid to the Proprietors on publication of Translation or by _____ （date） whichever is earlier.

The said payments are not recoverable in the event of any default by the Publishers in carrying out the terms of this Agreement.

Should the translation be issued at a price higher than the estimated retail price of _____ RMB the total payment due to the Proprietors shall be increased by a percentage

equivalent to the increase in the retail price of the translation, such increase to be paid on publication.

3. The Agreement shall not come into effect until the Proprietors have received the payment detailed in Clause 2 (a) hereof.

4. The Publishers shall arrange for the translation of the Work to be made faithfully and accurately by a qualified and competent translator whose name and qualifications shall be sent to the Proprietors. Abbreviations, alternations and/or additions shall only be made with the prior written consent of Proprietors. The Proprietors reserve the right to request the Publishers to submit the manuscript of the Translation to the Proprietors for their approval before commencing the production of the Translation.

5. The Publishers shall be responsible for obtaining, wherever necessary, permission for the use in the Translation of copyright material from the Work controlled by third parties. The Publishers shall also be responsible for paying any fees required for such permissions and for the right not to supply the Publishers with duplicate production material for any illustrations contained in the Work until the Proprietors have received written confirmation from the Publishers that such permission has been obtained.

ALTERNATIVE WORDING:

The Proprietors shall be responsible for obtaining, wherever necessary, permission for the use in the Translation of copyright material from the Work controlled by third parties. The cost of any fees required for such permissions will be recharged to the Publishers with an additional administration charge and details of this arrangement will be agreed separately between the parties. The Proprietors reserve the right not to supply the Publishers with duplicate production material for the illustration contained in the Work until such permission has been obtained.

6. The Publishers undertake to ensure that, wherever possible, the printing, paper and binding of the Translation shall be of the highest quality.

7. The name of the Author shall appear with due prominence on the cover, spine, jacket (if any) and title page of every copy of the Translation issued and on the reverse of the title page shall appear the following copyright notice: "©_____ (copyright details from original edition)" together with the following acknowledgment: "This translation of _____ (title) is published by arrangement with _____ (name of foreign publisher)". The Publishers shall also include a copyright notice relating to the translated text of the Work.

8. _____ free copies of the Transition shall be sent to the Proprietors on publication together with a note of the actual date of publication and the retail price of the Translation.

9. In the event of the Publishers failing to issue the Translation on to the market by _____ (date) all rights granted under this Agreement shall revert to the Proprietors without prejudice to any monies paid or due to the Proprietors.

10. The Publishers shall not dispose of any subsidiary rights in the Translation

without first obtaining the written consent of the Proprietors.

11. Should any of the payments detailed in this Agreement be three months overdue the licence herein granted shall forthwith lapse and all rights conveyed by it shall, without further notice, revert to the Proprietors.

12. The Proprietors hereby warrant to the Publishers that they have the right and power to make this Agreement and that according to English law the Work will in no way whatever give rise to a violation of any existing copyright, or a breach of any existing agreement and that nothing in the Work is likely to give rise to a criminal prosecution or to civil action for damages or any other remedy and the Proprietors will indemnify the Publishers against any loss, injury or expense arising out of any breach or alleged breach of this warranty.

13. The Licence hereby granted to the Publishers shall not be transferred to or extended to include any other party, nor shall the Translation appear under any imprint other than that of the Publishers, except with the prior written consent of the Proprietors.

14. All rights in the Work other than those specifically granted to the Publishers under this Agreement are reserved by the Proprietors.

15. The Publishers shall report the details of the Translation to the China National Copyright Administration in order to seek approval to use all endeavors to protect the copyright in the Translation within the People's Republic of China according to the appropriate regulations of that country. The Publishers further agree to prosecute at their own expense any person or organization who infringes such copyright.

16. The Publishers shall inform the Proprietors when the Translation goes out of print and off market, whereupon all rights shall revert to the Proprietors but the Publishers shall have the first option of producing and publishing a further printing of the Translation on terms to be agreed between the parties hereto and shall not proceed with the publication of such further printing until written agreement has been obtained from the Proprietors and terms agree.

17. In the event of the Publishers going bankrupt or should they fail to comply with any of the provisions of this agreement and not rectify such failure within one month of having received notice from the Proprietors to do so by a registered letter sent to the Publishers at their address given at the commencement of this Agreement, then in either event this Agreement automatically becomes null and void and the licence granted to the Publishers herein shall revert to the proprietors without prejudice to any monies paid or due to the Proprietors.

18. All sums which may become due to the Proprietors under this Agreement shall be paid by the Publishers in sterling/US dollars at the official exchange rate in force on the day of transfer without any deduction in respect of exchange or commission. Payment may be made either by cheque or bank draft sent by post to: _____ (name and address of accounts department of foreign publisher) or by direct bank transfer to the Proprietors' bank account number: _____ (number) at _____ (name and address of foreign

publishers' bank). Should the Publishers be required by law to deduct tax they shall send a declaration to this effect with the relevant statement of account showing the amount deducted.

19. This Agreement is made subject to the laws of the People's Republic of China and any disputes or differences arising between the parties in respect of the construction or otherwise of this Agreement shall be referred to the Chinese International Economic and Trade Arbitration Committee and the decision of the Committee shall be final and binding on both parties hereto. Nothing in this Clause shall limit the rights of the Proprietors to take any necessary steps to prevent distribution of the Translation outside the territory specified in Clause 1 hereof, including litigation.

20. (a) The Proprietors may assign this Agreement without the consent of the Publishers in the event of a sale of all or part of the Proprietors' businesses.

(b) This Agreement contains the full and complete understanding between the parties. And supersedes all prior arrangements and undertakings whether oral or written, concerning the subject matter of this Agreement, and may not be varied except by agreement in writing between the parties.

(c) This Agreement shall be deemed to be legally binding only if the Publishers sign this Agreement within _____ weeks from the date of this Agreement.

Signed _____
for and on behalf of the Publishers
Signed _____
for and on behalf of the Proprietors

第二节 预付款与版税的翻译版权合同

一、合同要点

(一)主要内容

预付款与版税的
翻译版权许可合同

预付款与版税的翻译版权合同约定以图书形式出版该作品,从技术上排除了外国出版社单独授予其他出版社中文图书俱乐部版权。该合同与"一次性付款合同"所不同的是,采用预付款加版税的方式来支付费用。当然,预付款和版税率都是可以协商的,这要取决于图书的种类和作者的地位。学术类选题的预付款一般是中国出版社预付首印数总版税的1/3或1/2。如果是知名作家的作品,付给他的版税与预期销售数量关系不大。版税会根据销售数量的增加而调整，一般版税率往往会随销售数量增加而增加。这是因为，销售量增加证实了内容的质量，版权所有者理应为此得到更多的版税。同时，被许可方有义务向许可方提供其所需的销售、库存等情况，并整理成半年度或年度的结算报告。

如果预付款数额巨大，可以协商分期付款，如合同签订之时支付一半，翻译本出版之时或在约定的"最后日期"支付另一半。大多数西方出版社规定如果被许可方没有按时出版，预付款就会没收。一些出版社甚至规定即使翻译本没有按时出版，约定日期应付的另一部分预付款也要支付。

尽管许可合同没有限定印数，但是一些西方出版社仍然要求他们的被许可方在重印之前通知他们，他们可以通过传真或电子邮件很快给予授权。

二、合同样本

Translation Licence：Advanced and Royalty Agreement

MEMORANDUM OF AGREEMENT is made this ＿＿＿＿（day）of ＿＿＿＿（month）＿＿＿＿（year）between：＿＿＿＿（name and address of Chinese publisher）（hereinafter termed the Publishers）of the one part，and ＿＿＿＿（name and address of foreign publisher）（hereinafter termed the Proprietors）of the other part.

WHERE AS the Proprietors are the proprietors of a work by ＿＿＿＿（name of author）（hereinafter termed the Author）titled：

＿＿＿＿（title of book）

＿＿＿＿（number）Edition

（hereinafter termed the Work）.

NOW IT IS HEREBY MUTUALLY AGREED AS FOLLOWS：

1. Subject to the terms detailed in this Agreement，the Proprietors hereby grant to the Publishers the exclusive licence to translate，produce and publish the Work in hardback/paperback volume form in the Chinese language（simplified characters）under the Publishers' imprint（hereafter termed the Translation）for sale in the mainland territory of the People's Republic of China only，excluding Hong Kong and Macao. The Publishers shall not reproduce the Proprietors' jacket design of Work，nor make any use of the Proprietors' logo，brands or colophon without the prior written consent of the Proprietors. This Agreement does not grant any rights in respect of subsequent editions of the Work.

Alternative wording：If licence is not restricted to translation of specific edition of non-fiction title：

This Agreement is valid for a period of ＿＿＿＿ years from the date of this Agreement，after which it may be extended by mutual agreement between on financial terms to be agreed.

2. The Publishers shall make the following payments to the Proprietors, in accordance with the provisions of Clause 18 hereof, namely:

(a) The sum of £/ $ _____ shall be paid to the Proprietors on signature of this Agreement in advance and on account of any sums which may become due to the Proprietors under the terms which may become due to the Proprietors under the terms of this Agreement. The said payment in advance is not recoverable in event of any default by the Publishers in carrying out the terms of this Agreement.

(b) On the Chinese retail price of all copies sold by the Publishers, wherever sold.

(I) A Royalty of _____ percent on the first _____ thousand copies sold;

(II) A Royalty of _____ percent on all copies sold between _____ thousand and _____ thousand copies.

(III) A Royalty of _____ percent on all copies sold beyond the first _____ thousand copies.

(c) On remainder copies of the Translation sold by the Publishers at or below cost no royalty shall be payable but no such remainder copies shall be sold within a period of two years from the date of the first publication of the Translation.

3. The Agreement shall not come into effect until the Proprietors have received the payment detailed in Clause 2 (a) hereof.

4. The Publishers shall arrange for the translation of the Work to be made faithfully and accurately by a qualified and competent translator whose name and qualifications shall be sent to the Proprietors. Abbreviations, alternations and /or additions shall only be made with the prior written consent of Proprietors. The Proprietors reserve the right to request the Publishers to submit the manuscript of the Translation to the Proprietors for their approval before commencing the production of the Translation.

5. The Publishers shall be responsible for obtaining, wherever necessary, permission for the use in the Translation of copyright material from the Work controlled by third parties. The Publishers shall also be responsible for paying any fees required for such permissions and for the right not to supply the Publishers with duplicate production material for illustrations contained in the Work until the Proprietors have received written confirmation from the Publishers that such permission has been obtained.

ALTERNATIVE WORDING:

The Proprietors shall be responsible for obtaining, wherever necessary, permission for the use in the Translation of copyright material from the Work controlled by third parties. The cost of any fees required for such permissions will be recharged to the Publishers with an additional administration charge and details of this arrangement will be agreed separately between the parties. The Proprietors reserve the right not to supply the Publishers with duplicate production material for the illustration contained in the Work until such permission has been obtained.

6. The Publishers undertake to ensure that, wherever possible, the printing, paper and binding of the Translation shall be of the highest quality.

7. The name of the Author shall appear with due prominence on the cover, spine, jacket (if any) and title page of every copy of the Translation issued and on the reverse of the title page shall appear the following copyright notice: "© _____ (copyright details from original edition)" together with the following acknowledgment: "This translation of _____ (title) is published by arrangement with _____ (name of foreign publisher)". The Publishers shall also include a copyright notice relating to the translated text of the Work.

8. _____ free copies of the Translation shall he sent to the Proprietors on publication together with a note of the actual date of publication and the retail price of the Translation.

9. (a) In the event of the Publishers failing to issue the Translation on to the market by _____ (date) all rights granted under this Agreement shall revert to the Proprietors without prejudice to any monies paid or due to the proprietors.

(b) In the event of the Translation going out of print or off the market, the Proprietors shall be at liberty to terminate this Agreement on giving the Publishers six months' notice in writing to reprint the Translation and on the expiration of such period of six months should such reprint not have been made all rights granted under this Agreement shall revert to the Proprietors without prejudice to any monies paid or due to the Proprietors.

10. The Publishers shall not dispose of any subsidiary rights in the Translation without first obtaining the written consent of the Proprietors.

11. Accounts for the Translation shall be made up annually/twice annually be the Proprietors to _____ (accounting date/s) and the accounts rendered together with any sums payable under this Agreement within three months of the accounting date/s. Accounts will show:

(a) The number of copies in stock, if any, at the beginning of the accounting period.

(b) The number of copies printed, if any, during the accounting period.

(c) The number of copies sold during the accounting period.

(d) The number of copies presented free of charge during the accounting period.

(e) The number of copies remaining in stock at the end of the accounting period and accounts shall be paid in accordance with the provisions of Clause 18 hereof. Should any of the payments detailed in this Agreement be three months overdue the licence herein granted shall forthwith lapse and all rights conveyed by it shall, without further notice, revert to the Proprietors.

12. The Publishers undertake not to reprint the Translation without first informing the Proprietors and obtaining their consent in writing.

13. The Proprietors hereby warrant to the Publishers that they have the right and power to make this Agreement and that according to English law the Work will in no way whatever

give rise to violation of any existing copyright, or a breach of any existing agreement and that nothing in the Work is liable to give rise to a criminal prosecution or to civil action for damages or any other remedy and the Proprietors will indemnify the Publishers against any loss, injury or expense arising out of any breach or alleged breach of this warranty.

14. The Licence hereby granted to the Publishers shall not be transferred or extended to include any other party, nor shall the Translation appear under any imprint other than that of the Publishers, except with the prior written consent of the Proprietors.

15. All rights in the Work, other than those specifically granted to the Publishers under this Agreement, are reserved by the Proprietors.

16. The Publishers shall report the details of the Translation to the China National Copyright Administration in order to seek approval to use all endeavors to protect the copyright in the Translation within the People's Republic of China according to the appropriate regulations of that country. The Publishers further agree to prosecute at their own expense any person or organization who infringes such copyright.

17. In the event of the Publishers being declared bankrupt, or should they fail to comply with any of the provisions of this Agreement and not rectify such failure within one month of having received notice from the proprietors to do so by a registered letter sent to the Publishers at their address given at the commencement of this Agreement, then in either event this Agreement automatically becomes null and void and the licence granted to the Publishers herein shall revert to the Proprietors without prejudice to any monies paid or due to the Proprietors.

18. All sums which may become due to the Proprietors shall be paid by the Publishers in sterling/US dollars at the official exchange rate in force on the day of transfer without any deduction in respect of exchange or commission. Payment may be made either by cheque or bank draft sent by mail to _____ (name and address of accounts department of foreign publisher) or by direct bank transfer to the Proprietors' bank account Number at _____ (name and address of foreign publishers' bank). Should the Publishers be required by law to deduct tax they shall send a declaration to this effect with the relevant statement of account showing the amount deducted.

19. This Agreement is made subject to the laws of the People's Republic of China and any disputes or differences arising between the parties in respect of the construction or otherwise of this Agreement shall be referred to the Chinese International Economic and Trade Arbitration Committee and the decision of the Committee shall be final and binding on both parties hereto. Nothing in this Clause shall limit the rights of the Proprietors to take any necessary steps to prevent distribution of the Translation outside the territory specified in Clause 1 hereof, including litigation.

20. (a) The Proprietors may assign this Agreement without the consent of the Publishers in the event of a sale of all or part of the Proprietors' business.

(b) This Agreement contains the full and complete understanding between the parties, and supersedes all prior arrangements and undertakings, whether oral or written, concerning the subject matter of this Agreement, and may not be varied except by agreement in writing between the parties.

(c) This Agreement shall be deemed to be legally binding only if the Publishers sign this Agreement within _____ weeks from the date of this Agreement.

Signed _____
For and on behalf of the Publishers
Signed _____
For and on behalf of the Proprietors

第三节　翻译版权许可合同：联合出版

一、合同要点

联合出版的合同中规定中国出版社要向国外出版社提供符合特定规范的中文翻译文本的软片。

在联合出版中，会涉及实体印刷相关的款项。比如在此合同中，涉及外方出版社为中国出版社印刷翻译本的册数、每本书的定价以及该价格包括版税、包装费和运费。对于运输方式和外国出版社交货的最终目的地，都要事先认真协商并达成协议。

此外，在合同中也要约定为促销免费提供少量精装书的数量，对详细的产品规范也要在合同的附件中列明。

合同中还要对装运规定时间，这取决于中国出版社是否能在要求的最后期限内提供软片和运输工具。一些西方出版社也许对延误交付软片规定了处罚条款，如除了支付印刷费和给另一联合出版者造成的任何额外费用，还需提高单价。

合同中还规定中方出版社为联合出版版本付款的时间。如果逾期付款，一些外方出版社则会向中方加收利息。合同中还规定中方出版社要及时向外方反馈翻译本印刷质量，这便于他们向印商提出产品的质量问题，向托运人索赔运输中造成的损害。

合同还要规定中国出版社如何再订货的手续。如果未能就定价或时间达成一致，可以讨论是否提供软片。一些西方出版社可能不愿意这样规定，因为这将中国出版社从联合出版合伙中排除。如果中国出版社后来的确购买了软片，许可方也必须将属于中国出版社的翻译文本的软片取回。

合同还规定在翻译本脱销后，如果中方出版社继续订购翻译本或从国外出版社得到一套翻译本复制软片，该合同则继续有效。每当再订购时，外方出版社就应当提醒每个合伙出版者。

二、合同样本

Translation Licence:Coedition Agreement

MEMORANDUM OF AGREEMENT is made this _____ (day) of _____ (month) _____ (year) between:_____ (name and address of Chinese publisher) (hereinafter termed the Publishers) of the one part, and _____ (name and address of foreign publisher) (hereinafter termed the Proprietors) of the other part.

WHERE AS the Proprietors are the proprietors of a work by _____ (name of author) (hereinafter termed the Author) titled:

_____ (title of book)

_____ (number) Edition

(hereinafter termed the Work).

NOW IT IS HEREBY MUTUALLY AGREED AS FOLLOWS

1. Subject to the terms detailed in this Agreement, the Proprietors hereby grant to the Publishers the exclusive licence to translate and publish of the Work in hardback/ paperback volume form in the Chinese language (simplified characters) under the Publishers' imprint (hereafter termed the Translation) for sale in the mainland territory of the People's Republic of China only, excluding Hong Kong and Macao. This Agreement does not grant any rights in respect of subsequent editions of the Work.

2. The Publishers shall supply the Proprietors with a set of _____ (specification- e. g. positive, right reading, emulsion side down) film of the Chinese text in page film form, imposed to the layout of the Work together with _____ (specification) film for the cover/jacket of the Translation.

3. The Proprietors undertake to supply to the Publishers _____ (quantity) jacket hardbound/paperbound copies of Translation with the Publishers' imprint at a price of _____ (price) per copy. Terms of supply—e. g. CIF (destination, e. g. port of Shanghai), inclusive of royalty and export packing). The production specification for the Translation shall be as specified on the attached Schedule.

4. The Proprietors undertake to deliver the said copies of the Translation to their chosen shipper on or around _____ (date) provided that the Publishers supply imposed film of the Translation together with full instructions for packing and shipping no later than _____ (date).

5. Payment for the said copies amounting to _____ is payable by the Publishers (example) in two equal parts: the first half on signature of this Agreement and the second half sixty days from the date of the Proprietors' shipment invoice for the aforesaid copies.

6. Should the Publishers have any complaints regarding the quality of the said copies of the Translation, such complaints must be made in writing and received by the Proprietors

within one month of receipt of the said shipment. In the absence of any notification within this period the Proprietors have rights to assume that the Publishers have accepted full delivery of the shipment to their satisfaction.

7. Should the Publishers require further copies of the Translation the Proprietors agree to supply such copies at a price and at a time to be mutually agreed between the parties. Such re-orders shall be for not less than _____ copies.

POSSIBLE ADDITIONAL WORDING

If the parties hereto are unable to agree on the said price or delivery date for printed copied of the Translation, the Proprietors may agree to supply the Publishers with a quotation for a set of duplicate film of the Translation.

8. This Agreement shall not come into effect until the Proprietors have received the first payment detailed in Clause 5 hereof.

9. The Publishers shall arrange for the translation of the Work to be made faithfully and accurately by a qualified and competent translator whose name and qualifications shall be sent to the Proprietors. Abbreviations, alternations and /or additions shall only be made with the prior written consent of Proprietors.

10. The Publishers shall be responsible for obtaining, wherever necessary, permission for the use in the Translation of copyright material from the Work controlled by third parties. The Publishers shall also be responsible for paying any fees required for such permissions and ensuring that appropriate acknowledgment is made in the Translation. The Proprietors reserve the right not to supply the Publishers with printed copies of the Translation until the Proprietors have received written confirmation from the Publishers that such permission has been obtained.

ALTERNATIVE WORDING

The Proprietors shall be responsible for obtaining, wherever necessary, permission for the use in the Translation of copyright material from the Work controlled by third parties. The cost of any fees required for such permissions will be recharged to the Publishers with an additional administration charge and details of this arrangement will be agreed separately between the parties. The Proprietors reserved the right not to supply the Publishers with printed copies of the Translation until such permission has been obtained.

11. The name of the Author shall appear with due prominence on the cover, spine, jacket (if any) and title page of every copy of the Translation issued and on the reverse of the title page shall appear the following copyright notice: "© _____ (copyright details from original edition)" together with the following acknowledgment: "This translation of _____ (title) is published by arrangement with _____ (name of foreign publisher)". The Publishers shall supply the Proprietors with the text of the Work for a copyright line relating to the translated text of inclusion in the Translation.

12. The Publishers shall inform the Proprietors of the actual date of publication and

the retail price of the Translation.

(a) In the event of the Publishers failing to issue the Translation on to the market by _____ (date) all rights granted under this Agreement shall revert to the Proprietors without prejudice to any monies paid or due to the Proprietors.

(b) In the event of the Translation going out of print or off the market at any time during the period of this licence the Proprietors shall be at liberty to terminate this Agreement on giving the Publishers six months' notice in writing to reorder copies of the Translation (ADDITIONAL WORDING: or purchase a set of duplicate film of the Translation as provided for in Clause 7 hereof). If on the expiration of such period of six months no such arrangements have been made all rights granted under this Agreement shall revert to the Proprietors without prejudice to any monies paid or due to the Proprietors.

13. The Publishers shall not dispose of any subsidiary rights in the Translation without first obtaining the written consent of the Proprietors.

14. A sale statement for the Translation shall be made up annually to _____ (date) and will show:

(a) The number of copies in stock if any at the beginning of the accounting period;

(b) The number of copies sold during the accounting period;

(c) The number of copies presented free of charge during the accounting period;

(d) The number of copies remaining in stock at the end of accounting period.

Should any of the payments detailed in this Agreement be three months overdue the licence herein granted shall forthwith lapse and all rights conveyed by it shall, without further notice, revert to the Proprietors.

15. The Proprietors hereby warrant to the Publishers that they have the right and power to make this Agreement and that according to English law the Work will in no way whatever give rise to a violation of any existing copyright, or a breach of any existing agreement and that nothing in the Work is likely to give rise to a criminal prosecution or to civil action for damages or any other remedy and the Proprietors will indemnify the Publishers against any loss, injury or expense arising out of any breach or alleged breach of this warranty.

16. The Licence hereby granted to the Publishers shall not be transferred to or extended to include any other party, nor shall the Translation appear under any imprint other than that of the publishers, except with the prior written consent of the Proprietors.

17. All rights in the Work other than those specifically granted to the Publishers under this Agreement are reserved by the Proprietors.

18. The Publishers shall report the details of the Translation to the China National Copyright Administration in order to seek approval to use all endeavors to protect the copyright in the Translation within the People's Republic of China according to the appropriate regulations of that country. The Publishers further agree to prosecute at their own expense

any person or organization who infringes such copyright.

19. In the event of the Publishers going bankrupt or should they fail to comply with any of the provisions of this agreement and not rectify such failure within one month of having received notice from the Proprietors to do so by a registered letter sent to the Publishers at their address given at the commencement of this Agreement, then in either case this Agreement automatically becomes null and void and the licence granted to the Publishers herein shall revert to the proprietors without prejudice to any monies paid or due to the Proprietors.

20. All sums which may become due to the Proprietors under this Agreement shall be paid by the Publishers in sterling/US dollars at the official exchange rate in force on the day of transfer without any deduction in respect of exchange or commission. Payment may be made either by cheque or bank draft sent by post to: _____ (name and address of accounts department of foreign publisher) or by direct bank transfer to the Proprietors' bank account number: _____ (number) at _____ (name and address of foreign publishers' bank).

21. This Agreement is made subject to the laws of the People's Republic of China and any disputes or differences arising between the parties in respect of the construction or otherwise of this Agreement shall be referred to the Chinese International Economic and Trade Arbitration Committee and the decision of the Committee shall be final and binding on both parties hereto. Nothing in this Clause shall limit the rights of the Proprietors to take any necessary steps to prevent distribution of the Translation outside the territory specified in Clause 1 hereof, including litigation.

(a) The Proprietors may assign this Agreement without the consent of the Publishers in the event of a sale of all or part of the Proprietors' businesses.

(b) This Agreement contains the full and complete understanding between the parties, and supersedes all prior arrangements and undertakings whether oral or written, concerning the subject matter of this Agreement, and may not be varied except by agreement in writing between the parties.

(c) This Agreement shall be deemed to be legally binding only if the Publishers sign this Agreement within _____ weeks from the date of this Agreement.

Signed _____
For and on behalf of the Publishers
Signed _____
For and on behalf of the Proprietors

第四节 影印版出版合同

一、合同要点

原语言影印版权引进的合同与翻译版权合同最大的区别在于授权的内容和版税的不同。

1. 授权内容的条款

影印版出版合同的第一条是授权内容的条款,表述为:"根据本协议,版权所有者授予出版者独家许可,准许其以该出版社的名义,以图书形式(简/精装)制作、出版该作品____ ____(语言)影印版_____册(以下简称影印版),限在中华人民共和国大陆发行,不包括中国台湾、香港和澳门地区。在许可影印本封底和扉页背面要清楚地注明该限定发行区域:仅限在中华人民共和国大陆地区销售,不包括中国台湾、香港和澳门地区。未经版权所有者的书面同意,出版者不能复制版权所有者对该作品的封面设计,也不能使用版权所有者的标识、商标或版权页。本协议授予的权利不及于该作品的其他后续版本。"

第一条款之所以对销售地区进行了较为严格的规定,是因为在中国出版的影印版一旦流入别的市场,将会对原版图书造成不利的影响。版权许可方严格限制了影印版作品的销售区域,从法律角度来说,这是对平行进口问题的一种解决方式。

2. 版税的条款

在版税的规定方面,影印版权的版税可能总是高于翻译版权许可的版税率,这是因为被许可方不需要支付翻译费用。如果版税结算是依据图书销售价格而不是定价做出的,版税率可能达到10%～15%。

二、合同样本

Same Language Reprint Licence：Lump Sum Agreement

MEMORANDUM OF AGREEMENT is made this _____ (day) of _____ (month) _____ (year) between：_____ (name and address of Chinese publisher) (hereinafter termed the Publishers) of the one part, and _____ (name and address of foreign publisher) (hereinafter termed the Proprietors) of the other part.

WHERE AS the Proprietors are the proprietors of a work by _____ (name of author) (hereinafter termed the Author) titled：

_____ (title of book)

_____ (number) Edition

(hereinafter termed the Work).

NOW IT IS HEREBY MUTUALLY AGREED AS FOLLOWS：

1. Language under the Publishers' imprint (hereafter termed the License Edition) for sale in the mainland territory of the People's Republic of China only, excluding Taiwan, Hong Kong, and Macao, and this restricted circulation is to be clearly indicated on the outside of the cover and on the reverse of the title page of the Licensed Edition by the following words: "Licensed for sale in the mainland territory of the People's Republic of China only, excluding Taiwan, Hong Kong, and Marco." The Publishers shall not reproduce the Proprietors' jacket design of the Work, nor make any use of Proprietors' logo, brands or colophon without the prior written consent of the Proprietors. This Agreement does not grant any rights in respect of subsequent editions of the Work.

2. For the right to produce the aforesaid _____ (number) copies of the Licensed Edition the Publishers shall pay to the Proprietors in accordance with the provisions of Clause 18 hereof a lump sum equivalent to a royalty of _____ percent calculated on the retail price of received by the Publishers, which sum shall be made in the following manner, namely:

(a) The sum of £/ $ _____ shall be paid to the Proprietors on signature of this Agreement.

(b) The sum of £/ $ _____ shall be paid to the Proprietors on publication of on publication of the Licensed Edition or by _____ (date) whichever is earlier.

The said payments are not recoverable in the event of any default by the Publishers in carrying out the terms of this Agreement.

Should the License Edition be issued at a price higher than the estimated retail price of _____ RMB the total payment due to the Proprietors shall be increased on publication by a percentage equivalent to the increase in the retail price of the Licensed Edition.

3. The Agreement shall not come into effect until the Proprietors have received the payment detailed in Clause 2 (a) hereof.

4. The Publishers shall reproduce the Work faithfully and accurately. Abbreviations, alternations and /or additions shall only be made with the prior written consent of Proprietors.

5. The Publishers shall be responsible for obtaining, wherever necessary, permission for the use in the Licensed Edition of copyright material from the Work controlled by third parties. The Publishers shall also be responsible for paying any fees required for such permissions and for ensuring that appropriate acknowledgment is made in the Licensed Edition. The Proprietors reserve the right not to supply the Publishers with duplicate production material for any illustrations contained in the Work until the Proprietors have received written confirmation from the Publishers that such permission has been obtained.

ALTERNATIVE WORDING:

The Proprietors shall be responsible for obtaining, wherever necessary, permission

for the use in the Licensed Edition of copyright material from the Work controlled by third parties. The cost of any fees required for such permissions will be recharged to the Publishers with an additional administrative charge and details of this arrangement will be agreed separately between the parties. The Proprietors reserve the right not to supply the Publishers with duplicate production material for the illustration contained in the Work until such permission has been obtained.

6. The Publishers undertake to ensure that, wherever possible, the printing, paper and binding of the Licensed Edition shall be of the highest quality.

7. The name of the Author shall appear with due prominence on the cover, spine, jacket (if any) and title page of every copy of the Translation issued and on the reverse of the title page shall appear the following copyright notice: "© _____ (copyright details from original edition)" together with the following acknowledgement: "This translation of _____ (title) is published by arrangement with _____ (name of foreign publisher)".

8. _____ free copies of the Licensed Edition shall he sent to the Proprietors on publication, together with a note of the actual date of publication and the retail price of the Translation.

9. In the event of the Publishers failing to issue the Licensed Edition on to the market from the date of this Agreement all rights granted under this Agreement shall revert to the Proprietors without prejudice to any monies paid or due to the Proprietors.

10. The publishers shall not dispose of any subsidiary rights in the Licensed Edition without first obtaining the written consent of the Proprietors.

11. Should any of the payments detailed in this Agreement be three months overdue the licence herein granted shall forthwith lapse and all rights conveyed by it shall, without further notice, revert to the Proprietors.

12. The Proprietors hereby warrant to the Publishers that they have the right and power to make this Agreement and that according to English law the Work will in no way whatever give rise to a violation of any existing copyright, or a breach of any existing agreement and that nothing in the Work is likely to give rise to a criminal prosecution or to civil action for damages or any other remedy and the Proprietors will indemnify the Publishers against any loss, injury or expense arising out of any breach or alleged breach of this warranty.

13. The licence hereby granted to the Publishers shall not be transferred to or extended to include any other party, nor shall the Licensed Edition appear under any imprint other than that of the Publishers, except with the prior written consent of the Proprietors.

14. All rights in the Work, other than those specifically granted to the Publishers under this Agreement, are reserved by the Proprietors.

15. The Publishers shall report the details of the Licensed Edition to the China National Copyright Administration in order to seek approval to use all endeavors to protect the copyright in the Licensed Edition within the People's Republic of China according to the appropriate regulations of that country. The Publishers further agree to prosecute at their own expense any person or organization who infringes such copyright.

16. The Publishers shall inform the Proprietors when the Licensed Edition goes out of print and off market, whereupon all rights shall revert to the Proprietors but the Publishers shall have the first option of producing and publishing a further printing of the Licensed Edition on terms to be agreed between the parties hereto and shall not proceed with the publication of such further printing until written agreement has been obtained from the Proprietors and terms agree.

17. In the event of the Publishers going bankrupt or should they fail to comply with any of the provisions of this Agreement and not rectify such failure within one month of having received notice from the Proprietors to do so by a registered letter sent to the Publishers at their address given at the commencement of this Agreement, then in either event this Agreement automatically becomes null and void and the licence granted to the Publishers herein shall revert to the Proprietors without prejudice to any monies paid or due to the Proprietors.

18. All sums which may become due to the Proprietors under this Agreement shall be paid by the Publishers in sterling/US dollars at the official exchange rate in force on the day of transfer without any deduction in respect of exchange or commission. Payment may be made either by cheque or bank draft sent by post to: _____ (name and address of accounts department of foreign publisher) or by direct bank transfer to the Proprietors' bank account number: _____ (number) at _____ (name and address of foreign publishers' bank). Should the Publishers be required by law to deduct tax they shall send a declaration to this effect with the relevant statement of account showing the amount deducted.

19. This Agreement is made subject to the laws of the People's Republic of China and any disputes or differences arising between the parties in respect of the construction or otherwise of this Agreement shall be referred to the Chinese International Economic and Trade Arbitration Committee and the decision of the Committee shall be final and binding on both parties hereto. Nothing in this Clause shall limit the rights of the Proprietors to take any necessary steps to prevent distribution of the Licensed Edition outside the territory specified in Clause 1 hereof, including litigation.

20. (a) The Proprietors may assign this Agreement without the consent of the Publishers in the event of a sale of all or part of the Proprietors' businesses.

(b) This Agreement contains the full and complete understanding between the parties, and supersedes all prior arrangements and undertakings whether oral or written, concerning

the subject matter of this Agreement，and may not be varied except by agreement in writing between the parties.

（c）This Agreement shall be deemed to be legally binding only if the Publishers sign this Agreement within _____ weeks from the date of this Agreement.

Signed _____
For and on behalf of the Publishers
Signed _____
For and on behalf of the Proprietors

第五节　关键术语释义

一、简体汉字版本（simplified character version）

在国际版权贸易市场,中文版的简体版和繁体版是有不同的市场的,繁体版面向的市场有中国香港、澳门和台湾,简体版面向的市场为中国大陆。

二、版权

版权,在我国亦称著作权,指作者或其他人（包括法人）依法对某一著作物享受的权利。

三、版权登记（copyright registration）

国家版权局负责外国以及我国台湾、香港和澳门地区的作者或其他著作权人的作品登记工作。中国版权保护中心受国家版权局委托,负责外国以及我国台湾、香港和澳门地区的作者或其他著作权人的作品登记工作。

四、版权所有者（proprietor）

版权所有者即作品归属者,其拥有人身权利和财产权利。

五、版权页（colophon）

版权页是出版物的版权标志,也是版本的记录页,一般位于书名页的背面、封三或书末。在版权页中,按规定应记录书名、著译者、出版者、印刷者、发行者、版次、印次、开本、印张、印数、字数、出版年月、版权期、书号、定价等及其他有关说明事项。它的重要内容应以说明和保障版权的文字为主,如"有著作权,不准翻印""版权所有,翻印必究""请勿翻印"等字句。版权页是供读者了解图书的出版情况,也是文献著录的重要信息源之一。尤其随着文献工作标准化事业的发展,在版编目(CIP)的推行,版权页的记录内容也将有所增加,例如分类号、主题词以及反映该书的款目等。这样,版权页就将成为著录的主要信息源了。

六、版税(royalty)

版税,又称版权使用费,是知识产权的原创人或版权持有人对其他使用其知识产权的人所收取的金钱利益。一般情况下使用版权、商标、专利等知识产权的人士需要支付版税。一般而言,使用者为了能够取得复制或演出作品的权利,即会支付给作品发明者或创作者款项作为版税。

七、标的(common objective)

合同当事人双方权利和义务共同指向的对象。它是合同成立的必要条件,是一切合同的必备条款。标的的种类总体上包括财产和行为,其中财产又包括版权的财产权利,行为又包括作为、不作为等。在版权贸易中,标的指签约双方进行交易的版权。

八、出口包装(export packing)

出口包装适用于在国外销售的商品包装。这类包装往往要求较高,又因具体对象特性各异,一般应考虑:(1)在运输方面:因路途远,气候差别大,装卸环节多,运输工具、装卸设备和港口设施与国内不尽相同,应使包装适应这些条件。(2)在销售包装方面:因不同国家的民族和社会制度不同,商品销售方式和销售习惯也不同,包装应符合进口国的法令、风俗习惯、生活方式、生活水平和兴趣爱好。根据不同的运输方式、运输路线气候条件和出口商品的不同性质,出口包装应采用适当的包装材料、包装容器、包装装潢和包装方法,以保证商品安全、完好地到达买方手中,并本着节省材料和运费的精神,以取得良好的经济效益。

九、第二渠道出版商(second channel publisher)

在国外出版社看来,中国民营出版公司被称作第二渠道发行商,有别于出版社。

十、独占许可(exclusive license)

排除包括版权人在内的所有其他人,可在版权范围内从事任何行为的授权,该授权由版权人授予或者由独占被许可人依版权人主张。

十一、附属权利(subsidiary rights)

在国际惯例中,图书出版者通过订立出版合同,不仅取得图书出版权(图书形式的

印刷复制权和发行权),而且还常常取得可能影响图书出版的其他权利,以便控制有关作品的其他不同方式的使用。这些权利由于通常附属于图书出版权,因而被称为附属权。

附属权分为两类,一类是与作品的图书形式有直接联系的附属权利,主要包括以下权利:一期刊载权,即许可他人在一期报纸、杂志上刊载作品的部分篇章的权利;连载权,即许可他人在图书出版之前或之后在报纸、杂志上连载整部作品或其中部分篇章的权利;选集权,即许可他人将整部作品或其中部分篇章编入选集的权利;复印权,即许可他人复印作品或其中部分篇章的权利。不少图书出版者认为,由于他们出版了作品,促成作品得到其他不同方式的使用,因而他们也应该取得其他一些不影响图书出版的权利。在一些国家,图书出版者还可以取得下列附属权:播放权,即许可他人在广播电视节目中朗诵作品的部分篇章的权利;缩微复制权,即许可他人以缩微胶片形式复制作品的权利;计算机使用权,即许可他人将作品存储在计算机存储器内,供公众随时阅读或复制的权利;录音复制权,即许可他人以录音制品形式复制作品的权利;电影摄制权,即许可他人对作品进行改编并摄制成电影的权利;翻译权,即许可他人翻译出版作品的权利。

第二类是与作品的图书出版形式没有直接联系的权利,即对原作品进行加工和改编的附属权利,如将作品改编为舞台剧、拍摄成电影、制作成电视剧、改编成广播剧等。这类权利大多由作者保留在手中,需要出版商与作者专门协商后,作为附属权利在出版合同中约定。在"哈利·波特"系列图书的版权引进上,出版该书的出版社由于忽略了与作者签订人物形象商业使用权(属于与出版形式没有直接联系的附属权,需要与作者协商后在出版合同中约定的权利),以致无权制作该图书主人公的卡通形象玩具,失去商机。

十二、报价(offer)

报价指的是谈判双方各自提出自己的交易条件,它不仅仅指谈判中就报价条款提出要求,还泛指谈判中某一方向对方提出自己除价款以外的所有要求,包括商品的质量、数量、包装、保险、支付条件、索赔、仲裁交易等条件。

十三、合作出版(coedition)

同一部作品在不同国家用不同文字同时出版联合出版版本、合作出版版本。

十四、非木纤维纸(wood-free paper)

用除木材以外的造纸原料生产的纸品。非木纤维纸品分为4类:竹浆纤维纸品,制造的复印纸满足激光复印、激光打印、喷墨打印、双面复印等多功能使用需求;蔗浆纤维纸品,制造的复印纸满足激光复印、激光打印、双面复印等多功能使用需求;苇浆纤维纸品,制造的复印纸满足激光复印、激光打印、双面复印等多功能使用需求;废纸再生纤维纸品,优质再生纸可以满足政府企业一般办公文件复印、打印使用。2000年,国家环境保护总局发布再生纸制品技术标准,并要求党政机关政府部门带头使用再生纸。

十五、结算（settlement）

版权贸易中通常要在合同中约定结算方式。计算应付价款时，要扣除已经支付的预付款。如果应付价款低于预付款，这个账期就没有应付价款支付，如果高于预付款，则按照合同约定期限向卖方支付应付价款。

十六、精装本（hardback）

采用硬皮作封面封底，不易散页污损，利于长久保存。也因此价格比平装本略贵。

十七、绝版（out of print）

绝版亦作绝板。所谓排版印行，书籍排印一次为一版。绝版意即书籍印刷后毁版不再印行，也有下架、停产的意思。

十八、书脊（spine）

书脊是指书刊封面、封底连接的部分，相当于书芯厚度。即书芯表面与书背的连接处，也是精装书刊前后书壳与书背的连接处。平装书刊的书脊是平齐的，书芯表面与书背垂直；精装书刊的书脊则高出书芯表面。

十九、银行汇票（bank draft）

银行汇票是指由出票银行签发的，由其在见票时按照实际结算金额无条件付给收款人或者持票人的票据。银行汇票的出票银行为经中国人民银行批准办理银行汇票的银行。银行汇票多用于办理异地转账结算和支取现金。银行汇票有使用灵活、票随人到、兑现性强等特点，适用于先收款后发货或钱货两清的商品交易。

二十、影印权（reprint right）

得到交易图书的影印授权后，将整本书完全按照原出版社的原书影印过来，再以原出版社的名义出版的权利。

二十一、佣金（commission）

代理人或经纪人为委托人介绍版权交易生意或代买代卖而收取的报酬。

二十二、预付款（advance payment）

预付款是买方在交易合同签订后即向卖方支付一定金额的价款。

二十三、预提税(withdrawing tax)

预提税具有代扣代缴性质,即按照预提方式课征的一种个人所得税或公司所得税。

二十四、再次清理(reclearnance)

在版权贸易中,可能要涉及第三方的版权,需要对这类版权进行清理。清理办法有两种,一种是由卖方代为清理,买方付一定手续费;一种是由买方清理,由卖方提供第三方的联系方式。

二十五、中国国际经济贸易仲裁委员会(China International Economic and Trade Arbitration Commission)

中国国际经济贸易仲裁委员会于 1956 年 4 月 2 日正式成立,最初名为"中国国际贸易促进委员会对外贸易仲裁委员会",1988 年 6 月 21 日改用现名。中国国际经济贸易仲裁委员会总会设在北京,设主任 1 名,副主任若干名,秘书长 1 人,副秘书长若干人。仲裁委员会设秘书局,负责其日常事务。仲裁委员会另设有华南分会、上海分会、西南分会、湖北分会和浙江分会。仲裁委员会及分会是一个统一的整体,适用同一个仲裁规则,并备有统一的仲裁员名册,仲裁员由仲裁委员会从在法律、经济贸易、科学技术等方面具有专门知识和实际经验的中外人士中聘任。

仲裁委员会的受案范围包括:国际的或涉外的争议;涉港澳台的争议;涉及外国资金、技术、服务或其他利益的争议;外商投资企业相互之间以及外商投资企业与其他法人、自然人及/或经济组织之间的争议;中华人民共和国法律、行政法规特别规定或特别授权由仲裁委员会受理的争议。

二十六、转让(assign)

版权出让人让受让人成为新的版权所有者,并且可以其自身名义行事,包括以法律手段制止第三方对作品权利的侵犯。转让可以涉及版权整体,也可以限于一项或多项特殊权利。普通法系国家通过转让来转移权利是典型方式,它允许版权全部或部分转让给第三方。大陆法系国家正好与之相反。

二十七、对价(consideration)

对价是普通法系国家的合同法中的重要概念,其内涵是一方为换取另一方做某事的承诺而向另一方支付的金钱代价或得到该种承诺的代价。指当事人一方在获得某种利益时,必须给付对方相应的代价。

二十八、扉页（title page）

书翻开后的第一页（即整本书的第二页），指衬纸下面印有书名、出版者名、作者名的单张页，有些书刊将衬纸和扉页印在一起装订（即筒子页）称为扉衬页。

二十九、平装本（paperback）

平装本是指用单层的纸作封面，书脊不成弧形的装订。相对精装本较不耐用，但价格低廉，利于流通。

三十、脱销（off market）

《中华人民共和国著作权法实施条例》（2013 年修订）第二十九条：著作权人寄给图书出版者的两份订单在 6 个月内未能得到履行，视为《中华人民共和国著作权法》第三十二条所称图书脱销。

附　录

附录一　保护文学和艺术作品伯尔尼公约[①]

1886年9月9日签订,1896年5月4日在巴黎补充完备,1908年11月13日在柏林修订,1914年3月20日在伯尔尼补充完备,1928年6月2日在罗马修订,1948年6月26日在布鲁塞尔修订,1967年7月14日在斯德哥尔摩修订,1971年7月24日在巴黎修订,1979年9月28日更改。

本同盟各成员国,共同受到尽可能有效、尽可能一致地保护作者对其文学和艺术作品所享权利的愿望的鼓舞,承认1967年在斯德哥尔摩举行的修订会议工作的重要性决定修订斯德哥尔摩会议通过的公约文本但不更动该公约文本第一至二十条和第二十二至二十六条。

下列签字的全权代表经交验全权证书认为妥善后,兹协议如下:

第一条

适用本公约的国家为保护作者对其文学和艺术作品所享权利结成一个同盟。

第二条

1.“文学和艺术作品”一词包括文学、科学和艺术领域内的一切成果,不论其表现形式或方式如何,诸如书籍、小册子和其他文字作品;讲课、演讲、讲道和其他同类性质作品;戏剧或音乐戏剧作品;舞蹈艺术作品和哑剧;配词或未配词的乐曲;电影作品和以类似摄制电影的方法表现的作品;图画、油画、建筑、雕塑、雕刻和版画作品;摄影作品和以类似摄影的方法表现的作品;实用艺术作品;与地理、地形、建筑或科学有关的插图、地图、设计图、草图和立体作品。

2.本同盟各成员国得通过国内立法规定所有作品或任何特定种类的作品如果未以某种物质形式固定下来便不受保护。

3.翻译、改编、乐曲改编以及对文学或艺术作品的其他变动应得到与原作同等的保护,但不得损害原作的版权。

4.本同盟各成员国对立法、行政或司法性质的官方文件以及这些文件的正式译本的保护由其国内立法确定。

5.文学或艺术作品的汇编,诸如百科全书和选集,凡由于对材料的选择和编排而构成

---

① 保护文学和艺术作品伯尔尼公约[EB/OL].[2019-11-04]. https://wipolex.wipo.int/zh/text/283696.

智力创作的,应得到相应的、但不损害汇编内每一作品的版权的保护。

6.本条所提到的作品在本同盟所有成员国内享受保护。此种保护系为作者及其权利继承人的利益而行使。

7.在遵守本公约第七条第四款之规定的前提下,本同盟各成员国得通过国内立法规定其法律在何种程度上适用于实用艺术作品以及工业品平面和立体设计,以及此种作品和平面与立体设计受保护的条件。在起源国仅仅作为平面与立体设计受到保护的作品,在本同盟其他成员国只享受各该国给予平面和立体设计的那种专门保护;但如在该国并不给予这种专门保护,则这些作品将作为艺术作品得到保护。

8.本公约的保护不适用于日常新闻或纯属报刊消息性质的社会新闻。

第二条之二

1.政治演说和诉讼过程中发表的言论是否全部或部分地排除于上条提供的保护之外,属于本同盟各成员国国内立法的范围。

2.公开发表的讲课、演说或其他同类性质的作品,如为新闻报道的目的有此需要,在什么条件下可由报刊登载,进行广播或向公众传播,以及以第十一条之二第一款的方式公开传播,也属于本同盟各成员国国内立法的范围。

3.然而,作者享有将上两款提到的作品汇编的专有权利。

第三条

1.根据本公约,

(a)作者为本同盟任何成员国的国民者,其作品无论是否已经出版,都受到保护;

(b)作者为非本同盟任何成员国的国民者,其作品首次在本同盟一个成员国出版,或在一个非本同盟成员国和一个同盟成员国同时出版的都受到保护;

2.非本同盟任何成员国的国民但其惯常住所在一个成员国国内的作者,为实施本公约享有该成员国国民的待遇。

3."已出版作品"一词指得到作者同意后出版的作品,而不论其复制件的制作方式如何,只要从这部作品的性质来看,复制件的发行方式能满足公众的合理需要。戏剧、音乐戏剧或电影作品的表演,音乐作品的演奏,文学作品的公开朗诵,文学或艺术作品的有线传播或广播,美术作品的展出和建筑作品的建造不构成出版。

4.一个作品在首次出版后三十天内在两个或两个以上国家内出版,则该作品应视为同时在几个国家内出版。

第四条

下列作者,即使不具备第三条规定的条件,仍然适用本公约的保护:

(a)制片人的总部或惯常住所在本同盟某一成员国内的电影作品的作者;

(b)建造在本同盟某一成员国内的建筑作品或构成本同盟某一成员国内建筑物一部分的平面和立体艺术作品的作者。

第五条

1.就享有本公约保护的作品而论,作者在作品起源国以外的本同盟成员国中享有各该国法律现在给予和今后可能给予其国民的权利,以及本公约特别授予的权利。

2.享有和行使这些权利不需要履行任何手续,也不论作品起源国是否存在保护。因此,除本公约条款外,保护的程度以及为保护作者权利而向其提供的补救方法完全由被要求给以保护的国家的法律规定。

3.起源国的保护由该国法律规定。如作者不是起源国的国民,但其作品受公约保护,该作者在该国仍享有同本国作者相同的权利。

4.起源国指的是:

(a)对于首次在本同盟某一成员国出版的作品,以该国家为起源国;对于在分别给予不同保护期的几个本同盟成员国同时出版的作品,以立法给予最短保护期的国家为起源国;

(b)对于同时在非本同盟成员国和本同盟成员国出版的作品,以后者为起源国;

(c)对于未出版的作品或首次在非本同盟成员国出版而未同时在本同盟成员国出版的作品,以作者为其国民的本同盟成员国为起源国,然而

(1)对于制片人总部或惯常住所在本同盟一成员国内的电影作品,以该国为起源国。

(2)对于建造在本同盟一成员国内的建筑作品或构成本同盟某一成员国建筑物一部分的平面和立体艺术作品,以该国为起源国。

第六条

1.任何非本同盟成员国如未能充分保护本同盟某一成员国国民作者的作品,成员国可对首次出版时系该非同盟成员国国民而又不在成员国内有惯常住所的作者的作品的保护加以限制。如首次出版国利用这种权利,则本同盟其他成员国对由此而受到特殊待遇的作品也无须给予比首次出版国所给予的更广泛的保护。

2.前款所规定的任何限制均不影响在此种限制实施之前作者在本同盟任一成员国出版的作品已经获得的权利。

3.根据本条对版权之保护施加限制的本同盟成员国应以书面声明通知世界知识产权组织总干事(以下称总干事),说明保护受到限制的国家以及这些国家国民的作者的权利所受的限制。总干事应立即向本同盟所有成员国通报该项声明。

第六条之二

1.不受作者经济权利的影响,甚至在上述经济权利转让之后,作者仍保有要求其作品作者身份的权利,并有权反对对其作品的任何有损其声誉的歪曲、割裂或其他更改,或其他损害行为。

2.根据以上第一款给予作者的权利,在其死后应至少保留到作者经济权利期满为止,并由被求给予保护的国家本国法所授权的人或机构行使之。但在批准或加入本公约文本时其法律中未包括有保证在作者死后保护以上第一款承认的全部权利的各国,有权规定对这些权利中某些权利在作者死后不予保留。

3.为保障本条所承认的权利而采取的补救方法由被要求给予保护的国家的法律规定。

第七条

1.本公约给予保护的期限为作者有生之年及其死后五十年内。

2.但就电影作品而言,本同盟成员国有权规定保护期在作者同意下自作品公之于众后五十年期满,如自作品完成后五十年内尚未公之于众,则自作品完成后五十年期满。

3.至于不具名作品和假名作品,本公约给予的保护期自其合法公之于众之日起五十年内有效。但根据作者采用的假名可以毫无疑问地确定作者身份时,该保护期则为第一款所规定的期限。如不具名作品或假名作品的作者在上述期间内公开其身份,所适用的保护期为第一款所规定的保护期限。本同盟成员国没有义务保护有充分理由推定其作者已死去五十年的不具名作品或假名作品。

4.摄影作品和作为艺术作品保护的实用艺术作品的保护期限由本同盟各成员国的法律规定;但这一期限不应少于自该作品完成之后算起的二十五年。

5.作者死后的保护期和以上第二、三、四款所规定的期限从其死亡或上述各款提及事件发生之时开始,但这种期限应从死亡或所述事件发生之后次年的1月1日开始计算。

6.本同盟成员国有权给予比前述各款规定更长的保护期。

7.受本公约罗马文本约束并在此公约文本签署时有效的本国法律中规定了短于前述各款期限的保护期的本同盟成员国,有权在加入或批准此公约文本时维持这种期限。

8.无论如何,期限将由被要求给予保护的国家的法律加以规定;但是,除该国家的法律另有规定者外,这种期限不得超过作品起源国规定的期限。

第七条之二

前条的规定同样适用于版权为合作作者共有的作品,但作者死后的保护期应从最后死亡的作者死亡时算起。

第八条

受本公约保护的文学艺术作品的作者,在对原作享有权利的整个保护期内,享有翻译和授权翻译其作品的专有权利。

第九条

1.受本公约保护的文学艺术作品的作者,享有授权以任何方式和采取任何形式复制这些作品的专有权利。

2.本同盟成员国法律得允许在某些特殊情况下复制上述作品,只要这种复制不损害作品的正常使用也不致无故侵害作者的合法利益。

3.所有录音或录像均应视为本公约所指的复制。

第十条

1. 从一部合法公之于众的作品中摘出引文，包括以报刊提要形式引用报纸期刊的文章，只要符合合理使用，在为达到目的的正当需要范围内，就属合法。

2. 本同盟成员国法律以及成员国之间现有或将要签订的特别协议得规定，可以合法地通过出版物、无线电广播或录音录像使用文学艺术作品作为教学的解说的权利，只要是在为达到目的的正当需要范围内使用，并符合合理使用。

3. 前面各款提到的摘引和使用应说明出处，如原出处有作者姓名，也应同时说明。

第十条之二

1. 本同盟各成员国的法律得允许通过报刊、广播或对公众有线传播，复制发表在报纸、期刊上的讨论经济、政治或宗教的时事性文章，或具有同样性质的已经广播的作品，但以对这种复制、广播或有线传播并未明确予以保留的为限。然而，均应明确说明出处；对违反这一义务的法律责任由被要求给予保护的国家的法律确定。

2. 在用摄影或电影手段，或通过广播或对公众有线传播报道时事新闻时，在事件过程中看到或听到的文学艺术作品在为报道目的的正当需要范围内予以复制和公之于众的条件，也由本同盟各成员国的法律规定。

第十一条

1. 戏剧作品、音乐戏剧作品和音乐作品的作者享有下列专有权利：
（1）授权公开表演和演奏其作品，包括用各种手段和方式公开表演和演奏；
（2）授权用各种手段公开播送其作品的表演和演奏。

2. 戏剧作品或音乐戏剧作品的作者，在享有对其原作的权利的整个期间应享有对其作品的译作的同等权利。

第十一条之二

1. 文学艺术作品的作者享有下列专有权利：
（1）授权广播其作品或以任何其他无线传送符号、声音或图像的方法向公众传播其作品；
（2）授权由原广播机构以外的另一机构通过有线传播或转播的方式向公众传播广播的作品；
（3）授权通过扩音器或其他任何传送符号、声音或图像的类似工具向公众传播广播的作品。

2. 行使以上第一款所指的权利的条件由本同盟成员国的法律规定，但这些条件的效力严格限于对此作出规定的国家。在任何情况下，这些条件均不应有损于作者的精神权利，也不应有损于作者获得合理报酬的权利，该报酬在没有协议情况下应由主管当局规定。

3. 除另有规定外，根据本条第一款的授权，不意味着授权利用录音或录像设备录制广播的作品。但本同盟成员国法律得确定一广播机构使用自己的设备并为自己播送之用而

进行临时录制的规章。本同盟成员国法律也可以由于这些录制品具有特殊文献性质而批准由国家档案馆保存。

第十一条之三

1. 文学作品的作者享有下列专有权利：

(1)授权公开朗诵其作品,包括用各种手段或方式公开朗诵;

(2)授权用各种手段公开播送其作品的朗诵。

2. 文学作品作者在对其原作享有权利的整个期间,应对其作品的译作享有同等的权利。

第十二条

文学艺术作品的作者享有授权对其作品进行改编、音乐改编和其他变动的专有权利。

第十三条

1. 本同盟每一成员国可就其本国情况对音乐作品作者及允许其歌词与音乐作品一道录音的歌词作者授权对上述音乐作品以及有歌词的音乐作品进行录音的专有权利规定保留及条件;但这类保留及条件之效力严格限于对此作出规定的国家,而且在任何情况下均不得损害作者获得在没有协议情况下由主管当局规定的合理报酬的权利。

2. 根据 1928 年 6 月 2 日在罗马和 1948 年 6 月 26 日在布鲁塞尔签订的公约第十三条第三款在本同盟成员国内录制的音乐作品的录音,自该国受本文本约束之日起的两年期限以内,可以不经音乐作品的作者同意在该国进行复制。

3. 根据本条第一、二款制作的录音制品,如未经有关方面批准进口,视此种录音为侵权录音制品的国家,可予扣押。

第十四条

1. 文学艺术作品的作者享有下列专有权利:

(1)授权将这类作品改编和复制成电影以及发行经过如此改编或复制的作品;

(2)授权公开表演、演奏以及向公众有线传播经过如此改编或复制的作品。

2. 根据文学或艺术作品制作的电影作品以任何其他艺术形式改编,在不妨碍电影作品作者授权的情况下,仍须经原作作者授权。

3. 第十三条第一款的规定应不适用(于电影)。

第十四条之二

1. 在不损害已被改编或复制的作品的版权的情况下,电影作品应作为原作受到保护。电影作品版权所有者享有与原作作者同等的权利,包括前一条提到的权利。

2.(a)确定电影作品版权的所有者,属于被要求给予保护的国家法律规定的范围。

(b)然而,在其法律承认参加电影作品制作的作者应属于版权所有者的本同盟成员国内,这些作者,如果应允参加此项工作,除非有相反或特别的规定,不能反对对电影作品的复制、发行、公开表演、演奏、向公众有线传播、广播、公开传播、配制字幕和配音。

(c)为适用本款 b 项,上面提到的应允形式是否应是一项书面合同或一项相当的文书,这一问题应由电影制片人总部或惯常住所所在的本同盟成员国的法律加以规定。然而被要求给予保护的本同盟成员国的法律得规定这一应允应为书面合同或相当的文书的形式。法律做出此种规定的国家应以书面声明通知总干事,并由后者将这一声明立即通知本同盟所有其他成员国。

(d)"相反或特别的规定"指与上述应允有关的任何限制性条件。

3.除非本国法律另有规定,本条第二款 b 项之规定不适用于为电影作品创作的剧本、台词和音乐作品的作者,也不适用于电影作品的主要导演。但本同盟成员国中其法律并未规定对电影导演适用本条第二款 b 项者,应以书面声明通知总干事,总干事应将此声明立即转达本同盟所有其他成员国。

第十四条之三

1.对于艺术作品原作和作家与作曲家的手稿,作者或作者死后由国家法律所授权的人或机构享有不可剥夺的权利,在作者第一次转让作品之后对作品进行的任何出售中分享利益。

2.只有在作者本国法律承认这种保护的情况下,才可在本同盟的成员国内要求上款所规定的保护,而且保护的程度应限于被要求给予保护的国家的法律所允许的程度。

3.分享利益之方式和比例由各国法律确定。

第十五条

1.受本公约保护的文学艺术作品的作者,只要其名字以通常方式出现在该作品上,在没有相反证据的情况下,即视为该作品的作者并有权在本同盟成员国中对侵犯其权利的人提起诉讼。即使作者采用的是假名,只要根据作者的假名可以毫无疑问地确定作者的身份,本款也同样适用。

2.以通常方式在电影作品上署名的自然人或法人,除非有相反的证据,即推定为该作品的制片人。

3.对于不具名作品和以上第一款所述情况以外的假名作品,如果出版者的名字出现在作品上,在没有相反证据的情况下,该出版者即视为作者的代表,并以此资格有权维护和行使作者的权利。当作者公开其身份并证实其为作者时,本款的规定即停止适用。

4.(a)对作者的身份不明但有充分理由推定该作者是本同盟某一成员国国民的未出版的作品,该国法律得指定主管当局代表该作者并有权维护和行使作者在本同盟成员国内之权利。

(b)根据本规定而指定主管当局的本同盟成员国应以书面声明将此事通知总干事,声明中写明被指定的当局全部有关情况。总干事应将此声明立即通知本同盟所有其他成员国。

第十六条

1.对作品的侵权复制品,在作品受法律保护的本同盟成员国应予扣押。

2.上款规定同样适用于来自对某作品不予保护或停止保护的国家的复制品。

3.扣押应按各国法律实行。

第十七条

如果本同盟任何成员国的主管当局认为有必要对于任何作品或制品的发行、演出、展出,通过法律或条例行使许可、监督或禁止的权力,本公约的条款绝不应妨碍本同盟各成员国政府的这种权力。

第十八条

1.本公约适用于所有在本公约开始生效时尚未因保护期满而在其起源国进入公有领域的作品。

2.但是,如果作品因原来规定的保护期已满而在被要求给予保护的国家已进入公有领域,则该作品不再重新受保护。

3.本原则应按照本同盟成员国之间现有的或将要缔结的有关特别公约所规定的条款实行。在没有这种条款的情况下,各国分别规定实行上述原则的条件。

4.新加入本同盟时以及因实行第七条或放弃保留而扩大保护范围时,以上规定也同样适用。

第十九条

如果本同盟成员国的本国法律提供更广泛的保护,本公约条款不妨碍要求适用这种规定。

第二十条

本同盟各成员国政府保留在它们之间签订给予作者比本公约所规定的更多的权利,或者包括不违反本公约的其他条款的特别协议的权利。凡符合上述条件的现有协议的条款仍然适用。

第二十一条

1.有关发展中国家的特别条款载于附件。

2.在符合第二十八条第一款 b 项规定的前提下,附件构成本文本的组成部分。

第二十二条

1.(a)本同盟设一大会,由受第二十二至二十六条约束的本同盟成员国组成。

(b)每一国家的政府由一名代表作为其代表,并可由若干名副代表、顾问及专家协助之。

(c)每个代表团的费用由指派它的政府负担。

2.(a)大会:

(1)处理有关维持及发展本同盟以及实施本公约的一切问题;

(2)在适当考虑到不受第二十二至二十六条约束的本同盟成员国的意见的情况下,向成立世界知识产权组织(以下称"产权组织")的公约中提到的国际知识产权局(以下称"国际局")发出有关筹备修订会议的指示;

（3）审查和批准产权组织总干事有关本同盟的报告及活动,向其发出有关本同盟主管问题的必要指示；

（4）选举大会执行委员会成员；

（5）审查和批准执行委员会的报告及活动,并向它发出指示；

（6）制订计划,通过本同盟二年期预算和批准其决算；

（7）通过本同盟财务条例；

（8）设立为实现同盟目标而需要的专家委员会和工作组；

（9）决定哪些非本同盟成员国和政府间组织及非政府间国际性组织以观察员身份参加它的会议；

（10）通过对第二十二至二十六条的修改；

（11）为实现本同盟目标而采取其他适宜行动；

（12）履行本公约所包含的其他所有任务；

（13）行使成立产权组织的公约所赋予它的并为它所接受的权利。

（b）对于还涉及产权组织管理的其他同盟的问题,大会在了解到产权组织协调委员会的意见后做出决定。

3.（a）大会每一成员国有一票。

（b）大会成员国的半数构成法定人数。

（c）尽管有 b 项的规定,如开会时出席国家不足半数,但相当或多于大会成员国三分之一,则可做出决定；除有关大会程序之决定外,大会的决定须具备下列条件方可执行：国际局将上述决定通知未出席大会的成员国,请它们在上述通知之日起三个月内用书面投票或弃权。如果在期满时,用这样方式投票或弃权的国家的数目达到开会时法定人数的欠缺数目,同时已获得必要的多数,上述决定即可执行。

（d）除第二十六条第二款规定的情况外,大会的决定以投票数三分之二的多数通过。

（e）弃权不视为投票。

（f）一名代表只能代表一国,也只能以该国名义投票。

（g）非大会成员国的本同盟成员国以观察员身份参加会议。

4.（a）大会每两年举行一届常会,由总干事召集,除特殊情况外,与产权组织的全体大会在同时同地举行。

（b）大会在执行委员会的要求下或大会成员国四分之一的国家的要求下,应由总干事召集举行特别会议。

5.大会通过其议事规则。

第二十三条

1.大会设执行委员会。

2.（a）执委会由大会在其成员国中选出的国家组成。此外,产权组织所在地的国家除第二十五条第七款 b 项的情况外,在执委会中有一当然席位。

（b）执委会每一成员国政府有一名代表作为其代表,可由若干名副代表、顾问及专家协助之。

(c)每个代表团的费用由指派它的政府负担。

3.执委会成员国数目为大会成员国数目的四分之一。在计算席位时,以四相除剩下的余数不计算。

4.在选举执委会成员国时,大会要适当考虑按地区公平分配和保证使可能签订有关本同盟的特别协议的国家参加执委会的必要性。

5.(a)执委会成员国的任期自它们当选的该届大会闭会时起至大会下届常会闭会时止。

(b)执委会的成员国重新当选的数目最多不得超过三分之二。

(c)大会制定执委会成员国选举和可能重新当选的程序。

6.(a)执行委员会:

(1)拟定大会议程草案;

(2)向大会提交有关总干事草拟的本同盟的计划草案和二年期预算草案的建议;

(3)(取消);

(4)向大会提交总干事的定期报告和年度财务审计报告,并附以必要的评论意见;

(5)根据大会决定并考虑到大会两届常会之间出现的情况,采取有利于总干事执行本同盟计划的一切措施;

(6)履行在本公约范围内赋予它的其他一切任务。

(b)对于还涉及产权组织管理的其他同盟的问题,执行委员会在了解到产权组织协调委员会的意见后做出决定。

7.(a)执委会在总干事的召集下,每年举行一届常会,尽可能与产权组织协调委员会同时同地举行。

(b)执委会在总干事倡议下,或是应执委会主席或四分之一成员国的要求,由总干事召集举行特别会议。

8.(a)执委会每一成员国有一票。

(b)执委会成员国的半数构成法定人数。

(c)决议以投票数中简单多数票做出。

(d)弃权不视为投票。

(e)一名代表只能代表一国,也只能以该国名义投票。

9.非执委会成员国的本同盟成员国以观察员身份参加其会议。

10.执行委员会通过其议事规则。

第二十四条

1.(a)本同盟的行政工作由国际局负责,该局接替与保护工业产权国际公约设立的同盟局合并的本同盟局的工作。

(b)国际局负担本同盟各机构的秘书处的工作。

(c)产权组织总干事是本同盟最高官员并代表本同盟。

2.国际局汇集并出版有关保护版权的资料,本同盟每一成员国应尽快将有关保护版权的所有新法律及官方文件通知国际局。

3.国际局出版一种月刊。

4.国际局应本同盟各成员国之请求,向它们提供有关保护版权问题的资料。

5.国际局从事各项研究并提供有利于保护版权的服务。

6.总干事及由他指派的任何工作人员均可出席大会、执委会、其他各种专家委员会或工作组的会议,但无表决权。总干事或由他指派的一名工作人员为这些机构的当然秘书。

7.(a)国际局根据大会指示和与执委会合作,筹备修订除第二十二至二十六条外的公约条款的会议。

(b)国际局可就筹备修订会议征询政府间组织和非政府间国际性组织的意见。

(c)总干事和由他指派的人员可参加这些会议的审议,但无表决权。

8.国际局执行交付给它的所有其他工作。

第二十五条

1.(a)本同盟有自己的预算。

(b)本同盟的预算包括本同盟本身的收入及支出,它对各同盟共同开支预算的缴款,以及在情况需要时,交给产权组织会议预算支配的款项。

(c)不专属本同盟而同样属于产权组织管理的其他一个或几个同盟的开支,视为各同盟的共同开支。本同盟在共同开支中所占份额视这些开支与它的关系而定。

2.本同盟预算的确定须考虑到与其他由产权组织管理的同盟的预算相协调的要求。

3.本同盟预算的经费来源如下:

(1)本同盟成员国的会费;

(2)国际局代表本同盟提供服务的收入;

(3)销售国际局有关本同盟的出版物的所得以及这些出版物的版税;

(4)捐款、遗赠及资助;

(5)租金、利息及其他杂项收入。

4.(a)为确定成员国在预算中缴纳的份额,本同盟的每个成员国分别归入各级并根据下列所定数量单位缴纳每年的会费:

第一级二十五个单位

第二级二十个单位

第三级十五个单位

第四级十个单位

第五级五个单位

第六级三个单位

第七级一个单位

(b)除以前已经指明者外,每个国家在交存其批准书或加入书时,须说明它希望被列入哪一级。也可以改变级别。如果某一成员国希望降低其级别,它应在某一届常会期间将此事通知大会。这一变动自该届会议后的那一日历年开始时生效。

(c)每个国家每年会费数额在所有国家每年向本同盟交付的会费总数中所占比例,同它所在的那一级的单位数在全部国家的单位总数中所占比例相同。

(d)会费应于每年1月1日支付。

(e)逾期未缴纳会费的国家,如拖欠总数达到或超过过去整整两年内它应缴纳的会费数,则不得行使它在本同盟任何机构中的表决权。但如该机构认为这种拖欠系由于非常及不可避免之情况,则可允许该国保留行使其表决权。

(f)如在新的会计年度开始前还未通过预算,则可按照财务条例规定的手续将前一年的预算延期实行。

5.国际局代表本同盟提供的服务应得收入的数额由总干事确定,总干事向大会和执委会就此提出报告。

6.(a)本同盟拥有一笔由每一成员国一次付款组成的周转基金。如基金不足,由大会决定增加。

(b)每个国家对上述基金的首次付款数以及追加数应按基金成立或决定增加当年该国缴纳会费数的比例。

(c)付款的比例及方式由大会根据总干事的提议并征求产权组织协调委员会意见后决定。

7.(a)与产权组织所在地的国家签订的会址协定规定,如周转基金不足,可由该国垫款。垫款数和垫款条件由该国和产权组织每次分别签订协定。在该国承诺垫付款项期间,该国在执委会中占有一席当然席位。

(b)a项所指国家和产权组织均有权以书面通知方式废止提供垫款的保证。这种废止自通知提出那一年底起三年后生效。

8.根据财务条例规定的方式,账目审计由大会同意指派的一个或几个本同盟成员国或外聘审计员担任。

第二十六条

1.所有大会成员国,执委会或总干事均可提出修改第二十二、二十三、二十四、二十五条及本条的建议。这些建议由总干事在提交大会审查前至少六个月通知大会成员国。

2.第一款所指的各条的修改应由大会通过,通过需要投票数的四分之三;但对第二十二条及本款的任何修改需经投票数的五分之四通过。

3.第一款所提各条的任何修改,至少要在总干事收到在修改通过时为大会成员国的四分之三国家根据它们各自的宪法批准修改的书面通知一个月后才能生效。以这种方式接受的这些条款的修改对修改生效时为大会成员国的所有国家或其后成为成员国的国家具有约束力;但任何增加本同盟成员国财务义务的修改只对那些已通知表示接受这类修改的国家有约束力。

第二十七条

1.本公约可进行修订,以便使之得到改善,从而使本同盟体制臻于完善。

2.为此目的,可相继在本同盟一个成员国内举行同盟成员国代表的会议。

3.除第二十六条有关修改第二十二至二十六条的规定外,所有对本文本的修订,包括附件的修订,均需投票数全体一致通过。

第二十八条

1.(a)凡签署此公约文本的任何本同盟成员国均可批准此公约文本,如尚未签署,则可加入本公约。批准书或加入书交存总干事处。

(b)本同盟任何成员国在其批准书或加入书中均可声明其批准或加入不适用第一至二十一条及附件;但如该国已根据附件第六条第一款做出声明,则它在上述文件中可只声明其批准或加入不适用于第一至二十条。

(c)凡根据 b 项已声明其批准或加入对该项所提到的条款不发生效力的本同盟任何成员国可在其后任何时候声明将其批准或加入的效力扩大到这些条款。这一声明交存总干事处。

2.(a)第一至二十一条及附件在实现下述两个条件后三个月生效:

(1)至少有五个本同盟成员国批准或加入此公约文本而未按照第一款 b 项作过声明;

(2)法国、西班牙、大不列颠及北爱尔兰联合王国、美利坚合众国已受到 1971 年 7 月 24 日在巴黎修订过的世界版权公约的约束。

(b)a 项提到的生效,对于至少在生效前三个月交存批准书或加入书但未按第一款 b 项作过声明的本同盟成员国具有效力。

(c)就 b 项对之不适用的已批准或加入此公约文本而未按照第一款 b 项作过声明的所有本同盟成员国而言,第一至二十一条及附件在总干事通知该批准书或加入书交存之日后三个月生效,除非交存文件中注明有更晚的日期。在后一情况下,第一至二十一条及附件则在注明的日期对该国生效。

(d)a 至 c 项的规定不影响附件第六条的适用。

3.对不管是否按照第一款 b 项作过声明而批准或加入此公约文本的任何本同盟成员国,第二十二至三十八条在总干事通知已交存批准书或加入书之日后三个月生效,除非交存文件中注明有更晚的日期。在后一情况下,第二十二至三十八条则在注明的日期对该国生效。

第二十九条

1.非本同盟成员国可加入本公约成为本公约的缔约国和本同盟成员国。加入书交存总干事处。

2.(a)除 b 项规定的情况外,对所有非本同盟成员国,本公约在总干事通知其加入书交存之日后三个月生效,除非交存文件中注明有更晚的日期。在后一情况下,本公约则在注明的日期对该国生效。

(b)如适用 a 项的生效先于适用第二十八条第二款 a 项的第一至二十一条及附件的生效,则在此间隔期间,上述国家将受本公约布鲁塞尔文本第一至二十条的约束,以代替第一至二十一条及附件的约束。

第二十九条之二

不受本公约斯德哥尔摩文本第二十二至三十八条约束的任何国家,为适用建立产权组织公约第十四条第二款的唯一目的,其批准或加入此公约文本即等于批准或加入斯德哥尔摩文本,但受该文本第二十八条第一款 b 项第一目的限制。

第三十条

1.除本条第二款、第二十八条第一款 b 项、第三十三条第二款以及附件所允许的例外以外,批准或加入当然意味着接受本公约的一切条款并享有本公约规定的一切利益。

2.(a)凡批准或加入此公约文本的本同盟成员国,除附件第五条第二款规定的情况外,可保有它原来做出的保留的利益,条件是在交存其批准书或加入书时做出这项声明。

(b)所有非本同盟成员国在加入本公约并在不违反附件第五条第二款的情况下,可以声明它准备以 1896 年在巴黎补充完备的本同盟 1886 年公约第五条的规定至少临时代替此公约文本有关翻译权的第八条,条件是这些规定仅指译成该国通用语文的翻译。在不违反附件第一条第六款 b 项的情况下,任何国家对于使用持此保留条件的国家为其起源国的作品的翻译权,有权实行与后一国提供的相同的保护。

(c)任何国家可随时通知总干事,撤回这类保留。

第三十一条

1.任何国家可在其批准书或加入书中声明,或在以后随时书面通知总干事,本公约适用于在声明或通知中指明的其对外关系由该国负责的全部或部分领土。

2.任何已做出这种声明或通知的国家可随时通知总干事本公约不再适用于这些领土的全部或一部分。

3.(a)按照第一款做出的任何声明和载有该声明的文件中的批准或加入同时生效,按照该款做出的任何通知在总干事发出通知三个月后生效。

(b)按照第二款做出的通知在总干事收到该通知十二个月后生效。

4.本条不得解释为意指本同盟任何成员国承认或默许本同盟另一成员国根据适用第一款做出的声明而使本公约对之适用的任何领土的事实状态。

第三十二条

1.此公约文本在本同盟各成员国之间的关系方面和在它适用的限度内,代替 1886 年 9 月 9 日的伯尔尼公约及其以后的修订文本。在与未批准或未加入此公约文本的本同盟成员国的关系方面,以前生效的文本全部保持其适用性,或在此公约文本不能根据前句规定代替以前文本的限度内保持其适用性。

2.成为此公约文本缔约国的非本同盟成员国,在除第三款规定的情况外,对于不受此公约文本约束或虽受其约束但已作过第二十八条第一款 b 项规定的声明的本同盟任何成员国,适用此公约文本。上述国家承认,本同盟该成员国,在同它们的关系上:(1)适用它受其约束的最近文本的规定,并且(2)在不违反附件第一条第六款规定的情况下,有权使保护与此公约文本规定的水平相适应。

3.援用附件规定的任何权利的任何国家在同不受此公约文本约束的本同盟其他任何成员国的关系上,可以适用附件中有关它援用的一种或多种权利的规定,但以该其他成员国已接受适用上述规定为条件。

第三十三条

1.两个或两个以上本同盟成员国在解释或适用本公约方面发生的争端,经谈判不能解决时,如果有关国家不能就其他解决办法达成协议,则其中任何一方均可按国际法院规约的方式通过起诉将争端提交国际法院。将争端提交国际法院的起诉国应通知国际局,国际局应将此事告知本同盟其他成员国。

2.任何国家在签署此公约文本或交存其批准书或加入书时,可声明它不受第一款规定的约束。在有关该国和本同盟其他任何成员国间的任何争端方面,不适用第一款的规定。

3.任何按照第二款规定做出声明的国家,可随时通知总干事撤回其声明。

第三十四条

1.在遵守第二十九条之二规定的情况下,任何国家在第一至二十一条及附件生效后,不得批准或加入本公约以前的各次文本。

2.在第一至二十一条及附件生效后,任何国家不得根据附在斯德哥尔摩文本后的有关发展中国家的议定书第五条发表声明。

第三十五条

1.本公约无限期生效。

2.任何国家可通知总干事废止此公约文本。这一废止也连带废止以前的所有文本,并只对废止的该国有效,而对本同盟其他成员国,本公约继续有效和继续执行。

3.废止自总干事收到通知之日起一年后生效。

4.任何国家自成为本同盟成员国之日算起未满五年者,不得行使本条规定之废止权。

第三十六条

1.本公约的所有缔约国家承诺根据其宪法采取必要措施保证本公约的实施。

2.不言而喻,一国在受到本公约约束时,应按照其本国法律使本公约的规定付诸实施。

第三十七条

1.(a)此公约文本在以英法两种语文写成的单一文本上签署,除第二款规定的情况外,此公约文本由总干事保存。

(b)总干事在与有关政府协商后,制订德文、阿拉伯文、西班牙文、意大利文和葡萄牙文以及大会指定的其他语文的正式文本。

(c)在对不同语文文本的解释发生争议时,以法文本为准。

2.此公约文本开放供签署直到1972年1月31日为止。在此日期以前,第一款a项提到的文本交由法兰西共和国政府保存。

3.总干事应将签字的此公约文本的两份副本核证无误后转送本同盟所有成员国政府,并可根据请求,转送任何其他国家的政府。

4.本文本由总干事送请联合国秘书处登记。

5.总干事将下列情况通知本同盟所有成员国政府:签署情况,批准书或加入书的交存,包括在这些文件中的或适用第二十八条第一款 c 项、第三十条第二款 a、b 项和第三十三条第二款而做出的声明的交存,此公约文本全部规定的生效情况,废止的通知和适用第三十条第二款 c 项、第三十一条第一、二款、第三十三条第三款和第三十八条第一款的通知以及附件中提到的通知。

第三十八条

1.凡未批准或加入此公约文本以及不受斯德哥尔摩文本第二十二至二十六条约束的本同盟成员国,如果愿意,均可在 1975 年 4 月 26 日前,行使上述各条规定的权利,就像受它们约束的那样。任何愿意行使上述权利的国家均可为此目的向总干事交存一份书面通知,该通知自收到之日起生效。直到上述日期为止,这些国家应视为大会成员国。

2.在本同盟成员国尚未全部成为产权组织成员国之前,产权组织国际局同时作为本同盟的局进行工作,总干事即该局局长。

3.在本同盟所有成员国均成为产权组织成员国时,本同盟局的权利、义务和财产即归属产权组织国际局。

附件
第一条

1.根据联合国大会惯例被视为发展中国家的任何国家,凡已批准或已加入由本附件作为其组成部分的此公约文本,但由于其经济情况及社会或文化需要而又不能在当前做出安排以确保对此公约文本规定的全部权利进行保护者,可在其交存批准书或加入书的同时,或在不违反附件第五条第一款 c 项的条件下,在以后任何日期,在向总干事提交的通知中声明,它将援用附件第二条所规定的权利或第三条所规定的权利,或这两项所规定的权利。它可以按照附件第五条第一款 a 项规定做出声明,以代替援用附件第二条所规定的权利。

2.(a)任何按照第一款规定做出并在第一至二十一条及本附件依第二十八条第二款规定生效之日算起十年期限期满以前通知的声明,直到这一期限期满前都有效。

通过在现行十年期限期满前最多十五个月最少三个月向总干事提交通知。该声明可以全部或部分地每十年顺延一次。

(b)按照第一款规定做出并在第一至二十一条及本附件依第二十八条第二款规定生效之日算起十年期满以后做出的任何声明,直到现行十年期满前都有效。该声明可以按照 a 项第二句的规定延期。

3.任何不再被认为是第一款所指的发展中国家的本同盟成员国,不再有资格像第二款所规定的那样延长其声明,不论它是否正式撤回其声明,该国在现行十年期限期满时,或在停止被视为发展中国家三年后即失去援用第一款所指的权利的可能性,两项时限以较晚到期的时限为准。

4.在按照第一款或第二款规定做出的声明停止生效时,如果根据本附件规定发给的许可证制作的复制品尚有存货时,这些复制品可以继续发行直到售完为止。

5.受此公约文本规定约束并根据第三十一条第一款就使此公约文本适用于其情况可能类似第一款所指国家的情况的特定领土而提交声明或通知的任何国家,可就此领土做出第一款所指的声明或第二款所指的延期通知。在这种声明或通知有效期间本附件的规定应适用于它所指的领土。

6.(a)一国援用第一款所指的任何一种权利这一事实,不应使另一国给予起源国为前一国家的作品低于根据第一至二十条所应给予的保护。

(b)第三十条第二款 b 项第二句规定的对等权利,在根据附件第一条第三款的适用期限期满前,不得用于其起源国为根据附件第五条第一款 a 项做出声明的国家的作品。

第二条

1.任何声明援用本条规定的权利的国家,就以印刷形式或其他任何类似的复制形式出版的作品而言,均有权以由主管当局根据附件第四条在下述条件下发给非专有和不可转让的许可证来代替第八条规定的专有翻译权。

2.(a)除第三款的情况外,如果一部作品自首次出版算起三年或根据该国本国法律规定更长的时间期满而翻译权所有者或在其授权下尚未以该国通用语文出版译本,该国任何国民都可得到用该国通用语文翻译该作品并以印刷形式或其他任何类似的复制形式出版该译本的许可证。

(b)如果以有关语文出版的译文的所有版本均已售完,也可根据本条发给许可证。

3.(a)如果译文不是本同盟一个或数个发达国家中通用的语文,则用一年期限来代替第二款 a 项规定的三年期限。

(b)在通用同一种语文的本同盟发达国家的一致协议下,如果要译成这种语文,第一款所提到的所有国家都可以根据该协议规定的更短期限来代替第二款 a 项规定的三年期限,但不得少于一年。尽管如此,如涉及的语文为英文、法文或西班牙文,上一句的规定仍不适用。所有这方面的协议应由缔约国政府通知总干事。

4.(a)根据本条规定需要经过三年期限才能取得的许可证,需要经过六个月的补充期限才能颁发;而需经过一年期限才能取得的许可证,则需经过九个月的补充期限,此期限

(1)自申请人履行附件第四条第一款规定的手续之日算起;

(2)如翻译权所有者的身份或地址不详,则自申请人根据附件第四条第二款的规定将其向发给许可证的主管当局提交的申请书副本寄出之日算起。

(b)如果在上述六个月或九个月的期限未满期间,由翻译权所有者或经其授权用申请使用的语文将译本出版,则不得根据本条发给许可证。

5.本条所指任何许可证之颁发只限于教学、学习或研究之用。

6.如果翻译权所有者或经其授权出版的一个译本的价格同在有关国家内同类作品通行的价格相似,这个译本的语文和基本内容又同根据许可证出版的译本的语文和内容相同,则应撤销根据本条发给的许可证。在撤销许可证前已制作的作品复制品可一直发行到售完为止。

7.对主要由图画组成的作品,其文字的翻译出版与图画的复制出版的许可证只有在

附件第三条规定的条件也得到履行的情况下才能发给。

8.在作者停止其作品的全部复制品的发行时,则不得根据本条发给任何许可证。

9.(a)对翻译一部已以印刷形式或其他任何类似的复制形式出版的作品发给的许可证,也可根据广播机构向第一款所指国家主管当局提出的要求,发给总部设在该国的广播机构,但必须符合下列全部条件:

(1)译文是根据依该国法律制作并获得的复制品翻译的;

(2)译文只能用于教学广播或向特定专业的专家传播专门技术或科学研究成果的广播;

(3)译文专门为第二目所指目的的使用,并通过对该国境内听众的合法广播进行,其中包括专为此项广播目的而通过录音或录像手段合法录制的广播;

(4)所有对译文的使用均无任何营利性质。

(b)广播机构根据本款发给的许可证制作的译文的录音或录像也可以为 a 项规定的目的和条件,并经上述广播机构同意,为设在发给许可证的主管当局所在国内的任何其他广播机构使用。

(c)只要符合 a 项列举的所有准则和条件,也可对广播机构颁发许可证以翻译专为大、中、小学使用而制作与出版的视听教材中的所有课文。

(d)在不违反 a 到 c 项的情况下,前面几款的规定适用于本款规定的所有许可证的颁发与使用。

第三条

1.任何声明援用本条规定的权利的国家,均有权以由主管当局依下述条件并根据附件第四条发给非专有和不可转让的许可证来代替第九条规定的专有复制权。

2.(a)关于根据第七款而适用本条的作品,当(1)自该作品特定版本首次出版之日算起的第三款规定的期限期满时,或(2)第一款所指的国家法律规定的并自同一日期算起的更长的期限期满时,若该版的作品复制品尚未有复制权所有者或在其授权下,以与同类作品在该国通行的价格相似的价格在该国出售,以满足广大公众或大、中、小学教学之需要,则该国任何国民都可得到许可证,以此种价格或更低价格复制和出版该版本供大、中、小学教学之用。

(b)根据本条规定的条件,也可对复制及出版 a 项所述已发行的版本发给许可证,如果在适用的期限期满后,该版经授权的版本在有关国家已脱销六个月,而无法以同该国内对同类作品要求的价格相似的价格供应广大公众供系统教学之用。

3.第二款 a 项第一目所指的期限为五年。但(1)对有关数学和自然科学以及技术的作品,则为三年;(2)小说、诗歌、戏剧和音乐作品以及美术书籍,则为七年。

4.(a)根据本条规定在三年后可取得的许可证,需等六个月期限期满后才能颁发,此期限

(1)自申请人履行附件第四条第一款规定的手续之日起算;

(2)如复制权所有者的身份或地址不详,则自申请人根据附件第四条第二款的规定将其向发给许可证的主管当局提交的申请书副本寄出之日算起。

（b）在其他情况下及适用附件第四条第二款时，许可证不得在寄出申请书副本后三个月期满以前发给。

（c）如果在 a 项和 b 项规定的六个月或三个月期间，出现第二款 a 项提到的出售情况，则不得根据本条发给任何许可证。

（d）在作者已停止为进行复制及出版而申请许可证的该版的全部作品复制品的发行时，不得发给任何许可证。

5.在下列情况下不得根据本条发给复制和出版一部作品的译本许可证：

（1）所涉及的译本并非由翻译权所有者或在其授权下出版；

（2）译本所用的不是申请许可证所在国的通用语文。

6.如果某一作品某版的复制品是由复制权所有者或经其授权，以同该国同类作品相似的价格，为供应广大公众或为大、中、小学教学之用而在第一款所指的国内出售，而该版的语文和基本内容又同根据许可证出版的版本语文和内容相同，则应撤销根据本条发给的所有许可证。在撤销许可证前制作的复制品可一直发行到售完为止。

7.（a）除 b 项规定的情况外，本条适用的作品只限于以印刷的形式或任何其他类似的复制形式出版的作品。

（b）本条同样适用于以视听形式复制的受保护作品或包含受保护作品的视听资料，以及用许可证申请国通用语文翻译的该视听资料中的文字部分的译本，条件是所涉及的视听资料的制作和出版限大、中、小学教学使用的唯一目的。

第四条

1.附件第二条或第三条所指的任何许可证的发给，须经申请人按照有关国家现行规定，证明他根据不同情况已向权利所有者提出翻译和出版译本，或复制和出版该版本的要求，而又未能得到授权，或经过相当努力仍未能找到权利所有者。在向权利所有者提出这一要求的同时，申请人还必须将这一申请通知第二款提到的任何国内或国际情报中心。

2.如申请人无法找到权利所有者，即应通过挂号航邮将向发给许可证的主管当局提交的申请书的副本，寄给该作品上列有名称的出版者和据信为出版者主要业务中心所在国的政府为此目的向总干事递交的通知中所指定的任何国内或国际情报中心。

3.在根据附件第二条和第三条发给的许可证出版的译本或复制本的所有复制品上都应列出作者姓名。在所有复制品上应有作品名称。如系译本，原作名称在任何情况下应列于所有复制品上。

4.（a）任何根据附件第二条或第三条发给的许可证不得扩大到复制品的出口，许可证只适用于在申请许可证的该国领土内根据情况出版译本或复制品。

（b）为适用 a 项规定，凡从任何领土向根据第一条第五款规定代表该领土作过声明的国家运寄复制品应视为出口。

（c）当根据附件第二条就译成英文、西班牙文或法文以外语文的译本发给许可证的一国政府机构或任何其他公共机构将根据该许可证出版的译本的复制品运寄到另一国时，为了 a 项的目的，这一寄送不作为出口看待，但需符合以下所有条件：

（1）收件人需为发给许可证的主管当局所属国的国民个人或由这些国民组成的组织；

（2）复制品只供教学、学习或研究使用；

（3）复制品寄给收件人及其进一步分发均无任何营利性质；而且

（4）复制品寄往的国家与其主管当局发给许可证的国家订有协议，批准这种复制品的接收或分发或两者同时批准，后一国家政府已将该协议通知总干事。

5. 所有根据附件第二条或第三条发给许可证出版的复制品均需载有有关语文的通知，说明该复制品只能在该许可证适用的国家或领土内发行。

6.（a）在国家范围内做出适当的规定，以保证

（1）许可证之发给应根据不同情况给翻译权或复制权所有者一笔合理的报酬，此种报酬应符合有关两国个人之间自由谈判的许可证通常支付版税的标准；而且

（2）保证这笔报酬的支付和转递；如果存在着国家对外汇的管制，则主管当局应通过国际机构，尽一切努力保证使这笔报酬以国际上可兑换的货币或其等值货币转递。

（b）应通过国家法律采取适当措施，以保证在不同情况下作品的正确翻译或精确复制。

第五条

1.（a）任何有权声明援用附件第二条规定的权利的国家，在批准或加入此公约文本时可不作这一声明，而代之以下述声明：

（1）如果它是第三十条第二款 a 项适用的国家，则代之以按照该条款有关翻译权的规定作一声明；

（2）如果它是第三十条第二款 a 项所不适用的国家，即使是本同盟成员国，则代之以按照第三十条第二款 b 项第一句的规定作一声明。

（b）在一国已不再被认为是附件第一条第一款所指的发展中国家的情况下，根据本款所做的声明继续有效。直到按照附件第一条第三款规定的适用期限期满之日为止。

（c）所有按照本款做出声明的国家以后不得使用附件第二条规定的权利，即使撤回该声明后也不得援用。

2. 除第三款的情况外，所有已援用附件第二条规定的权利的国家以后均不得根据第一款做出声明。

3. 不再被视为附件第一条第一款所指的发展中国家的任何国家，最迟可以在附件第一条第三款的适用期限期满前两年，可以按照第三十条第二款 b 项第一句做出声明，即使它已是同盟成员国。这一声明将在根据附件第一条第三款的适用期限期满之日生效。

第六条

1. 本同盟任何成员国，自此公约文本日期起和在受到第一至二十一条及本附件的约束以前的任何时候都可以作以下声明：

（1）对于一旦受第一至二十一条和本附件约束，即有权援用附件第一条第一款提到的权利的国家，它将对其起源国为如下国家的作品适用附件第二条或第三条或同时适用两条的规定，这一国家在适用以下第二目时，同意将上述两条适用于这类作品，或者这一国家受第一至二十一条及本附件的约束；这一声明可以提到附件第五条而不是第二条；

（2）它同意根据以上第一目作过声明或根据附件第一条发出过通知的国家对它作为起源国的作品适用本附件。

2.所有按第一款做出的声明均以书面形式做出并交存总干事。声明自交存之日起生效。

附录二　世界版权公约

　　《世界版权公约》最初订于1952年9月6日（日内瓦），日内瓦文本于1955年9月16日生效。中华人民共和国于1992年7月1日决定加入1971年修订的巴黎文本，同时声明根据本公约第五条之二的规定，享有本公约第五条之三、之四规定的权利。本公约于1992年10月30日对我国生效。

　　全文如下：

　　（1971年7月24日修订于巴黎）

　　缔约各国，出于保证在所有国家给文学、科学和艺术作品以版权保护的愿望；确信适用于世界各国并以世界公约确定下来的、补充而无损于现行各种国际制度的版权保护制度，将保证对个人权利的尊重，并鼓励文学、科学和艺术的发展；相信这种世界版权保护制度将会促进人类精神产品更加广泛的传播和增进国际了解；决定修订1952年9月6日于日内瓦签订的《世界版权公约》（下称"1952年公约"），为此特协议如下：

第一条

　　缔约各国承允对文学、科学、艺术作品——包括文字、音乐、戏剧和电影作品，以及绘画、雕刻和雕塑——的作者及其他版权所有者的权利，提供充分有效的保护。

第二条

　　一、任何缔约国国民出版的作品及在该国首先出版的作品，在其他各缔约国中，均享有其他缔约国给予其本国国民在本国首先出版之作品的同等保护，以及本公约特许的保护。

　　二、任何缔约国国民未出版的作品，在其他各缔约国中，享有该其他缔约国给予其国民未出版之作品的同等保护，以及本公约特许的保护。

　　三、为实施本公约，任何缔约国可依本国法律将定居该国的任何人视为本国国民。

第三条

　　一、任何缔约国依其国内法要求履行手续——如缴送样本、注册登记、刊登启事、办理公证文件、偿付费用或在该国国内制作出版等——作为版权保护的条件者，对于根据本公约加以保护并在该国领土以外首次出版而其作者又非本国国民的一切作品，应视为符合上述要求，只要经作者或版权所有者授权出版的作品的所有各册，自首次出版之日起，标有 c 的符号，并注明版权所有者之姓名、首次出版年份等，其标注的方式和位置应使人注意到版权的要求。

二、本条第一款的规定,不得妨碍任何缔约国在本国初版的作品或其国民于任何地方出版的作品为取得和享有版权而提出的履行手续或其他条件的要求。

三、本条第一款的规定,不得妨碍任何缔约国做出如下的规定:凡要求司法救助者,必须在起诉时履行程序性要求,诸如起诉人须通过本国辩护人出庭,或由起诉人将争讼的作品送交法院或行政当局,或兼送两处;但未能履行上述程序性要求,不应影响版权的效力,而且如对要求给予版权保护的所在地国家的国民不做这种要求,也不应将这种要求强加于另一缔约国的国民。

四、缔约各国应有法律措施保护其他各缔约国国民尚未出版的作品,而无须履行手续。

五、如果某缔约国准许有一个以上的版权保护期限,而第一个期限比第四条中规定的最短期限之一更长,则对于第二个或其后的版权期限,不应要求该国执行本条第(一)款的规定。

第四条

一、根据第二条和本条规定,某作品的版权保护期限,应由该作品要求给予版权保护所在地的缔约国的法律来规定。

二、(1)受本公约保护的作品,其保护期限不得少于作者有生之年及其死后的二十五年。但是,如果任何缔约国在本公约对该国生效之日,已将某些种类作品的保护期限规定为自该作品首次出版以后的某一段时间,则该缔约国有权保持其规定,并可将这些规定扩大应用于其他种类的作品。对所有这些种类的作品,其版权保护期限自首次出版之日起,不得少于二十五年。

(2)任何缔约国如在本公约对该国生效之日尚未根据作者有生之年确定保护期限,则有权根据情况,从作品首次出版之日或从出版前的登记之日起计算版权保护期,只要根据情况从作品首次出版之日或出版前的登记之日算起,版权保护期限不少于二十五年。

(3)如果某缔约国的法律准许有两个或两个以上的连续保护期限,则第一个保护期限不得短于本款甲、乙两项所规定的最短期限之一。

三、本条第二款的规定不适用于摄影作品或实用美术作品;但这些缔约国对摄影作品或实用美术作品作为艺术品给予保护时,对上述每一类作品规定期限不得少于十年。

四、(1)任何缔约国对某一作品给予的保护期限,均不长于有关缔约国(如果是未出版的作品,则指作家所属的缔约国;如果是已出版的作品,则指首先出版作品的缔约国)的法律对该作品所属的同类作品规定的保护期限。

(2)为实施本款(1)项,如果某缔约国的法律准予有两个或两个以上的连续保护期限,该国的保护期限应视为是这些期限的总和。但是,如果上述国家对某一特定作品在第二或任何后续的期限内,因某种原因不给予版权保护,则其他各缔约国无义务在第二或任何后续的期限内给予保护。

五、为实施本条第四款,某缔约国国民在非缔约国首次出版的作品应按照在该作者所属的缔约国首先出版来处理。

六、为实施本条第四款,如果某作品在两个或两个以上缔约国内同时出版,该作品应

视为在保护期限最短的缔约国内首先出版。任何作品如在首次出版三十日内在两个或两个以上缔约国内出版,则应视为在上述缔约国内同时出版。

第四条之二

一、本公约第一条所述的权利,应包括保证作者经济利益的各种基本权利,其中有准许以任何方式复制、公开表演及广播等专有权利。本条的规定可扩大适用于受本公约保护的各类作品,无论它们是原著形式还是从原著演绎而来的任何形式。

二、但是,任何缔约国根据其国内法可以对本条第一款所述的权利做出符合本公约精神和内容的例外规定。凡法律允许做出例外规定的任何缔约国,必须对已做出例外规定的各项权利给予合理而有效的保护。

第五条

一、第一条所述各项权利,应包括作者翻译和授权他人翻译受本公约保护的作品,以及出版和授权他人出版上述作品译本的专有权利。

二、然而,任何缔约国根据其国内法可以对文字作品的翻译权利加以限制;但必须遵照如下规定:

(1)如果一部文字作品自首次出版算起七年期满而翻译权所有者或在其授权下尚未以该缔约国通用语文出版译本,该缔约国任何国民都可从主管当局得到用该国通用语文翻译该作品并出版译本的非专有许可证。

(2)该国民须按照有关国家的现行规定,证明他根据不同情况已向翻译权所有者提出翻译和出版译本的要求,而又未能得到授权,或经过相当努力仍未能找到权利所有者。如果以缔约国通用语文翻译的以前所有版本均已售完,也可根据同样条件发给许可证。

(3)如申请人无法找到翻译权所有者,即应将申请书的副本寄给该作品上列有名称的出版者,如果翻译权所有者国籍业已弄清,则应将申请书的副本送交翻译权所有者所属国家的外交或领事代表,或送交该国政府指定的机构。许可证不得在寄出申请书副本后两个月期满以前发给。

(4)国内法律应做出相应规定,以保证翻译权所有者得到公平而符合国际标准的补偿,保证这种补偿的支付和传递,并保证准确地翻译该作品。

(5)凡经出版的译本复制品,均应刊印原著名称及作者姓名。许可证只适用于在申请许可证的该缔约国领土内出版译本。此种出版的复制品可以输入到另一缔约国并在其境内出售,只要该国通用语文和作品的译文是同一种语文,并且该国的法律对此种许可做出了规定,而且对进口和出售不予禁止。如无上述条件,在某缔约国进口和销售上述译本应受该国法律和协定的管制。许可证不得由被许可人转让。

(6)在作者已停止全部作品复制品的发行时,不得发给任何许可证。

第五条之二

一、根据联合国大会惯例被视为发展中国家的任何缔约国,可在批准、接受或参加本公约时,或在以后任何日期向联合国教育科学文化组织总干事(下称总干事)提交的通知中声明,将援用第五条之三或之四中任何一条或全部例外规定。

二、任何这种通知书自公约生效之日起十年内有效,或在提交该通知书时十年期限的所余时间内有效;如果在现行期限期满前最多十五个月最少三个月向总干事提交通知,该通知可以全部或部分地每十年顺延一次。根据本条规定,首次通知书也可在延续的十年期间提出。

三、尽管有本条第二款的规定,任何不再被认为是第一款所指的发展中国家的缔约国,不再有资格像第一款或第二款所规定的那样延期通知,不论它是否正式撤回其通知,该国在现行十年期限期满时,或在停止被视为发展中国家三年后即失去援用第五条之三和之四的例外规定的可能性。

四、根据第五条之三和之四的例外规定而制作的作品复制品,在根据本条规定交存的通知书有效期满后,可以继续发行直到售完为止。

五、依照第十三条就使公约适用于其情况可能类似本条第一款所指国家的情况的特定国家或领地而提交通知的缔约国,或依照本条就此国家或领地提交或延长通知。在这种通知有效期间本公约第五条之三和之四的规定应适用于它所指的国家或领地。由上述国家或领地向缔约国运寄作品复制品应视为第五条之三和之四所称的出口。

第五条之三

一、(1)凡适用第五条之二第一款的任何缔约国,均可以该国法律规定的三年或三年以上的期限取代第五条第二款规定的七年期限;然而,某一作品译成的文字如在一个或若干个发达国家内并非通用,而上述国家又是本公约或仅是 1952 年公约的缔约国,则上述期限应是一年而不是三年。

(2)在通用同一种语文的本公约或仅参加 1952 年公约的发达国家的一致协议下,如果要译成这种语文,第五条之二第一款所提到的所有国家都可以根据该协议规定的另一期限来代替本款第(1)项规定的三年期限,但不得少于一年。尽管如此,如涉及的语文为英文、法文或西班牙文,此项规定仍不适用。所有这方面的协议应通知总干事。

(3)许可证的发给,须经申请人按照有关国家现行规定,证明他已向翻译权所有者提出授权要求,而又未能得到,或经过相当努力仍未能找到权利所有者。在向权利所有者提出这一要求的同时,申请人还必须将这一申请通知联合国教育科学文化组织设立的国际版权情报中心,或出版者主要营业地点所在的缔约国政府交存总干事的通知书中所指定的任何国家或地区的情报中心。

(4)如果申请人无法找到翻译权所有者,即应通过挂号航邮将申请书的副本寄给该作品上列有名称的出版者,并同时寄给本款丙项所述的任何国家或地区的情报中心。如无上述中心可通知,他应将申请书的抄件送交联合国教育科学文化组织设立的国际版权情报中心。

二、(1)根据本条规定三年后可获得的许可证须再过六个月后才能颁发,一年后可获得的许可证须再过九个月后才能颁发。上述六或九个月的期限应按第一款(3)项的规定,从申请许可证之日算起,如翻译权所有者的身份、地址不详,则按第一款(4)项的规定从申请书的副本发出之日算起。

（2）翻译权所有者本人或授权他人在上述六个月或九个月内已将译著出版，则不得再颁发许可证。

三、本条所指任何许可证之颁发只限于教学、学习或研究之用。

四、（1）任何根据本条发给的许可证不得扩大到作品复制品的出口，许可证只适用于在申请许可证的该国领土内出版。

（2）所有根据本条发给许可证出版的作品复制品均需载有有关语文的通知，说明作品复制品只能在发给许可证的缔约国内发行。如果该作品刊有第三条第一款规定的启事，其译本各册均应刊印相同的启事。

（3）某缔约国政府机构或其他公众团体根据本条规定已颁发许可证将某作品译成除英、法、西班牙语之外的另一种文字，而当该政府机构或公众团体向另一国递送根据上述许可证而准备好的译本复制品，则不适用本款（1）项有关禁止出口的规定，如果

①收件人为发给许可证的缔约国国民个人，或由这些国民组成的组织；

②作品复制品只供教学、学习或研究使用；

③作品复制品寄给收件人及其进一步分发均无任何营利性质，并且

④作品复制品寄往的国家与缔约国订有协议，批准这种作品复制品的接收或分发或两者同时批准，任何一方政府已将该协议通知总干事。

五、在国家范围内做出适当的规定，以保证

（1）许可证之发给应给予一笔合理的报酬，此种报酬应符合有关两国个人之间自由谈判的许可证通常支付版税的标准；而且

（2）保证这笔报酬的支付和转递；如果存在着国家对外汇的管制，则主管当局应通过国际机构，尽一切努力保证使这笔报酬以国际上可兑换的货币或某等值货币转递。

六、如果某作品的译本一旦由翻译权所有者本人或授权他人在某缔约国内出版发行，其文字与该国已特许的版本一样，其内容又大体相同，其价格与该国同类作品的一般索价相当，则根据本条规定由上述缔约国颁发之许可证应停止生效。在撤销许可前业已出版的作品复制品可一直发行到售完为止。

七、对主要由图画组成的作品，其文字的翻译与图画的复制的许可证只有在第五条之四规定的条件也得到履行的情况下才能发给。

八、（1）对翻译一部已以印刷形式或其他类似的复制形式出版的受本公约保护的作品发给的许可证，也可根据总部设在适用第五条之二的缔约国的广播机构在该国提出的要求，发给该广播机构，但必须符合下列条件：

①译文是根据该缔约国法律制作并获得的作品复制品翻译的；

②译文只能用于教学广播或向特定专业的专家传播专门技术或科学研究成果的广播；

③译文专门为②中所指目的的使用，并通过对缔约国境内听众的合法广播进行，其中包括专为此项广播目的而通过录音或录像手段合法录制的广播；

④译文的录音或录像只能在其总部设在颁发许可证的缔约国的广播组织之间交换；

⑤所有译文的使用均无任何营利性质。

（2）只要符合（1）项列举的所有准则和条件，也可对广播机构颁发许可证以翻译专为大、中、小学使用而制作与出版的视听教材中的所有课文。

(3)在遵守本条规定的条件下,依本条颁发的任何许可证应受第五条各项规定的约束;即使在第五条第二款规定的七年期限届满后,上述许可证也应继续受第五条和本条规定的约束。但上述期限到期后,许可证持有者有权请求以仅受第五条约束的新许可证来代替上述许可证。

九、在遵守本条规定的条件下,依本条颁发的任何许可证应受第五条各项规定的约束。即使在第五条第二款规定的七年期限届满后,上述许可证也应继续受到第五条和本条规定的约束;但上述期限到期后,许可证持有者有权请求以仅受第五条约束的新许可证来代替上述许可证。

第五条之四

一、凡适用第五条之二第一款规定的任何缔约国均可采纳下述规定:

(1)①自本条第三款所述的文学、科学或艺术作品特定版本首次出版之日算起在丙项规定的期限期满时,或②由缔约国国家法律规定的日期算起的更长的期限期满时,若该版的作品复制品尚无复制权所有者或在其授权下,以与同类作品在该国通行的价格相似的价格在该国出售,以满足广大公众或大、中、小学教学之需要,则该国任何国民均可向主管当局申请得到非专有许可证,以此种价格或更低价格复制和出版该版本供大、中、小学教学之用。许可证的发给,须经国民按照该国现行规定,证明他已向权利所有者提出出版作品的要求,而又未能得到授权,或经过相当努力仍未能找到权利所有者。在向权利所有者提出这一要求的同时,申请人还必须将这一申请通知联合国教育科学文化组织设立的国际版权情报中心,或丁项所述的任何国家或地区的情报中心。

(2)根据同样的条件,也可发给许可证,如果经权利所有者授权制作的该版作品复制品在该国已脱销六个月,而无法以同该国内对同类作品要求的价格相似的价格供应广大公众或供大、中、小学教学之用。

(3)本款(1)项所指的期限为五年。但①对有关数学和自然科学以及技术的作品,则为三年;②小说、诗歌、戏剧和音乐作品以及美术书籍,则为七年。

(4)如果申请人无法找到复制权所有者,即应通过挂号航邮将申请书的副本,寄给该作品上列有名称的出版者和据信为出版者主要业务中心所在国的政府为此目的向总干事递交的通知中所指定的任何国内或国际情报中心。如无上述通知书,他应将申请书的抄件递交联合国教育科学文化组织设立的国际情报中心。在发出申请书抄件之日起三个月内不得颁发许可证。

(5)在下述情况下,不得按本条规定颁发三年后可获得的许可证:

①从本款(1)项所述的申请许可证之日算起未满六个月者,或如果复制权所有者的身份或地址不明,则从本款(4)项所述的申请书的副本发出之日起未满六个月者;

②如果在此期间本款(1)项所述的版本的作品复制品已开始发行。

(6)作者姓名及其作品原版的标题应刊印在复制出版的所有作品复制品上。许可证持有者不得转让其许可证。

(7)应通过国家法律采取适当措施,以保证作品原版的准确复制。

(8)在下列情况下不得根据本条发给复制和出版一部作品的译本许可证:

①所涉及的译本并非由翻译权所有者或在其授权下出版；

②译本所用的不是有权颁发许可证的国家的通用语文。

二、第一款的例外规定应受下述补充规定的约束：

(1)所有根据本条发给许可证出版的作品复制品均需载有有关语文的通知，说明该作品复制品只能在该许可证适用的缔约国内发行。如果该版本载有第三条第一款规定的启事，则该版本的所有各册均应刊印相同的启事。

(2)在国家范围内做出适当的规定，以保证①许可证之发给应给一笔合理的报酬，此种报酬应符合有关两国个人之间自由谈判的许可证通常支付版税的标准；而且②保证这笔报酬的支付和转递；如果存在着国家对外汇的管制，则主管当局应通过国际机构，尽一切努力保证使这笔报酬以国际上可兑换的货币或其等值货币转递。

(3)如果某一作品某版的复制品是由复制权所有者或经其授权以同该国同类作品相似的价格，为供应广大公众或为大、中、小学教学之用而在该缔约国内出售，而该版的语文和基本内容又同根据许可证出版的版本语文和内容相同，则应撤销本条发给的许可证。在撤销许可证前业已制作的作品复制品可一直发行到售完为止。

(4)在作者已停止该版的全部作品复制品的发行时，不得发给任何许可证。

三、(1)除(2)项规定的情况外，本条适用的文学、科学或艺术作品只限于以印刷形式或任何其他类似的复制形式出版的作品。

(2)本条同样适用于以视听形式合法复制的受保护作品或包含受保护作品的视听资料，以及用有权颁发许可证的缔约国通用语文翻译的该视听资料中的文学部分的译本，条件是所涉及的视听资料的制作和出版限大、中、小学教学使用的唯一目的。

第六条

本公约所用"出版"一词，系指以有形形式复制，并向公众发行的能够阅读或可看到的作品复制品。

第七条

本公约不适用于公约在被要求给予保护的缔约国家生效之日已完全丧失保护或从未受过保护的作品或作品的权利。

第八条

一、本公约的修订日期为1971年7月24日，它应交由总干事保存，并应在上述日期起的一百二十天内向1952年公约的所有参加国开放签字。本公约须经各签字国批准或接受。

二、未在本公约上签字的国家均可加入。

三、批准、接受或加入本公约须向总干事交存有关文件方为有效。

第九条

一、本公约将于交存十二份批准、接受或加入证书之后三个月生效。

二、其后，本公约将对每个国家在其交存批准、接受或加入证书三个月后生效。

三、加入本公约的任何国家，如未加入1952年公约，也应被视为加入了该公约；但是，如果交存其加入证书是在本公约生效之前，则该国加入1952年公约须以本公约生效为条件。在本公约生效后，任何国家均不得只加入1952年公约。

四、本公约参加国与只参加1952年公约的国家之间的关系，应服从1952年公约的规定。但是，只参加1952年公约的任何国家，可向总干事交存通知书，宣布承认1971年公约适用于该国国民的作品和在该国首次出版的本公约签字国的作品。

第十条

一、所有缔约国承诺根据其宪法采取必要措施保证本公约的实施。

二、不言而喻，本公约在任何缔约国生效时，应按照其本国法律使本公约的规定付诸实施。

第十一条

一、设立一"政府间委员会"，其职责如下：

(1)研究世界版权公约的适用和实施事宜；

(2)做好定期修订本公约的准备工作；

(3)与"联合国教育科学文化组织""国际保护文学艺术作品联盟""美洲国家组织"等各有关国际组织合作，研究有关国际保护版权的任何问题；

(4)将"政府间委员会"的各项活动通知世界版权公约的参加国。

二、该委员会将由参加本公约或只参加1952年公约的十八个国家的代表组成。

三、该委员会成员的选择应根据各国的地理位置、人口、语文和发展水平，适当考虑到各国利益的均衡。

四、联合国教育科学文化组织总干事、世界知识产权组织总干事和美洲国家组织秘书长的代表可以顾问身份参加该委员会的会议。

第十二条

政府间委员会认为必要时，或经本公约至少十个缔约国的要求，得召集会议对本公约进行修改。

第十三条

一、任何缔约国，在交存其批准，接受或加入证书时，或在其后的任何时间内，可在致总干事的通知书中，宣布本公约适用于由它对其国际关系负责的所有国家或领地，或其中任何一个国家或领地；因此，本公约于第九条规定的三个月期限期满后，将适用于通知书中提到的国家或领地。倘无此类通知书，本公约将不适用于此类国家或领地。

二、但是，本条款不得理解为某一缔约国承认或默认另一缔约国根据本条规定使本公约对之适用的国家或领地的事实状况。

第十四条

一、任何缔约国可以自己的名义或代表根据第十三条规定发出的通知书所涉及的所有或其中一个国家或领地，废除本公约。废除本公约应以通知书方式寄交总干事。此种废除也构成对 1952 年公约的废除。

二、此种废除只对有关的缔约国或其所代表的国家或领地有效，并应于收到通知书之日起十二个月后生效。

第十五条

两个或两个以上缔约国在解释或适用本公约方面发生的争端，经谈判不能解决时，如果有关国家不能就其他解决办法达成协议，应将争议提交国际法院裁决。

第十六条

一、本公约用英文、法文和西班牙文三种文字制定，三种文本应予签署并具有同等效力。

二、总干事在和有关政府协商后，将制定阿拉伯文、德文、意大利文和葡萄牙文的正式文本。

三、某个或数个缔约国有权与总干事协商后由总干事制定它们选择的语文的其他文本。

四、所有这些文本均附在本公约签字文本之后。

第十七条

一、本公约绝不影响伯尔尼保护文学艺术作品公约的条款或由该公约设立的联盟的会员资格。

二、为实施前款规定，本条附有一项声明。对于在 1951 年 1 月 1 日受伯尔尼公约约束的各国或已受或在以后某一日期可能受该公约约束的国家，此声明是本公约的组成部分。这些国家在本公约上签字也应视为在该声明上签字，而这些国家的批准、接受或加入本公约应包括该声明。

第十八条

本公约将不废除美洲各共和国中仅限两国或数国之间现在有效或可能生效的多边或双边版权公约或协定。无论在现有的此类公约或协定生效的条款与本公约的条款之间，或在本公约的条款与本公约生效之后美洲两个或数个共和国可能制定的新公约或协定的条款之间出现分歧时，应以最近制定的公约或协定为准。任何缔约国在本公约生效前，对该国依据现有公约或协定所获得的版权不应受到影响。

第十九条

本公约将不废除在两个或数个缔约国之间有效的多边或双边公约或协定。一旦此类现有公约或协定的条款与本公约的条款出现分歧时，将以本公约的条款为准。任何缔约国于本公约在该国生效前,依据现有公约或协定所获得的版权将不受影响,本条规定将不影响第十七条、第十八条各款的实行。

第二十条

对本公约不得有任何保留。

第二十一条

一、总干事应将本公约的核证无误的副本送交各有关国家并送交联合国秘书长登记。

二、总干事还应将已交存的批准、接受和加入证书,本公约的生效日期,根据本公约发出的通知书及根据第十四条做出的废除,通知所有有关国家。

关于第十七条的附加声明

国际保护文学艺术作品联盟(以下称"伯尔尼联盟")的会员国和本公约的签字国,

为了在该联盟基础上加强其相互关系,并避免在伯尔尼公约和世界版权公约并存的情况下可能出现的任何冲突,认识到某些国家按照其文化、社会和经济发展阶段而调整其版权保护水平的暂时需要,

经共同商定,接受以下声明的各项规定:

(1)除本声明(2)项规定外,某作品起源国为伯尔尼公约成员国的国家,已于 1951 年 1 月 1 日之后退出伯尔尼联盟者,将不得在伯尔尼联盟的国家境内受到世界版权公约的保护。

(2)如某一缔约国按联合国大会确定的惯例被视为发展中的国家,并在该国退出伯尔尼联盟时,将一份它认为自己是发展中国家的通知书交存联合国教育科学文化组织总干事,只要该国可以援用本公约第五条之二的例外规定,则本声明甲项的规定不应适用。

(3)只要涉及所保护的某些作品,按伯尔尼公约规定,其原出版国家是伯尔尼联盟的一个成员国,世界版权公约即不应适用于伯尔尼联盟各国的关系上。

有关第十一条的决议

修订世界版权公约会议,考虑了本公约第十一条规定的政府间委员会的问题,对此附加了本决议。

特决议如下:

一、委员会创始时应包括依 1952 年公约第十一条及其所附的决议而设立的政府间委员会的十二个成员的代表;此外,还包括以下国家的代表:阿尔及利亚、澳大利亚、日本、墨西哥、塞内加尔和南斯拉夫。

二、任何未参加 1952 年公约并在本公约生效后召开的本委员会第一次例会之前未加入本公约的国家,应由委员会根据第十一条第二款和第三款的规定在其第一次例会上选择的其他国家来取代。

三、本公约一经生效,依本决议第一款成立的本委员会应被认为按本公约第十一条规定组成。

四、本公约生效后一年内,委员会应举行一次会议。此后委员会应至少每两年举行一次例会。

五、委员会应选举主席一人、副主席两人。并应按照下列原则确立自己的程序规则:

(1)委员会的成员国任期通常应为六年,每两年有三分之一成员国离任,但经理解:首批三分之一成员国的任期,应在本公约生效后召开的第二次例会结束时终止,下一批三分之一成员国的任期应在第三次例会结束时终止,最后一批三分之一成员国的任期应在第四次例会结束时终止。

(2)委员会递补空缺职位的程序、成员资格期满的次序连任资格和选举程序的规则应以平衡成员国连任的需要和成员国代表轮换的需要,以及本公约第十一条第三款的各点考虑为基础。

希望由联合国教育科学文化组织提供委员会秘书处的人员。

下列签署人交存各自的全权证书后,在本公约上签字,以昭信守。1971 年 7 月 24 日订于巴黎,正本一份。

附件一:《世界版权公约》1971 年 7 月 24 日巴黎修订本关于本公约适用于无国籍人士和流亡人士作品的附件

议定书之一

本议定书及《世界版权公约》1971 年 7 月 24 日巴黎修订本(下称"1971 年公约")各参加国,承认下述各项规定:

一、为实施 1971 年公约,应将通常居住在本议定书参加国的无国籍人士及流亡人士视为该国国民。

二、(1)本议定书须经签署,并须经批准或接受,也可加入,如同 1971 年公约第八条所规定那样。

(2)本议定书于有关国家交存批准、接受或加入证书之日起对各该国生效,或于 1971 年公约对各该国生效之日起生效,以两个日期中何者在后为准。

下列签署人经正式授权在本议定书上签字,以昭信守。1971 年 7 月 24 日订于巴黎,用英文、法文和西班牙文写成,三种文本具有同等效力。正本一份交存联合国教育科学文化组织总干事。总干事应将核证无误的副本送交各签字国,并送交联合国秘书长登记。

附件二:《世界版权公约》1971 年 7 月 24 日巴黎修订本关于本公约适用于某些国际组织作品的附件

议定书之二

本议定书及《世界版权公约》1971 年 7 月 24 日巴黎修订本(下称"1971 年公约")各参加国,承认下述各项规定:

一、(1)1971 年公约第二条第一款规定的版权保护,适用于联合国、联合国所属各专门机构或美洲国家组织首次出版的作品。

(2)1971 年公约第二条第二款同样地适用于上述组织或机构。

二、(1)本议定书须经签署,并须经批准或接受,也可加入,如同 1971 年公约第八条所规定那样。

（2）本议定书于有关国家交存批准、接受或加入证书之日起生效，或于1971年公约对该国生效之日起生效，以两个日期中何者在后为准。

下列签署人经正式授权在本议定书上签字，以昭信守。1971年7月24日订于巴黎，用英文、法文和西班牙文写成，三种文本具有同等效力。正本一份交存联合国教育科学文化组织总干事。总干事应将核证无误的副本送交各签字国，并送交联合国秘书长登记。

附录三 保护表演者、录音制品制作者和广播组织罗马公约^①

（1961 年 10 月 26 日于罗马签订）

缔约各国,出于保护表演者、录音制品制作者和广播组织的权利的愿望,达成如下协议:

第一条

本公约给予之保护将不更动也决不影响文学和艺术作品的版权保护。因此,本公约的条款不得作妨碍此种保护的解释。

第二条

（一）在本公约中,国民待遇指被要求给予保护的缔约国的国内法律给予——

（甲）其节目在该国境内表演、广播或首次录制的身为该国国民的表演者的待遇;

（乙）其录音制品在该国境内首次录制或首次发行的身为该国国民的录音制品制作者的待遇;

（丙）其广播节目从设在该国领土上的发射台发射的总部设在该国境内的广播组织的待遇。

（二）国民待遇应服从本公约具体给予的保护和具体规定的限制。

第三条

在本公约中:

（甲）"表演者"是指演员、歌唱家、音乐家、舞蹈家和表演、歌唱、演说、朗诵、演奏或以别的方式表演文学或艺术作品的其他人员;

（乙）"录音制品"是指任何对表演的声音和其他声音的专门录音;

（丙）"录音制品制作者"是指首次将表演的声音或其他声音录制下来的自然人或法人;

（丁）"发行"是指向公众提供适当数量的某种唱片的复制品;

（戊）"复制"是指制作一件或多件某种录音的复版;

---

① 保护表演者、录音制品制作者和广播组织罗马公约[EB/OL].[2019-01-04]. https://wipolex. wipo. int/zh/text/289793.

(己)"广播"是指供公众接收的声音或图像和声音的无线电传播;

(庚)"转播"是指一个广播组织的广播节目被另一个广播组织同时广播。

第四条

只要符合下列条件之一,缔约各国应当给予表演者以国民待遇:

(甲)表演是在另一缔约国进行的;

(乙)表演已被录制在受本公约第五条保护的录音制品上;

(丙)表演未被录制成录音制品,但在受本公约第六条保护的广播节目中播放。

第五条

(一)只要符合下列条件之一,缔约各国应当给予录音制品制作者以国民待遇:

(甲)录音制品制作者是另一个缔约国的国民(国民标准);

(乙)首次录音是在另一个缔约国制作的(录制标准);

(丙)录音制品是在另一个缔约国首次发行的(发行标准)。

(二)如果某种录音制品是在某一非缔约国首次发行的,但在首次发行后三十天内也在某一缔约国发行(同时发行),则该录音制品应当认为是在该缔约国首次发行。

(三)任何缔约国,通过向联合国秘书长递交通知书的办法,可以声明它将不执行发行标准,或者不执行录制标准。此类通知书可以在批准、接受或参加本公约的时候递交,也可以在此后任何时间递交。在后一种情况下,通知书应当于递交六个月之后生效。

第六条

(一)只要符合下列两项条件之一,缔约各国就应当给予广播组织以国民待遇:

(甲)该广播组织的总部设在另一缔约国;

(乙)广播节目是由设在另一缔约国的发射台播放的。

(二)任何缔约国,通过向联合国秘书长递交通知书的办法,可以声明它只保护其总部设在另一个缔约国并从设在该同一缔约国的发射台播放的广播组织的广播节目。此种通知书可以在批准、接受或参加本公约的时候递交,或在此后任何时间递交。在后一种情况下,通知书应当于递交六个月之后生效。

第七条

(一)本公约为表演者提供的保护应当包括防止可能发生的下列情况:

(甲)未经他们同意,广播和向公众传播他们的表演。但是如该表演本身就是广播演出或出自录音、录像者例外;

(乙)未经他们同意,录制他们未曾录制过的表演;

(丙)未经他们同意,复制他们的表演的录音或录像:

(1)如果录音、录像的原版是未经他们同意录制的;

(2)如果制作复制品的目的超出表演者同意的范围;

(3)如果录音、录像的原版是根据第十五条的规定录制的,而制作复制品的目的与此

条规定的目的不同。

（二）（1）如果广播是经演员同意的，则防止转播，防止为广播目的的录音、录像，以及防止为广播目的的此类录音、录像的复制，应当由要求其保护的缔约国的国内法律规定。

（2）广播组织使用为广播目的而制作的录音录像的期限和条件，应当根据要求其保护的缔约的国内法律确定。

（3）但是，本款第（1）和（2）小款中提到的国内法律不得用来使表演者失去通过合同控制他们与广播组织之间的关系的能力。

第八条

如果若干表演者参加同一项表演，任何缔约国均可根据本国法律和规章，明确指出表演者在行使权利方面确定代表的方式。

第九条

任何缔约国均可根据国内法律和规章，将本公约提供的保护扩大到不是表演文学或艺术作品的艺人。

第十条

录音制品制作者应当有权授权或禁止直接或间接复制他们的录音制品。

第十一条

对于录音制品，如果某缔约国根据其国内法律要求履行手续作为保护录音制品制作者或表演者或二者的权利的条件，那么只要已经发行的录音制品的所有供销售的复制品上或其包装物上载有包括符号（P）和首次发行年份的标记，并且标记的方式足以使人注意到对保护的要求，就应当认为符合手续；如果复制品或其包装物上没有注明制作者或制作者的许可证持有者（载明姓名、商标或其他适当的标志），则标记还应当包括制作者权利所有者的姓名；此外，如果复制品或其包装物上没有注明主要表演者，则标记还应当包括在制作这些录音的国家内拥有此种表演者权利的人的姓名。

第十二条

如果某种为商业目的发行的录音制品或此类唱片的复制品直接用于广播或任何向公众的传播，使用者则应当付一笔总的合理的报酬给表演者，或录音制品制作者，或给二者。如有关各方之间没有协议，国内法律可以提出分享这些报酬的条件。

第十三条

广播组织应当有权授权或禁止：

（甲）转播他们的广播节目；

（乙）录制他们的广播节目；

（丙）复制：

（1）未经他们同意而制作他们的广播节目的录音或录像；

（2）根据第十五条的规定而制作他们的广播节目的录音和录像，但复制的目的不符合该条规定的目的。

（丁）向公众传播电视节目，如果此类传播是在收门票的公共场所进行的。行使这种权利的条件由被要求保护的缔约国的国内法律确定。

第十四条

本公约所给予的保护期限至少应当为二十年，其计算始于：

（甲）对录音制品和录制在录音制品上的节目——录制年份的年底；

（乙）对未被录制成录音制品的节目——表演年份的年底；

（丙）对广播节目——开始广播的年份的年底。

第十五条

（一）任何缔约国可以依其国内法律与规章，在涉及下列情况时，对本公约规定的保护做出例外规定：

（甲）私人使用；

（乙）在时事报道中少量引用；

（丙）某广播组织为了自己的广播节目利用自己的设备暂时录制；

（丁）仅用于教学和科学研究之目的。

（二）尽管有本条第一款，任何缔约国对于表演者、录音制品制作者和广播组织的保护，可以在其国内法律与规章中做出像它在国内法律和规章中做出的对文学和艺术作品的版权保护的同样的限制。但是，只有在不违背本公约的范围内才能颁发强迫许可证。

第十六条

（一）任何国家一旦成为本公约的成员，就应当履行本公约的所有义务，同时享受本公约的所有权益。但是，任何国家可以在任何时候在递交联合国秘书长的通知书中声明：

（甲）关于第十二条：

（1）它将不执行该条规定；

（2）它将在某些使用方面不执行该条规定；

（3）对其制作者不是另一缔约国国民的录音制品，它将不执行该条规定；

（4）对其制作者是另一缔约国国民的录音制品，它将根据该缔约国给予发表声明的国家的国民首次录制的录音制品的保护范围与期限，对此条规定的保护范围与期限做出相应限制；但是，录音制品制作者为其国民的缔约国，对同一个或同一伙受益人不像发表声明的国家那样给予保护的事实，不能认为是保护范围的不同。

（乙）关于第十三条，它将不执行该条（丁）款；如果某个缔约国发表此种声明，其他缔约国对其总部设在上述缔约国的广播组织则没有义务给予第十三条（丁）款提到的权利。

（二）如果本条第一款提到的通知书是在批准、接受或参加证书递交之日以后发出的，

则声明应当在通知书递交六个月之后生效。

第十七条

任何在 1961 年 10 月 26 日仅根据录制标准给予录音制品制作者以保护的国家,可以在批准、接受或参加本公约时通过向联合国秘书长递交通知书声明,为了第五条的目的,它仅执行录制标准;为了第十六条第一款(甲)目第(3)和第(4)小节的目的,他将执行录制标准以代替国民标准。

第十八条

任何根据第五条第三款、第六条第二款、第十六条第一款或第十七条递交了通知书的国家,通过向联合国秘书长递交另外一份通知书,可以缩小第一次通知书的范围或撤回该通知书。

第十九条

不管本公约有什么规定,一旦表演者同意将其表演录像或录音录像,第七条就不再适用。

第二十条

(一)本公约不得影响任何缔约国当本公约在该国生效之前已经获得的权利。

(二)任何缔约国无须一定将本公约的条款运用于本公约在该国生效之前已经进行的表演和已经广播的节目,以及已经录制的录音制品。

第二十一条

本公约规定的保护不得影响表演者、录音制品制作者和广播组织另外取得的任何保护。

第二十二条

缔约各国保留互相之间签订特别协定的权利,只要此类协定给予表演者、录音制品制作者和广播组织的权利比本公约给予的权利更广泛,或包含其他不与本公约相反的条款。

第二十三条

本公约应当送交联合国秘书长。凡被邀请参加国际保护表演者、录音制品制作者和广播组织外交会议的任何世界版权公约的成员国或保护文学艺术作品国际联盟的成员国,1962 年 6 月 30 日前均可在本公约上签字。

第二十四条

(一)本公约须经签字国批准或接受。

(二)第二十三条提到的被邀请参加会议的任何国家和任何联合国成员国,只要它们参加了世界版权公约或保护文学艺术作品国际联盟,均可参加本公约。

(三)批准、接受或参加本公约须向联合国秘书长递交有关证书后方能生效。

第二十五条

(一)本公约应当于第六份批准、接受或参加证书递交三个月之后生效。

(二)此后,本公约应当于各个有关国家递交批准、接受或参加证书三个月之后在该国生效。

第二十六条

(一)各缔约国保证根据本国宪法采取必要措施保障本公约的实施。

(二)各国在递交批准、接受或参加证书时,它就必须处于根据其国内法律使本公约所有条款生效的地位。

第二十七条

(一)任何国家在批准、接受或参加本公约时,或在此后任何时间,可以在致联合国秘书长的通知书中,声明本公约将适用于由它对其国际关系负责的所有或其中任何一个领地,只要世界版权公约或保护文学艺术作品国际公约适用于这个或这些领地。此通知书应当从收到之日起三个月后生效。

(二)第五条第三款、第六条第二款、第十六条第二款和第十七、十八条所提到的通知书,可以适用于本条第一款提到的所有或其中任何一个领地。

第二十八条

(一)任何缔约国可以用自己的名义或代表第二十七条中提到的所有或其中任何一个领地,通知退出本公约。

(二)退出本公约必须通过向联合国秘书长递交通知书方能生效,而且应当于通知书收到之日后十二个月生效。

(三)本公约在某缔约国生效未满五年,该缔约国不得行使通知退出的权利。

(四)当某缔约国既不是世界版权公约的成员也不是保护文学艺术作品国际联盟的成员时,它就不再是本公约的成员。

(五)当世界版权公约或保护文学艺术作品的国际公约不适用于第二十七条中提到的领地时,本公约就不再适用于该领地。

第二十九条

(一)本公约生效五年之后,任何缔约国可以通知联合国秘书长要求召开会议修改本公约。联合国秘书长应当将此要求通知所有缔约国。如果联合国秘书长发出通知后六个月之内,有不少于半数的缔约国通知他同意此种要求,则秘书长应当通知国际劳工组织总干事、联合国教育科学文化组织总干事和保护文学艺术作品国际联盟国际局主任,他们应当与第三十二条提到的政府间委员会合作召集修改公约的会议。

（二）本公约的任何修改需要参加修改会议的三分之二的国家投赞成票通过,但是这个多数要包括在召开修改会议时本公约的三分之二的成员国。

（三）一旦通过了一个全部或部分地修订本公约的公约,除修订的公约内另有规定外,则:

（甲）从修订的公约生效之日起,应当停止批准、接受或参加本公约;

（乙）对于尚未成为修订公约的缔约国的各国,涉及它们之间的关系或涉及本公约与它们之间的关系,本公约应当继续有效。

第三十条

如两个或数个缔约国对本公约的解释或实施发生争执而又不能通过谈判解决时,此争执应当根据争执诸方中任何一方的要求,提交国际法庭裁决,除非他们同意采取另外的办法解决。

第三十一条

在不妨碍第五条第三款、第六条第二款、第十六条第一款和第十七条的规定的情况下,不得对本公约作保留。

第三十二条

（一）特设立一个政府间委员会,其职责如下:

（甲）研究本公约的运用和执行的有关事宜;

（乙）为可能修订本公约收集建议和准备文件资料。

（二）委员会由缔约国的代表组成,代表的选择应当考虑地区的合理分配;委员会成员的数目,如果缔约国是十二个或少于十二个,则为六名,如果缔约国是十三个至十八个,则为九名,如缔约国超过十八个,则为十二名。

（三）委员会应当于公约生效后十二个月选举产生,选举由国际劳工组织总干事、联合国教育科学文化组织总干事和保护文学艺术作品国际联盟国际局主任根据大多数缔约国事先通过的规则来组织,每个缔约国均为一票。

（四）委员会选举主席和官员,制订自己的议事程序规则。这些规则应当特别规定保证在各成员国之间用轮换的办法进行委员会未来的活动和对成员的选择。

（五）由其总干事或主任指定的国际劳工组织、联合国教育科学文化组织和保护文学艺术作品国际联盟国际局的官员组成委员会的秘书处。

（六）只要委员会大多数成员认为有必要,委员会应随时召开,会议轮流在国际劳工组织总部、联合国教育科学文化组织总部和保护文学艺术作品国际联盟国际局总部举行。

（七）委员会成员的费用应当由各自的政府负担。

第三十三条

（一）本公约用英文、法文和西班牙文制订,三种文本具有同等效力。

（二）此外,本公约的正式文本还将用德文、意大利文和葡萄牙文制订。

第三十四条

（一）联合国秘书长应当通知第二十三条提到的会议的应邀参加国家和所有联合国成员国，以及国际劳工组织总干事、联合国教育科学文化组织总干事和保护文学艺术作品国际联盟国际局主任以下事项：

（甲）每份批准、接受或参加证书的递交；

（乙）公约生效的日期；

（丙）公约规定的所有通知、声明或信件；

（丁）出现第二十八条第四、五款提到的任何情况。

（二）联合国秘书长还应当将根据第二十九条向他提出的要求以及从缔约国收到的任何涉及修改本公约的信件通知国际劳工组织总干事、联合国教育科学文化组织总干事和保护文学艺术作品国际联盟国际局主任。

下列签字者，经授权在本公约上签字，以昭信守。

1961 年 10 月 26 日于罗马，在一份英、法、西班牙三种文字的统一文本上签字。联合国秘书长应当将核实无误的副本送给第二十三条提到的会议的所有应邀参加国家和所有联合国会员国，以及国际劳工组织总干事、联合国教育科学文化组织总干事和保护文学艺术作品国际联盟国际局主任。

附录四　与贸易有关的知识产权协定

各成员：

希望消除对国际贸易的扭曲和阻碍，并考虑到促进对知识产权的充分和有效保护的必要性，以及确保行使知识产权的措施和程序本身对合法贸易不构成障碍；为此目的，认为有必要拟定以下新的规则和纪律。

（一）《1994年关税与贸易总协定》（GATT）的基本原则和有关知识产权国际性协议或公约的基本原则的可适用性；

（二）关于与贸易有关知识产权的获得、范围和行使的适当标准和原则；

（三）关于行使与贸易有关知识产权的有效和适用的办法，同时考虑到各国国内法律体制的差别；

（四）用于以多边方式解决和预防政府间纠纷的有效和快速的程序；以及

（五）旨在全面接受谈判结果的过渡性安排；认识到有必要形成有关国际假冒商品贸易的原则、规则和惩处的多边性框架；认识到知识产权是私有权；承认各国保护知识产权体制的保护公共利益的基本目标，包括发展和技术目标；也承认最不发达国家在其国内实施法律及其细则方面享受最大程度灵活性的特殊需要，以便使它们能够建立一个坚实和有效的技术基础；强调通过多边程序方式解决与贸易有关的知识产权纠纷，以缓解紧张关系的重要性；希望在世界贸易组织（WTO）和世界知识产权组织（WIPO）以及其他有关国际组织之间建立相互支持的关系；

从而同意以下各条。

第一部分　总则和基本原则

第一条　义务的性质和范围

一、各成员应实施本协定的规定。各成员可以，但并无义务，在其法律中实施比本协定要求更广泛的保护，只要此种保护不违反本协定的规定。各成员有权在其各自的法律制度和实践中确定实施本协定规定的适当方法。

二、就本协定而言，"知识产权"一词指作为第二部分第一节至第七节主题的所有类别的知识产权。

三、各成员应对其他成员的国民给予本协定规定的待遇。就有关的知识产权而言，其他成员的国民应理解为符合《巴黎公约》（1967）、《伯尔尼公约》（1971）、《罗马公约》和《关于集成电路的知识产权条约》规定的保护资格标准的自然人或法人，假设所有WTO成员均为这些公约的成员。任何利用《罗马公约》第五条第三款或第六条第二款中规定的可能性的成员,均应按这些条款中所预想的那样,向与贸易有关的知识产权理事会("TRIPS理事会")做出通知。

第二条　知识产权公约

一、就本协定的第二部分、第三部分和第四部分而言,各成员应遵守《巴黎公约》(1967)第一条至第十二条和第十九条。

二、本协定第一部分至第四部分的任何规定不得背离各成员可能在《巴黎公约》《伯尔尼公约》《罗马公约》《关于集成电路的知识产权条约》项下相互承担的现有义务。

第三条　知识产权公约

一、在知识产权保护方面,在遵守《巴黎公约》(1967)、《伯尔尼公约》(1971)、《罗马公约》或《关于集成电路的知识产权条约》中各自规定的例外的前提下,每一成员给予其他成员国民的待遇不得低于给予本国国民的待遇。就表演者、录音制品制作者和广播组织而言,此义务仅适用于本协定规定的权利。任何利用《伯尔尼公约》第六条或《罗马公约》第十六条第一款第二项规定的可能性的成员,均应按这些条款中所预想的那样,向 TRIPS理事会做出通知。

二、各成员可利用第一款下允许的在司法和行政程序方面的例外,包括在一成员管辖范围内指定送达地址或委派代理人,但是这些例外应为保证遵守与本协定规定发生不相抵触的法律和法规所必需,且这种做法的实施不会对贸易构成变相限制。

第四条　最惠国待遇

对于知识产权保护,一成员对任何其他国家国民给予的任何利益、优惠、特权或豁免,应立即无条件地给予所有其他成员的国民。一成员给予的属下列情况的任何利益、优惠、特权或豁免,免除此义务:

(一)自一般性的、并非专门限于知识产权保护的关于司法协助或法律实施的国际协定所派生;

(二)依照《伯尔尼公约》(1971)或《罗马公约》的规定所给予,此类规定允许所给予的待遇不属国民待遇性质而属在另一国中给予待遇的性质;

(三)关于本协定项下未作规定的有关表演者、录音制品制作者以及广播组织的权利;

(四)自《WTO协定》生效之前已生效的有关知识产权保护的国际协定所派生,只要此类协定向 TRIPS理事会做出通知,并对其他成员的国民不构成任意的或不合理的歧视。

第五条　关于取得或维持保护的多边协定

第三条和第四条的义务不适用于在 WIPO 主持下订立的有关取得或维持知识产权的多边协定中规定的程序。

第六条　权利用尽

就本协定项下的争端解决而言,在遵守第二条和第四条规定的前提下,本协定的任何规定不得用于处理知识产权的权利用尽问题。

第七条　目标

知识产权的保护和实施应有助于促进技术革新及技术转让和传播,有助于技术知识的创造者和使用者的相互利益,并有助于社会和经济福利及权利与义务的平衡。

第八条　原则

一、在制定或修改其法律和法规时,各成员可采用对保护公共健康和营养,促进对其社会经济和技术发展至关重要部门的公共利益所必需的措施,只要此类措施与本协定的规定相一致。

二、只要与本协定的规定相一致,可能需要采取适当措施以防止知识产权权利持有人滥用知识产权或采取不合理地限制贸易或对国际技术转让造成不利影响的做法。

<h3 style="text-align:center">第二部分　关于知识产权效力、范围和使用的标准</h3>

第一节　版权和相关权利

第九条　与《伯尔尼公约》的关系

一、各成员应遵守《伯尔尼公约》(1971)第一条至第二十一条及其附录的规定。但是,对于该公约第六条之二授予或派生的权利,各成员在本协定项下不享有权利或义务。

二、版权的保护仅延伸至表达方式,而不延伸至思想、程序、操作方法或数学概念本身。

第十条　计算机程序和数据汇编

一、计算机程序,无论是源代码还是目标代码,应作为《伯尔尼公约》(1971)项下的文字作品加以保护。

二、数据汇编或其他资料,无论机器可读还是其他形式,只要由于对其内容的选取或编排而构成智力创作,即应作为智力创作加以保护。该保护不得延伸至数据或资料本身,并不得损害存于数据或资料本身的任何版权。

第十一条　出租权

至少就计算机程序和电影作品而言,一成员应给予作者及其合法继承人准许或禁止向公众商业性出租其有版权作品的原件或复制品的权利。一成员对电影作品可不承担此义务,除非此种出租已导致对该作品的广泛复制,从而实质性减损该成员授予作者及其合法继承人的专有复制权。就计算机程序而言,如该程序本身不是出租的主要标的,则此义务不适用于出租。

第十二条　保护期限

除摄影作品或实用艺术作品外,只要一作品的保护期限不以自然人的生命为基础计算,则该期限自作品经授权出版的日历年年底计算即不得少于五十年,或如果该作品在创作后五十年内未经授权出版,则为自作品完成的日历年年底起计算的五十年。

第十三条　限制和例外

各成员对专有权做出的任何限制或例外规定仅限于某些特殊情况,且与作品的正常利用不相冲突,也不得无理损害权利持有人的合法权益。

第十四条　对表演者、录音制品(唱片)制作者和广播组织的保护

一、就将其表演固定在录音制品上而言,表演者应有可能防止下列未经其授权的行为:固定其未曾固定的表演和复制该录制品。表演者还应有可能阻止下列未经其授权的行为:以无线广播方式播出和向大众传播其现场表演。

二、录音制品制作者应享有准许或禁止直接或间接复制其录音制品的权利。

三、广播组织有权禁止下列未经其授权的行为:录制、复制录制品、以无线广播方式转播以及将其电视广播向公众传播。如各成员未授予广播组织此类权利,则在遵守《伯尔尼公约》(1971)规定的前提下,应给予广播的客体的版权所有权人阻止上述行为的可能性。

四、第十一条关于计算机程序的规定在细节上作必要修改后应适用于录音制品制作者和按一成员法律确定的录音制品的任何其他权利持有人。如在1994年4月15日,一成员在录音制品的出租方面已实施向权利持有人公平付酬的制度,则可维持该制度,只要录音制品的商业性出租不对权利持有人的专有复制权造成实质性减损。

五、本协定项下表演者和录音制品制作者可获得的保护期限,自该固定或表演完成的日历年年底计算,应至少持续至五十年年末。按照第三款给予的保护期限,自广播播出的日历年年底计算,应至少持续二十年。

六、任何成员可就第一款、第二款和第三款授予的权利,在《罗马公约》允许的限度内,规定条件、限制、例外和保留。但是,《伯尔尼公约》(1971)第十八条的规定在细节上作必要修改后也应适用于表演者和录音制品制作者对录音制品享有的权利。

第二节　商标

第十五条　可保护客体

一、任何标记或标记的组合,只要能够将一企业的货物和服务区别于其他企业的货物或服务,即能够构成商标。此类标记,特别是单词,包括人名、字母、数字、图案的成分和颜色的组合以及任何此类标记的组合,均应符合注册为商标的条件。如标记无固有的区别有关货物或服务的特征,则各成员可以由通过使用而获得的显著性作为注册的条件。各成员可要求,作为注册的条件,这些标记应为视觉上可感知的。

二、第一款不得理解为阻止一成员以其他理由拒绝商标的注册,只要这些理由不背离《巴黎公约》(1967)的规定。

三、各成员可以将使用作为注册条件。但是,一商标的实际使用不得作为接受申请的一项条件。不得仅以自申请日起三年期满后商标未按原意使用为由拒绝该申请。

四、商标所适用的货物或服务的性质在任何情况下不得形成对商标注册的障碍。

五、各成员应在商标注册前或在注册后迅速公布每一商标,并应对注销注册的请求给予合理的机会。此外,各成员可提供机会以便对商标的注册提出异议。

第十六条　授予的权利

一、注册商标的所有权人享有专有权,以阻止所有第三方未经该所有权人同意在贸易过程中对与已注册商标的货物或服务的相同或类似货物或服务使用相同或类似标记,如此类使用会导致混淆的可能性。在对相同货物或服务使用相同标记的情况下,应推定存在混淆的可能性。上述权利不得损害任何现有的优先权,也不得影响各成员以使用为基础提供权利的可能性。

二、《巴黎公约》(1967)第六条之二在细节上作必要修改后应适用于服务。在确定一商标是否驰名时,各成员应考虑相关部门公众对该商标的了解程度,包括在该成员中因促销该商标而获得的了解程度。

三、《巴黎公约》(1967)第六条之二在细节上作必要修改后应适用于与已注册商标的

货物或服务不相类似的货物或服务,只要该商标在对那些货物或服务的使用方面可表明这些货物或服务与该注册商标所有权人之间存在联系,且此类使用有可能损害该注册商标所有权人的利益。

第十七条 例外

各成员可对商标所授予的权利规定有限的例外,如合理使用描述性词语,只要此类例外考虑到商标所有权人和第三方的合法权益。

第十八条 保护期限

商标的首次注册及每次续展的期限均不得少于七年。商标的注册应可以无限续展。

第十九条 关于使用的要求

一、如维持注册需要使用商标,则只有在至少连续三年不使用后方可注销注册,除非商标所有权人根据对商标使用存在的障碍说明正当理由。出现商标人意志以外的情况而构成对商标使用的障碍,例如对受商标保护的货物或服务实施进口限制或其他政府要求,此类情况应被视为不使用商标的正当理由。

二、在受所有权人控制的前提下,另一人使用一商标应被视为为维持注册而使用该商标。

第二十条 其他要求

在贸易过程中使用商标不得受特殊要求的无理妨碍,例如要求与另一商标一起使用,以特殊形式使用或要求以损害其将一企业的货物或服务区别于另一企业的货物或服务能力的方式使用。此点不排除要求将识别生产该货物或服务的企业的商标与区别该企业的所涉具体货物或服务的商标一起使用,但不将两者联系起来。

第二十一条 许可和转让

各成员可对商标的许可和转让确定条件,与此相关的理解是,不允许商标的强制许可,且注册商标的所有权人有权将商标与该商标所属业务同时或不同时转让。

第三节 地理标识

第二十二条 地理标识的保护

一、就本协定而言,"地理标识"指识别一货物来源于一成员领土或该领土内一地区或地方的标识,该货物的特定质量、声誉或其他特性主要归因于其地理来源。

二、就地理标识而言,各成员应向利害关系方提供法律手段以防止:

(一)在一货物的标志或说明中使用任何手段标明或暗示所涉货物来源于真实原产地之外的一地理区域,从而在该货物的地理来源方面使公众产生误解;

(二)构成属《巴黎公约》(1967)第十条之二范围内的不公平竞争行为的任何使用。

三、如一商标包含的或构成该商标的地理标识中所标明的领土并非货物的来源地,且如果在该成员中在此类货物的商标中使用该标识会使公众对其真实原产地产生误解,则该成员在其立法允许的情况下可依职权或在一利害关系方请求下,拒绝该商标注册或宣布注册无效。

四、根据第一款、第二款和第三款给予的保护可适用于虽在文字上表明货物来源的真实领土、地区或地方,但却虚假地向公众表明该货物来源于另一领土的地理标识。

第二十三条 对葡萄酒和烈酒地理标识的附加保护

一、每一成员应为利害关系方提供法律手段，以防止将识别葡萄酒的地理标识用于并非来源于所涉地理标识所标明地方的葡萄酒，或防止将识别烈酒的地理标识用于并非来源于所涉地理标识所标明地方的烈酒，即使对货物的真实原产地已标明，或该地理标识用于翻译中，或附有"种类""类型""特色""仿制"或类似表达方式。

二、对于一葡萄酒商标包含识别葡萄酒的地理标识或由此种标识构成，或如果一烈酒商标包含识别烈酒的地理标识或由此种标识构成，一成员应在其立法允许的情况下依职权或在一利害关系方请求下，对不具备此来源的此类葡萄酒或烈酒，拒绝该商标注册或宣布注册无效。

三、在葡萄酒的地理标识同名的情况下，在遵守第二十二条第四款规定的前提下，应对每一种标识予以保护。每一成员应确定相互区分所涉同名标识的可行条件，同时考虑保证公平对待有关生产者且使消费者不致产生误解的需要。

四、为便利葡萄酒地理标识的保护，应在 TRIPS 理事会内谈判建立关于葡萄酒地理标识通知和注册的多边制度，使之能在参加该多边制度的成员中获得保护。

第二十四条　国际谈判；例外

一、各成员同意进行谈判，以加强根据第二十三条对单个地理标识的保护。一成员不得使用以下第四款至第八款的规定，以拒绝进行谈判或订立双边或多边协定。在此类谈判中，各成员应自愿考虑这些规定继续适用于其使用曾为此类谈判主题的单个地理标识。

二、TRIPS 理事会应继续对本节规定的适用情况进行审议：第一次审议应在《WTO协定》生效后二年之内进行。任何影响遵守这些规定下的义务的事项均可提请理事会注意，在一成员请求下，理事会应就有关成员之间未能通过双边或诸边磋商找到满意解决办法的事项与任何一成员或多个成员进行磋商。理事会应采取各方同意的行动，以便利本节的运用，并促进本节目标的实现。

三、在实施本节时，一成员不得降低《WTO协定》生效之日前已在该成员中存在的对地理标识的保护。

四、本节的任何规定均不得要求一成员阻止其任何国民或居民在货物或服务方面继续以类似方式使用另一成员识别葡萄酒或烈酒的一特定地理标识，如其国民或居民在相同或有关的货物或服务上在该成员领土内已连续使用该地理标识(一)在 1994 年 4 月 15日前已至少有十年，或(二)在该日期之前的使用是善意的。

五、如一商标的申请或注册是善意的，或如果一商标的权利是在以下日期之前通过善意的使用取得的：

(一)按第六部分确定的这些规定在该成员中适用之日前；或

(二)该地理标识在其起源国获得保护之前；

为实施本节规定而采取的措施不得因一商标与一地理标识相同或类似而损害该商标注册的资格或注册的有效性或商标的使用权。

六、如任何其他成员关于货物或服务的地理标识与一成员以通用语文的惯用术语作为其领土内此类货物或服务的普通名称相同，则本节的任何规定不得要求该成员对其他成员的相关标识适用本节的规定。如任何其他成员用于葡萄酒产品的地理标识与在《WTO协定》生效之日一成员领土内已存在的葡萄品种的惯用名称相同，则本节的任何

规定不得要求该成员对其他成员的相关标识适用本节的规定。

七、一成员可规定,根据本节提出的关于一商标的使用或注册的任何请求必须在对该受保护标识的非法使用已在该成员中广为人知后五年内提出,或如果商标在一成员中的注册日期早于上述非法使用在该成员中广为人知的日期,只要该商标在其注册之日前已公布,则该请求必须在该商标在该成员中注册之日起五年内提出,只要该地理标识未被恶意使用或注册。

八、本节的规定决不能损害任何人在贸易过程中使用其姓名或其业务前任的姓名的权利,除非该姓名使用的方式会使公众产生误解。

九、各成员在本协定项下无义务保护在起源国不受保护或已停止保护,或在该国中已废止的地理标识。

第四节　工业设计

第二十五条　保护的要求

一、各成员应对新的或原创性的独立创造的工业设计提供保护。各成员可规定,如工业设计不能显著区别于已知的设计或已知设计特征的组合,则不属新的或原创性设计。各成员可规定该保护不应延伸至主要出于技术或功能上的考虑而进行的设计。

二、每一成员应保证为获得对纺织品设计的保护而规定的要求,特别是有关任何费用、审查或公布的要求,不得无理损害寻求和获得此种保护的机会。各成员有权通过工业设计法或版权法履行该项义务。

第二十六条　保护

一、受保护的工业设计的所有权人有权阻止第三方未经所有权人同意而生产、销售或进口所载或所含设计是一受保护设计的复制品或实质上是复制品的物品,如此类行为为商业目的而采取。

二、各成员可对工业设计的保护规定有限的例外,只要此类例外不会与受保护的工业设计的正常利用发生无理抵触,也不会无理损害受保护工业设计所有权人的合法权益,同时考虑第三方的合法权益。

三、可获得的保护期限应至少达到十年。

第五节　专利

第二十七条　可授予专利的客体

一、在遵守第二款和第三款规定的前提下,专利可授予所有技术领域的任何发明,无论是产品还是方法,只要它们具有新颖性、包含发明性步骤,并可供工业应用。在遵守第六十五条第四款、第七十条第八款和本条第三款规定的前提下,对于专利的获得和专利权的享受不因发明地点、技术领域、产品是进口的还是当地生产的而受到歧视。

二、各成员可拒绝对某些发明授予专利权,如在其领土内阻止对这些发明的商业利用是维护公共秩序或道德,包括保护人类、动物或植物的生命或健康或避免对环境造成严重损害所必需的,只要此种拒绝授予并非仅因为此种利用为其法律所禁止。

三、各成员可拒绝对下列内容授予专利权:

(一)人类或动物的诊断、治疗和外科手术方法;

(二)除微生物外的植物和动物,以及除非生物和微生物外的生产植物和动物的主要生物方法。但是,各成员应规定通过专利或一种有效的特殊制度或通过这两者的组合来保护植物品种。本项的规定应在《WTO 协定》生效之日起四年后进行审议。

第二十八条 授予的权利

一、一专利授予其所有权人下列专有权利:

(一)如一专利的客体是产品,则防止第三方未经所有权人同意而进行制造、使用、标价出售、销售或为这些目的而进口该产品的行为;

(二)如一专利的客体是方法,则防止第三方未经所有权人同意而使用该方法的行为,并防止使用、标价出售、销售或为这些目的而进口至少是以该方法直接获得产品的行为。

二、专利所有权人还有权转让或以继承方式转移其专利并订立许可合同。

第二十九条 专利申请人的条件

一、各成员应要求专利申请人以足够清晰和完整的方式披露其发明,使该专业的技术人员能够实施该发明,并可要求申请人在申请之日,或在要求优先权的情况下在申请的优先权日,指明发明人所知的实施该发明的最佳方式。

二、各成员可要求专利申请人提供关于申请人相应的国外申请和授予情况的信息。

第三十条 授予权利的例外

各成员可对专利授予的专有权规定有限的例外,只要此类例外不会对专利的正常利用发生无理抵触,也不会无理损害专利所有权人的合法权益,同时考虑第三方的合法权益。

第三十一条 未经权利持有人授权的其他使用

如一成员的法律允许未经权利持有人授权即可对一专利的客体作其他使用,包括政府或经政府授权的第三方的使用,则应遵守下列规定:

(一)授权此种使用应一事一议;

(二)只有在拟使用者在此种使用之前已经按合理商业条款和条件努力从权利持有人处获得授权,但此类努力在合理时间内未获得成功,方可允许此类使用。在全国处于紧急状态或在其他极端紧急的情况下,或在公共非商业性使用的情况下,一成员可豁免此要求。尽管如此,在全国处于紧急状态或在其他极端紧急的情况下,应尽快通知权利持有人。在公共非商业性使用的情况下,如政府或合同方未作专利检索即知道或有显而易见的理由知道一有效专利正在或将要被政府使用或为政府而使用,则应迅速告知权利持有人;

(三)此类使用的范围和期限应仅限于被授权的目的,如果是半导体技术,则仅能用于公共非商业性使用,或用于补救经司法或行政程序确定为限制竞争行为;

(四)此种使用应是非专有的;

(五)此种使用应是不可转让的,除非与享有此种使用的那部分企业或商誉一同转让;

(六)任何此种使用的授权应主要为供应授权此种使用的成员的国内市场;

(七)在充分保护被授权人合法权益的前提下,如导致此类使用的情况已不复存在且不可能再次出现,则有关此类使用的授权应终止。在收到有根据的请求的情况下,主管机关有权审议这些情况是否继续存在;

(八)在每一种情况下应向权利持有人支付适当报酬,同时考虑授权的经济价值;

（九）与此种使用有关的任何决定的法律效力应经过司法审查或经过该成员中上一级主管机关的独立审查；

（十）任何与就此种使用提供的报酬有关的决定应经过司法审查或该成员中上一级主管机关的独立审查；

（十一）如允许此类使用以补救经司法或行政程序确定为限制竞争的行为，则各成员无义务适用（二）项和（六）项所列条件。在确定此类情况下的报酬数额时，可考虑纠正限制竞争行为的需要。如导致授权的条件可能再次出现，则主管机关有权拒绝终止授权；

（十二）如授权此项使用以允许利用一专利（"第二专利"），而该专利在不侵害另一专利（"第一专利"）的情况下不能被利用，则应适用下列附加条件：

（1）与第一专利中要求的发明相比，第二专利中要求的发明应包含重要的、具有巨大经济意义的技术进步；

（2）第一专利的所有权人有权以合理的条件通过交叉许可使用第二专利具有的发明；以及

（3）就第一专利授权的使用不得转让，除非与第二专利一同转让。

第三十二条　撤销/无效

对任何有关撤销或宣布一专利无效的决定应可进行司法审查。

第三十三条　保护期限

可获得的保护期限不得在自申请之日起计算的二十年期满前结束。

第三十四条　方法专利:举证责任

一、就第二十八条第一款第（二）项所指的侵害所有权人权利的民事诉讼而言，如一专利的客体是获得一产品的方法，则司法机关有权责令被告方证明其获得相同产品的方法不同于已获专利的方法。因此，各成员应规定至少在下列一种情况下，任何未经专利所有权人同意而生产的相同产品，如无相反的证明，则应被视为是通过该已获专利方法所获得的：

（一）如通过该已获专利方法获得的产品是新的；

（二）如存在实质性的可能性表明该相同产品是由该方法生产的，而专利所有权人经过合理努力不能确定事实上使用了该方法。

二、只有满足第（一）项所指条件或只有满足第（二）项所指条件，任何成员方有权规定第一款所指的举证责任在于被指控的侵权人。

三、在引述相反证据时，应考虑被告方在保护其制造和商业秘密方面的合法权益。

第六节　集成电路布图设计（拓扑图）

第三十五条　与《IPIC条约》的关系

各成员同意依照《IPIC条约》第二条至第七条（第六条第三款除外）及第十二条和第十六条第三款，对集成电路的布图设计（拓扑图）（本协定中称"布图设计"）提供保护，此外还同意遵守下列规定。

第三十六条　保护范围

在遵守第三十七条第一款规定的前提下，如从事下列行为未经权利持有人授权，则应视为非法:为商业目的进口、销售或分销一受保护的布图设计、含有受保护的布图设计的集成电路或含有此种集成电路的物品,只要该集成电路仍然包含非法复制的布图设计。

第三十七条　无须权利持有人授权的行为

一、尽管有第三十六条的规定,但是如从事或命令从事该条所指的与含有非法复制的布图设计的集成电路或包含此种集成电路的物品有关的行为的人,在获得该集成电路或包含该集成电路的物品时,不知道且无合理的根据知道其中包含此种非法复制的布图设计,则任何成员不得将从事该条所指的任何行为视为非法。各成员应规定,在该人收到关于该布图设计被非法复制的充分通知后,可对现有的存货和此前的订货从事此类行为,但有责任向权利持有人支付费用,数额相当于根据就此种布图设计自愿达成的许可协议应付的合理使用费。

二、第三十一条第(一)项至第(十一)项所列条件在细节上作必要修改后应适用于任何有关布图设计的非自愿许可情况或任何未经权利持有人授权而被政府或为政府而使用的情况。

第三十八条　保护期限

一、在要求将注册作为保护条件的成员中,布图设计的保护期限不得在自提交注册申请之日起或自世界任何地方首次进行商业利用之日起计算十年期限期满前终止。

二、在不要求将注册作为保护条件的成员中,布图设计的保护期限不得少于自世界任何地方首次进行商业利用之日起计算的十年。

三、尽管有第一款和第二款的规定,任何一成员仍可规定保护应在布图设计创作15年后终止。

第七节　对未披露信息的保护

第三十九条

一、在保证针对《巴黎公约》(1967)第十条之二规定的不公平竞争而采取有效保护的过程中,各成员应依照第二款对未披露信息和依照第三款提交政府或政府机构的数据进行保护。

二、自然人和法人应有可能防止其合法控制的信息在未经其同意的情况下以违反诚实商业行为的方式向他人披露,或被他人取得或使用,只要此类信息:

(一)属秘密,即作为一个整体或就其各部分的精确排列和组合而言,该信息尚不为通常处理所涉信息范围内的人所普遍知道,或不易被他们获得;

(二)因属秘密而具有商业价值;并且

(三)由该信息的合法控制人,在此种情况下采取合理的步骤以保持其秘密性质。

三、各成员如要求,作为批准销售使用新型化学个体制造的药品或农业化学物质产品的条件,需提交通过巨大努力取得的、未披露的试验数据或其他数据,则应保护该数据,以防止不正当的商业使用。此外,各成员应保护这些数据不被披露,除非属为保护公众所必需,或除非采取措施以保证该数据不被用在不正当的商业使用中。

第八节　对协议许可中限制竞争行为的控制

第四十条

一、各成员同意,一些限制竞争的有关知识产权的许可活动或条件可对贸易产生不利影响,并会妨碍技术的转让和传播。

二、本协定的任何规定均不得阻止各成员在其立法中明确规定在特定情况下可构成对知识产权的滥用并对相关市场中的竞争产生不利影响的许可活动或条件。如以上所规定的,一成员在与本协定其他规定相一致的条件下,可按照该成员的有关法律法规,采取适当的措施以防止或控制此类活动,包括诸如排他性返授条件、阻止对许可效力提出质疑的条件和强制性一揽子许可等。

三、应请求,每一成员应与任一其他成员进行磋商,只要该成员有理由认为被请求进行磋商成员的国民或居民的知识产权所有权人正在采取的做法违反请求进行磋商成员关于本节主题的法律法规,并希望在不妨害根据法律采取任何行动及不损害两成员中任一成员做出最终决定的充分自由的情况下,使该立法得到遵守。被请求的成员应对与提出请求成员的磋商给予充分和积极的考虑,并提供充分的机会,并在受国内法约束和就提出请求的成员保障其机密性达成相互满意的协议的前提下,通过提供与所涉事项有关的、可公开获得的非机密信息和该成员可获得的其他信息进行合作。

四、如一成员的国民或居民在另一成员领土内因被指控违反该另一成员有关本节主题的法律法规而被起诉,则该另一成员应按与第三款预想的条件相同的条件给予该成员磋商的机会。

第三部分　知识产权的实施

第一节　一般义务

第四十一条

一、各成员应保证其国内法中包括关于本部分规定的实施程序,以便对任何侵犯本协定所涵盖知识产权的行为采取有效行动,包括防止侵权的迅速救济措施和制止进一步侵权的救济措施。这些程序的实施应避免对合法贸易造成障碍并为防止这些程序被滥用提供保障。

二、有关知识产权的实施程序应公平和公正。这些程序不应不必要的复杂和费用高昂,也不应限定不合理的时限或造成无理的迟延。

三、对一案件是非曲直的裁决,最好采取书面形式并说明理由。至少应使诉讼当事方可获得,而不造成不正当的迟延。对一案件是非曲直的裁决只能根据已向各方提供听证机会的证据做出。

四、诉讼当事方应有机会要求司法机关对最终行政裁定进行审查,并在遵守一成员法律中有关案件重要性的司法管辖权规定的前提下,至少对案件是非的初步司法裁决的法律方面进行审查。但是,对刑事案件中的无罪判决无义务提供审查机会。

五、各方理解,本部分并不产生任何建立与一般法律实施制度不同的知识产权实施制度的义务,也不影响各成员实施一般法律的能力。本部分的任何规定在实施知识产权与实施一般法律的资源分配方面,也不产生任何义务。

第二节　民事和行政程序及救济

第四十二条　公平和公正的程序

各成员应使权利持有人可获得有关实施本协定涵盖的任何知识产权的民事司法程序。被告有权获得及时的和包含足够细节的书面通知,包括权利请求的依据。应允许当事方由独立的法律顾问代表出庭,且程序不应制定强制本人出庭的过重要求。此类程序的所有当事方均有权证明其权利请求并提供所有相关证据。该程序应规定一种确认和保护机密信息的方法,除非此点会违背现有的宪法规定的必要条件。

第四十三条　证据

一、如一当事方已出示可合理获得的足以证明其权利请求的证据,并指明在对方控制之下的与证实其权利请求有关的证据,则司法机关在遵守在适当的情况下可保证保护机密信息条件的前提下,有权命令对方提供此证据。

二、如一诉讼方在合理期限内自行且无正当理由拒绝提供或不提供必要的信息,或严重阻碍与一实施行动有关的程序,则一成员可授权司法机关在向其提供信息的基础上,包括由于被拒绝提供信息而受到不利影响的当事方提出的申诉或指控,做出肯定或否定的初步或最终裁决,但应向各当事方提供就指控或证据进行听证的机会。

第四十四条　禁令

一、司法机关有权责令一当事方停止侵权,特别是有权在结关后立即阻止涉及知识产权侵权行为的进口货物进入其管辖范围内的商业渠道。如受保护的客体是在一人知道或有合理的根据知道从事该客体的交易会构成知识产权侵权之前取得或订购的,则各成员无义务给予此种授权。

二、尽管有本部分其他条款的规定,但是只要符合第二部分专门处理未经权利持有人授权的政府使用或政府授权的第三方使用而做出的规定,各成员可将针对可使用的救济限于依照第三十一条(八)项支付的报酬。在其他情况下,应适用本部分下的救济,或如果这些救济与一成员的法律不一致,则应采取宣告式判决,并应可获得适当的补偿。

第四十五条　赔偿

一、对于故意或有充分理由应知道自己从事侵权活动的侵权人,司法机关有权责令侵权人向权利持有人支付足以补偿其因知识产权侵权所受损害的赔偿。

二、司法机关还有权责令侵权人向权利持有人支付有关费用,其中可包括有关的律师费用。在适当的情况下,各成员可授权司法机关责令其退还利润和/或支付法定的赔偿,即使侵权人故意或有充分理由知道自己从事侵权活动。

第四十六条　其他补救

为有效制止侵权,司法机关有权在不给予任何补偿的情况下,责令将已被发现侵权的货物清除出商业渠道,以避免对权利持有人造成任何损害,或下令将其销毁,除非此点会违背现有的宪法规定的必要条件。司法机关还有权在不给予任何补偿的情况下,责令将主要用于制造侵权货物的材料和工具清除出商业渠道,以便将产生进一步侵权的风险减少到最低限度。在考虑此类请求时,应考虑侵权的严重程度与给予的救济以及第三方利益之间的均衡性。对于冒牌货,除例外情况外,仅除去非法加贴的商标并不足以允许该货物放行进入商业渠道。

第四十七条　获得信息的权利

各成员可规定,司法机关有权责令侵权人将生产和分销侵权货物或服务过程中涉及的第三方的身份及其分销渠道告知权利持有人,除非此点与侵权的严重程度不相称。

第四十八条　对被告的赔偿

一、如应一当事方的请求而采取措施且该当事方滥用实施程序,则司法机关有权责令该当事方向受到错误禁止或限制的当事方就因此种滥用而受到的损害提供足够的补偿。司法机关还有权责令该申请当事方支付辩方费用,其中可包括适当的律师费。

二、就实施任何有关知识产权的保护或实施的法律而言,只有在管理该法过程中采取或拟采取的行动是出于善意的情况下,各成员方可免除公共机构和官员采取适当救济措施的责任。

第四十九条　行政程序

如由于行政程序对案件是非曲直的裁决而导致责令进行任何民事救济,则此类程序应符合与本节所列原则实质相当的原则。

第三节　临时措施

第五十条

一、司法机关有权责令采取迅速和有效的临时措施以便:

(一)防止侵犯任何知识产权,特别是防止货物进入其管辖范围内的商业渠道,包括结关后立即进入的进口货物;

(二)保存关于被指控侵权的有关证据。

二、在适当时,特别是在任何迟延可能对权利持有人造成不可补救的损害时,或存在证据被销毁的显而易见的风险时,司法机关有权采取不作预先通知的临时措施。

三、司法机关有权要求申请人提供任何可合理获得的证据,以使司法机关有足够程度的确定性确信该申请人为权利持有人,且该申请人的权利正在受到侵犯或此种侵权已迫近,并有权责令申请人提供足以保护被告和防止滥用的保证金或相当的担保。

四、如已经采取不作预先通知的临时措施,则至迟应在执行该措施后立刻通知受影响的各方。应被告请求,应对这些措施进行审查,包括进行听证,以期在做出关于有关措施的通知后一段合理期限内,决定这些措施是否应进行修改、撤销或确认。

五、执行临时措施的主管机关可要求申请人提供确认有关货物的其他必要信息。

六、在不损害第四款规定的情况下,如导致根据案件是非曲直做出裁决的程序未在一合理期限内启动,则应被告请求,根据第一款和第二款采取的临时措施应予撤销或终止生效,该合理期限在一成员法律允许的情况下由责令采取该措施的司法机关确定,如未做出此种确定,则不超过二十个工作日或三十一天,以时间长者为准。

七、如临时措施被撤销或由于申请人的任何作为或不作为而失效,或如果随后认为不存在知识产权侵权或侵权威胁,则应被告请求,司法机关有权责令申请人就这些措施造成的任何损害向被告提供适当补偿。

八、在作为行政程序的结果可责令采取任何临时措施的限度内,此类程序应符合与本节所列原则实质相当的原则。

第四节　与边境措施相关的特殊要求

第五十一条　海关中止放行

各成员应在符合以下规定的情况下,采取程序使在有正当理由怀疑假冒商标或盗版货物的进口有可能发生的权利持有人,能够向行政或司法主管机关提出书面申请,要求海关中止放行此类货物进入自由流通。各成员可针对涉及其他知识产权侵权行为的货物提出此种申请,只要符合本节的要求。各成员还可制定关于海关中止放行自其领土出口的侵权货物的相应程序。

第五十二条 申请

任何启动第五十一条下程序的权利持有人需要提供充分的证据,以使主管机关相信,根据进口国法律,可初步推定权利持有人的知识产权受到侵犯,并提供货物的足够详细的说明以便海关易于辨认。主管机关应在一合理期限内告知申请人是否已受理其申请,如主管机关已确定海关采取行动的时限,则应将该时限通知申请人。

第五十三条 保证金或同等的担保

一、主管机关有权要求申请人提供足以保护被告和主管机关并防止滥用的保证金或同等的担保。此类保证金或同等的担保不得无理阻止对这些程序的援用。

二、如按照根据本节提出的申请,海关根据非司法机关或其他独立机关的裁决对涉及工业设计、专利、集成电路布图设计或未披露信息的货物中止放行进入自由流通,而第五十五条规定的期限在获得适当授权的机关未给予临时救济的情况下已期满,只要符合所有其他进口条件,则此类货物的所有人、进口商或收货人有权在对任何侵权交纳一笔足以保护权利持有人的保证金后有权要求予以放行。该保证金的支付不得损害对权利持有人的任何其他可获得的补救,如权利持有人未能在一合理期限内行使诉讼权,则该保证金应予解除。

第五十四条 中止放行的通知

根据第五十一条做出的对货物的中止放行应迅速通知进口商和申请人。

第五十五条 中止放行的时限

如在向申请人送达关于中止放行的通知后不超过十个工作日的期限内,海关未被告知一非被告的当事方已就关于案件是非曲直的裁决提出诉讼,或未被告知获得适当授权的机关已采取临时措施延长货物中止放行的期限,则此类货物应予放行,只要符合所有其他进口或出口条件:在适当的情况下,此时限可再延长十个工作日。如已启动就案件是非曲直做出裁决的诉讼,则应被告请求,应进行审查,包括进行听证,以期在一合理期限内决定这些措施是否应予修正、撤销或确认。尽管有上述规定,但是如依照临时司法措施中止或继续中止货物的放行,则应适用第五十条第六款的规定。

第五十六条 对进口商和货物所有权人的赔偿

有关主管机关有权责令申请人向进口商、收货人和货物所有权人对因货物被错误扣押或因扣押按照第五十五条放行的货物而造成的损失支付适当的补偿。

第五十七条 检验和获得信息的权利

在不损害保护机密信息的情况下,各成员应授权主管机关给予权利持有人充分的机会要求海关对扣押的货物进行检查,以证实权利持有人的权利请求。主管机关还有权给予进口商同等的机会对此类货物进行检查。如对案件的是非曲直做出肯定确定,则各成员可授权主管机关将发货人、进口商和收货人的姓名和地址及所涉货物的数量告知权利持有人。

第五十八条 依职权的行动

如各成员要求主管机关自行采取行动,并对其已取得初步证据证明一知识产权正在

被侵犯的货物中止放行,则:

（一）主管机关可随时向权利持有人寻求可帮助其行使这些权力的任何信息;

（二）进口商和权利持有人应被迅速告知中止放行的行动。如进口商向主管机关就中止放行提出上诉,则中止放行应遵守在细节上作必要修改的第五十五条所列条件;

（三）只有在采取或拟采取的行动是出于善意的情况下,各成员方可免除公共机构和官员采取适当救济措施的责任。

第五十九条 救济

在不损害权利持有人可采取的其他诉讼权并在遵守被告寻求司法机关进行审查权利的前提下,主管机关有权依照第四十六条所列原则责令销毁或处理侵权货物。对于假冒商标货物,主管机关不得允许侵权货物在未作改变的状态下再出口或对其适用不同的海关程序,但例外情况下除外。

第六十条 微量进口

各成员可将旅客个人行李中夹带的或在小件托运中运送的非商业性少量货物排除在述规定的适用范围之外。

第五节 刑事程序

第六十一条

各成员应规定至少将适用于具有商业规模的蓄意假冒商标或盗版案件的刑事程序和处罚。可使用的救济应包括足以起到威慑作用的监禁和/或罚金,并应与适用于同等严重性的犯罪所受到的处罚水平一致。在适当的情况下,可使用的救济还应包括扣押、没收和销毁侵权货物和主要用于侵权活动的任何材料和工具。各成员可规定适用于其他知识产权侵权案件的刑事程序和处罚,特别是蓄意并具有商业规模的侵权案件。

第四部分 知识产权的取得和维持及当事方之间的相关程序

第六十二条

一、各成员可要求作为取得或维持第二部分第二节至第六节下规定的知识产权的一项条件,应符合合理的程序和手续。此类程序和手续应与本协定的规定相一致。

二、如知识产权的取得取决于该权利的给予或注册,则各成员应保证,给予或注册的程序在遵守取得该权利的实质性条件的前提下,允许在一合理期限内给予或注册该权利,以避免无根据地缩短保护期限。

三、《巴黎公约》（1967）第四条在细节上作必要修改后应适用于服务标记。

四、有关取得或维持知识产权的程序,及在一成员法律对此类程序作出规定的情况下,行政撤销和诸如异议、撤销和注销等当事方之间的程序,应适用于第四十一条第二款和第三款所列一般原则。

五、第四款下所指的任何程序中的行政终局裁决均应由司法或准司法机关进行审议。但是,在异议或行政撤销不成立的情况下,无义务提供机会对裁决进行此种审查,只要此类程序的根据可成为无效程序的理由。

第五部分　争端的防止和解决

第六十三条　透明度

一、一成员有效实施的、有关本协定主题(知识产权的效力、范围、取得、实施和防止滥用)的法律和法规及普遍适用的司法终局裁决和行政裁定应以本国语文公布,或如果此种公布不可行,则应使之可公开获得,以使政府和权利持有人知晓。一成员政府或政府机构与另一成员政府或政府机构之间实施的有关本协定主题的协定也应予以公布。

二、各成员应将第一款所指的法律和法规通知 TRIPS 理事会,以便在理事会审议本协定运用情况时提供帮助。理事会应努力尝试将各成员履行此义务的负担减少到最小程度,且如果与 WIPO 就建立法律和法规的共同登记处的磋商获得成功,则可决定豁免直接向理事会通知此类法律和法规的义务。理事会还应考虑在这方面就源自《巴黎公约》(1967)第六条之三的规定、在本协定项下产生的通知义务需要采取的任何行动。

三、每一成员应准备就另一成员的书面请求提供第一款所指类型的信息。一成员如有理由认为属知识产权领域的一特定司法裁决、行政裁定或双边协定影响其在本协定项下的权利,也可书面请求为其提供或向其告知此类具体司法裁决、行政裁定或双边协定的足够细节。

四、第一款、第二款和第三款中的任何规定均不得要求各成员披露会妨碍执法或违背公共利益或损害特定公私企业合法商业利益的机密信息。

第六十四条　争端解决

一、由《争端解决谅解》详述和实施的《1994 年关税与贸易总协定》第二十二条和第二十三条的规定适用于本协定项下产生的磋商和争端解决,除非本协定中另有具体规定。

二、自《WTO 协定》生效之日起五年内,《1994 年关税与贸易总协定》第二十三条第一款(二)项和(三)项不得适用于本协定项下的争端解决。

三、在第二款所指的时限内,TRIPS 理事会应审查根据本协定提出的、属《1994 年关税与贸易总协定》第二十三条第一款(二)项和(三)项规定类型的起诉的范围和模式,并将其建议提交部长级会议供批准。部长级会议关于批准此类建议或延长第二款中时限的任何决定只能经协商一致做出,且经批准的建议应对所有成员生效,无须进一步的正式接受程序。

第六部分　过渡性安排

第六十五条　过渡性安排

一、在遵守第二款、第三款和第四款的前提下,任何成员在《WTO 协定》生效之日起一年的一般期限期满前无义务适用本协定的规定。

二、一发展中国家成员有权将按第一款规定的实施日期再推迟四年实施本协定的规定,但第三条、第四条和第五条除外。

三、正处在从中央计划经济向市场和自由企业经济转型过程中的任何其他成员,及正在进行知识产权制度结构改革并在制订和实施知识产权法律和法规方面面临特殊困难的成员,也可受益于第二款设想的延迟期。

四、如一发展中国家成员按照本协定有义务将产品专利保护扩大至在按第二款规定

的、对其适用本协定的一般日期其领土内尚未接受保护的技术领域,则该成员可再推迟五年对此类技术领域适用本协定第二部分第五节关于产品专利的规定。

五、利用第一款、第二款、第三款或第四款下的过渡期的一成员应保证,在过渡期内其法律、法规和做法的任何变更不会导致降低其与本协定规定一致性的程度。

第六十六条 最不发达国家成员

一、鉴于最不发达国家成员的特殊需要和要求,其经济、财政和管理的局限性,以及其为创立可行的技术基础所需的灵活性,不得要求此类成员在按第六十五条第一款定义的适用日期起十年内适用本协定的规定,但第三条、第四条和第五条除外。TRIPS 理事会应最不发达国家成员提出的有根据的请求,应延长该期限。

二、发达国家成员应鼓励其领土内的企业和组织,促进和鼓励向最不发达国家成员转让技术,以使这些成员创立一个良好和可行的技术基础。

第六十七条 技术合作

为促进本协定的实施,发达国家成员应发展中国家成员和最不发达国家成员的请求,并按双方同意的条款和条件,应提供有利于发展中国家成员和最不发达国家成员的技术和资金合作。此种合作应包括帮助制定有关知识产权保护和实施以及防止其被滥用的法律和法规,还应包括支持设立或加强与这些事项有关的国内机关和机构,包括人员培训。

第七部分 机构安排;最后条款

第六十八条 与贸易有关的知识产权理事会

TRIPS 理事会应监督本协定的运用,特别是各成员遵守本协定项下义务的情况,并为各成员提供机会就与贸易有关的知识产权事项进行磋商。理事会应履行各成员所指定的其他职责,特别是在争端解决程序方面提供各成员要求的任何帮助。在履行其职能时,TRIPS 理事会可向其认为适当的任何来源进行咨询和寻求信息。经与 WIPO 磋商,理事会应寻求在其第一次会议后一年内达成与该组织各机构进行合作的适当安排。

第六十九条 国际合作

各成员同意相互进行合作,以消除侵犯知识产权的国际货物贸易。为此,它们应在其政府内设立联络点并就此做出通知,并准备就侵权货物的贸易交流信息。它们特别应就假冒商标货物和盗版货物的贸易而促进海关之间的信息交流和合作。

第七十条 对现有客体的保护

一、对于在本协定对所涉成员适用之日前发生的行为,本协定不产生义务。

二、除非本协定另有规定,否则本协定对于在本协定对所涉成员适用之日已存在的、在上述日期在该成员中受到保护或符合或随后符合根据本协定条款规定的保护标准的所有客体产生义务。就本款及第三款和第四款而言,关于现有作品的版权义务应仅根据《伯尔尼公约》(1971)第十八条确定,关于录音制品制作者和表演者对现有录音制品享有权利的义务应仅按照根据本协定第十四条第六款适用的《伯尔尼公约》(1971)第十八条确定。

三、对于在本协定对所涉成员适用之日已进入公共领域的客体,该成员无义务恢复保护。

四、对于有关包含受保护客体的特定对象的任何行为,如在与本协定相符的立法条款下构成侵权,且如果该行为在该成员接受本协定之日前已经开始,或已经为此进行大量投资,则任何成员可就在该成员适用本协定之日起继续实施此类行为规定权利持有人可获补偿的限度。但是,在此类情况下,该成员至少应规定支付公平的补偿。

五、一成员无义务对于在其适用本协定之日前购买的原版或复制品适用第十一条和第十四条第四款的规定。

六、如在本协定生效日期公布之前政府已授权使用,对于无权利持有人授权的此类使用,则各成员不需适用第三十一条的规定或第二十七条第一款关于专利权享有不应因技术领域的不同而有所歧视的要求。

七、在知识产权的保护是以注册为条件的情况下,应允许对在本协定对所涉成员适用之日前未决的保护申请进行修改,以便申请人要求本协定项下规定的任何加强的保护。此类修改不应包括新的事项。

八、如截至《WTO协定》生效之日一成员仍未按照其在第二十七条下的义务对药品和农药获得专利保护,则该成员应:

(一)尽管有第六部分的规定,自《WTO协定》生效之日起提供据以提出此类发明的专利申请的方法;

(二)自本协定适用之日起,对这些申请适用本协定规定的授予专利的标准,如同这些标准在申请之日已在该成员中适用,或如果存在并请求优先权,则适用优先的申请日期;以及

(三)自给予专利时起和在依照本协定第三十三条自提出申请之日起计算的剩余专利期限内,依照本协定对这些申请中符合第(二)项所指的保护标准的申请提供专利保护。

九、如依照第八款第(一)项一产品在一成员中属专利申请的客体,则尽管有第六部分的规定,仍应给予专有销售权,期限或为在该成员中获得销售许可后五年,或为至一产品专利在该成员中被授予或被拒绝时为止,以时间短者为准,只要在《WTO协定》生效之后,已在另一成员中提出专利申请、一产品已获得专利以及已在该另一成员中获得销售许可。

第七十一条　审议和修正

一、TRIPS理事会应在第六十五条第二款所指的过渡期期满后,审议本协定的实施情况。理事会应在考虑实施过程中所获经验的同时,在该日期后二年内、并在此后以同样间隔进行审议。理事会还可按照有理由修改或修正本协定的任何新的发展情况进行审议。

二、仅适于提高在其他多边协定中达成和实施的、并由WTO所有成员在这些协定项下接受的知识产权保护水平的修正,在TRIPS理事会经协商一致所提建议的基础上,可依照《WTO协定》第十条第六款提交部长级会议采取行动。

第七十二条　保留

未经其他成员同意,不得对本协定的任何规定提出保留。

第七十三条　安全例外

本协定的任何规定不得解释为:

(一)要求一成员提供其认为如披露则会违背其根本安全利益的任何信息;或

（二）阻止一成员采取其认为对保护其根本安全利益所必需的任何行动；

（1）与裂变和聚变物质或衍生这些物质的物质有关的行动；

（2）与武器、弹药和作战物资的贸易有关的行动，及与此类贸易所运输的直接或间接供应军事机关的其他货物或物资有关的行动；

（3）在战时或国际关系中的其他紧急情况下采取的行动；或

（三）阻止一成员为履行《联合国宪章》项下的维持国际和平与安全的义务而采取的任何行动。

附录五　世界知识产权组织版权条约^①

（WCT）（1996）

并附

通过该条约的外交会议的议定声明

目录＊＊

---

① 世界知识产权组织. 世界知识产权组织版权条约［EB/OL］.［2019-11-04］. https://wipolex. wipo. int/zh/text/295161. 本条约于1996年12月20日由关于版权和邻接权若干问题外交会议在日内瓦通过。

版权贸易实战教程

第21条:成为本条约缔约方的生效日期

第22条:本条约不得有保留

第23条:退约

第24条:本条约的语文

第25条:保存人

＊＊(通过本条约的)外交会议关于 WCT 若干条款的议定声明在各有关条款下以脚注形式印出。

序言

缔约各方,

出于以尽可能有效和一致的方式发展和维护保护作者对其文学和艺术作品之权利的愿望,承认有必要采用新的国际规则并澄清对某些现有规则的解释,以提供解决由经济、社会、文化和技术发展新形势所提出的问题的适当办法,承认信息与通信技术的发展和交汇对文学和艺术作品的创作与使用的深刻影响,强调版权保护作为文学和艺术创作促进因素的重要意义,承认有必要按《伯尔尼公约》所反映的保持作者的权利与广大公众的利益尤其是教育、研究和获得信息的利益之间的平衡,

达成协议如下:

第1条　与《伯尔尼公约》的关系

(1)对于属《保护文学和艺术作品伯尔尼公约》所建联盟之成员国的缔约方而言,本条约系该公约第20条意义下的专门协定。本条约不得与除《伯尔尼公约》以外的条约有任何关联,亦不得损害依任何其他条约的任何权利和义务。

(2)本条约的任何内容均不得减损缔约方相互之间依照《保护文学和艺术作品伯尔尼公约》已承担的现有义务。

(3)"《伯尔尼公约》"以下系指《保护文学和艺术作品伯尔尼公约》1971 年 7 月 24 日的巴黎文本。

(4)缔约各方应遵守《伯尔尼公约》第1至21条和附件的规定。①

第2条　版权保护的范围

版权保护延及表达,而不延及思想、过程、操作方法或数学概念本身。

---

①　关于第1条第(4)款的议定声明:《伯尔尼公约》第9条所规定的复制权及其所允许的例外,完全适用于数字环境,尤其是以数字形式使用作品的情况。不言而喻,在电子媒体中以数字形式存储受保护的作品,构成《伯尔尼公约》第9条意义下的复制。

234

第 3 条 对《伯尔尼公约》第 2 至 6 条的适用

缔约各方对于本条约所规定的保护应比照适用《伯尔尼公约》第 2 至 6 条的规定。①

第 4 条 计算机程序

计算机程序作为《伯尔尼公约》第 2 条意义下的文学作品受到保护。此种保护适用于各计算机程序,而无论其表达方式或表达形式如何。②

第 5 条 数据汇编(数据库)

数据或其他资料的汇编,无论采用任何形式,只要由于其内容的选择或排列构成智力创作,其本身即受到保护。这种保护不延及数据或资料本身,亦不损害汇编中的数据或资料已存在的任何版权。③

第 6 条 发行权

(1)文学和艺术作品的作者应享有授权通过销售或其他所有权转让形式向公众提供其作品原件或复制品的专有权。

(2)对于在作品的原件或复制品经作者授权被首次销售或其他所有权转让之后适用本条第(1)款中权利的用尽所依据的条件(如有此种条件),本条约的任何内容均不得影响缔约各方确定该条件的自由。④

第 7 条 出租权

(1)(i)计算机程序、

(ii)电影作品、和

(iii)按缔约各方国内法的规定,以录音制品体现的作品的作者,应享有授权将其作品的原件或复制品向公众进行商业性出租的专有权。

(2)本条第(1)款不得适用于:

(i)程序本身并非出租主要对象的计算机程序;和

---

① 关于第 3 条的议定声明:不言而喻,在适用本条约第 3 条时,《伯尔尼公约》第 2 至 6 条中的"本联盟成员国",在把《伯尔尼公约》的这些条款适用于本条约所规定的保护中,将被视为如同系指本条约的缔约方。另外,不言而喻,《伯尔尼公约》这些条款中的"非本联盟成员国",在同样的情况下,应被视为如同系指非本条约缔约方的国家,《伯尔尼公约》第 2 条第(8)款、第 2 条之二第(2)款、第 3、4 和 5 条中的"本公约",将被视为如同系指《伯尔尼公约》和本条约。最后,不言而喻,《伯尔尼公约》第 3 至 6 条中所指的"本联盟成员国之一的国民",在把这些条款适用于本条约时,对于系本条约缔约方的政府间组织,指系该组织成员的国家之一的国民。

② 关于第 4 条的议定声明:按第 2 条的解释,依本条约第 4 条规定的计算机程序保护的范围,与《伯尔尼公约》第 2 条的规定一致,并与 TRIPS 协定的有关规定相同。

③ 关于第 5 条的议定声明:按第 2 条的解释,依本条约第 5 条规定的数据汇编(数据库)保护的范围,与《伯尔尼公约》第 2 条的规定一致,并与 TRIPS 协定的有关规定相同。

④ 关于第 6 和 7 条的议定声明:该两条中的用语"复制品"和"原件和复制品",受该两条中发行权和出租权的约束,专指可作为有形物品投放流通的固定的复制品。

(ii)电影作品,除非此种商业性出租已导致对此种作品的广泛复制,从而严重地损害了复制专有权。

(3)尽管有本条第(1)款的规定,任何缔约方如在1994年4月15日已有且现仍实行作者出租其以录音制品体现的作品的复制品获得合理报酬的制度,只要以录音制品体现的作品的商业性出租没有引起对作者复制专有权的严重损害,即可保留这一制度。①②

第8条 向公众传播的权利

在不损害《伯尔尼公约》第11条第(1)款第(ii)目、第11条之二第(1)款第(i)和(ii)目、第11条之三第(1)款第(ii)目、第14条第(1)款第(ii)目和第14条之二第(1)款的规定的情况下,文学和艺术作品的作者应享有专有权,以授权将其作品以有线或无线方式向公众传播,包括将其作品向公众提供,使公众中的成员在其个人选定的地点和时间可获得这些作品。③

第9条 摄影作品的保护期限

对于摄影作品,缔约各方不得适用《伯尔尼公约》第7条第(4)款的规定。

第10条 限制与例外

(1)缔约各方在某些不与作品的正常利用相抵触、也不无理地损害作者合法利益的特殊情况下,可在其国内立法中对依本条约授予文学和艺术作品作者的权利规定限制或例外。

(2)缔约各方在适用《伯尔尼公约》时,应将对该公约所规定权利的任何限制或例外限于某些不与作品的正常利用相抵触、也不无理地损害作者合法利益的特殊情况。④

第11条 关于技术措施的义务

缔约各方应规定适当的法律保护和有效的法律补救办法,制止规避由作者为行使本条约或《伯尔尼公约》所规定的权利而使用的、对就其作品进行未经该有关作者许可或未由法律准许的行为加以约束的有效技术措施。

---

① 关于第6和7条的议定声明:该两条中的用语"复制品"和"原件和复制品",受该两条中发行权和出租权的约束,专指可作为有形物品投放流通的固定的复制品。

② 关于第7条的议定声明:不言而喻,第7条第(1)款规定的义务不要求缔约方对依照该缔约方法律未授予其对录音制品权利的作者规定商业性出租的专有权。这一义务应被理解为与TRIPS协定第14条第(4)款相一致。

③ 关于第8条的议定声明:不言而喻,仅仅为促成或进行传播提供实物设施不致构成本条约或《伯尔尼公约》意义下的传播。并且,第8条中的任何内容均不得理解为阻止缔约方适用第11条之二第(2)款。

④ 关于第10条的议定声明:不言而喻,第10条的规定允许缔约各方将其国内法中依《伯尔尼公约》被认为可接受的限制与例外继续适用并适当地延伸到数字环境中。同样,这些规定应被理解为允许缔约方制定对数字网络环境适宜的新的例外与限制。

另外,不言而喻,第10条第(2)款既不缩小也不延伸由《伯尔尼公约》所允许的限制与例外的可适用性范围。

第 12 条 关于权利管理信息的义务

(1)缔约各方应规定适当和有效的法律补救办法,制止任何人明知,或就民事补救而言有合理根据知道其行为会诱使、促成、便利或包庇对本条约或《伯尔尼公约》所涵盖的任何权利的侵犯而故意从事以下行为:

(i)未经许可去除或改变任何权利管理的电子信息;

(ii)未经许可发行、为发行目的进口、广播,或向公众传播明知已被未经许可去除或改变权利管理电子信息的作品或作品的复制品。

(2)本条中的用语"权利管理信息"系指识别作品、作品的作者、对作品拥有任何权利的所有人的信息,或有关作品使用的条款和条件的信息,和代表此种信息的任何数字或代码,各该项信息均附于作品的每件复制品上或在作品向公众进行传播时出现。①

第 13 条 适用的时限

缔约各方应将《伯尔尼公约》第 18 条的规定适用于本条约所规定的一切保护。

第 14 条 关于权利行使的条款

(1)缔约各方承诺根据其法律制度采取必要措施,以确保本条约的适用。

(2)缔约各方应确保依照其法律可以提供执法程序,以便能采取制止对本条约所涵盖权利的任何侵犯行为的有效行动,包括防止侵权的快速补救和为遏制进一步侵权的补救。

第 15 条 大会

(1)(a)缔约方应设大会。

(b)每一缔约方应有一名代表,该代表可由副代表、顾问和专家协助。

(c)各代表团的费用应由指派它的缔约方负担。大会可要求世界知识产权组织(以下称为"本组织")提供财政援助,以便利按照联合国大会既定惯例认为是发展中国家或向市场经济转轨的国家的缔约方代表团参加。

(2)(a)大会应处理涉及维护和发展本条约及适用和实施本条约的事项。

(b)大会应履行依第 17 条第(2)款向其指定的关于接纳某些政府间组织成为本条约缔约方的职能。

(c)大会应对召开任何修订本条约的外交会议做出决定,并给予本组织总干事筹备此种外交会议的必要指示。

(3)(a)凡属国家的每一缔约方应有一票,并应只能以其自己的名义表决。

(b)凡属政府间组织的缔约方可代替其成员国参加表决,其票数与其属本条约缔约方的成员国数目相等。如果此种政府间组织的任何一个成员国行使其表决权,则该组织不

---

① 关于第 12 条的议定声明:不言而喻,"对本条约或《伯尔尼公约》所涵盖的任何权利的侵犯"的提法既包括专有权,也包括获得报酬的权利。

此外,不言而喻,缔约各方不会依赖本条来制定或实施要求履行为《伯尔尼公约》或本条约所不允许的手续的权利管理制度,从而阻止商品的自由流通或妨碍享有依本条约规定的权利。

得参加表决,反之亦然。

(4)大会应每两年召开一次例会,由本组织总干事召集。

(5)大会应制定其本身的议事规则,其中包括特别会议的召集、法定人数的要求及在不违反本条约规定的前提下做出各种决定所需的多数。

第 16 条　国际局

本组织的国际局应履行与本条约有关的行政工作。

第 17 条　成为本条约缔约方的资格

(1)本组织的任何成员国均可成为本条约的缔约方。

(2)如果任何政府间组织声明其对于本条约涵盖的事项具有权限和具有约束其所有成员国的立法,并声明其根据其内部程序被正式授权要求成为本条约的缔约方,大会可决定接纳该政府间组织成为本条约的缔约方。

(3)欧洲共同体在通过本条约的外交会议上做出上款提及的声明后,可成为本条约的缔约方。

第 18 条　本条约规定的权利和义务

除本条约有任何相反的具体规定以外,每一缔约方均应享有本条约规定的一切权利并承担本条约规定的一切义务。

第 19 条　本条约的签署

本条约应在 1997 年 12 月 31 日以前开放供本组织的任何成员国和欧洲共同体签署。

第 20 条　本条约的生效

本条约应于 30 个国家向本组织总干事交存批准书或加入书三个月之后生效。

第 21 条

成为本条约缔约方的生效日期

本条约应自下列日期起具有约束力:

(i)对第 20 条＿＿＿＿提到的 30 个国家,自本条约生效之日起;

(ii)对其他各国,自该国向本组织总干事交存文书之日满三个月起;

(iii)对欧洲共同体,如果其在本条约根据第 20 条生效后交存批准书或加入书,则自交存此种文书后满三个月起,或如果其在本条约生效前交存批准书或加入书,则自本条约生效后满三个月起;

(iv)对被接纳成为本条约缔约方的任何其他政府间组织,自该组织交存加入书后满三个月起。

第 22 条　本条约不得有保留

本条约不允许有任何保留。

第 23 条　退约

本条约的任何缔约方均可退出本条约,退约应通知本组织总干事。任何退约应于本组织总干事收到通知之日起一年后生效。

第 24 条　本条约的语文

(1)本条约的签字原件应为一份,以英文、阿拉伯文、中文、法文、俄文和西班牙文签署,各该文种的文本具有同等效力。

(2)除本条第(1)款提到的语文外,任何其他语文的正式文本须由总干事应有关当事方请求,在与所有有关当事方磋商之后制定。在本款中,"有关当事方"系指涉及其正式语文或正式语文之一的本组织任何成员国,并且如果涉及其正式语文之一,亦指欧洲共同体和可成为本条约缔约方的任何其他政府间组织。

第 25 条　保存人

本组织总干事为本条约的保存人。

图书在版编目(CIP)数据

版权贸易实战教程 / 崔波编著. — 杭州 ：浙江大学
出版社，2020.1

ISBN 978-7-308-19760-1

Ⅰ.①版… Ⅱ.①崔… Ⅲ.①版权－国际贸易－教材
Ⅳ.①F746.18

中国版本图书馆 CIP 数据核字(2019)第 265438 号

版权贸易实战教程

崔 波 编著

责任编辑	李 晨	
责任校对	沈 倩 杨利军	
封面设计	春天书装	
出版发行	浙江大学出版社	
	(杭州市天目山路 148 号 邮政编码 310007)	
	(网址：http://www.zjupress.com)	
排 版	杭州朝曦图文设计有限公司	
印 刷	杭州钱江彩色印务有限公司	
开 本	787mm×1092mm 1/16	
印 张	15.25	
字 数	375 千	
版 印 次	2020 年 1 月第 1 版 2020 年 1 月第 1 次印刷	
书 号	ISBN 978-7-308-19760-1	
定 价	49.00 元	
